高等职业教育
数智化财经
—系列教材—

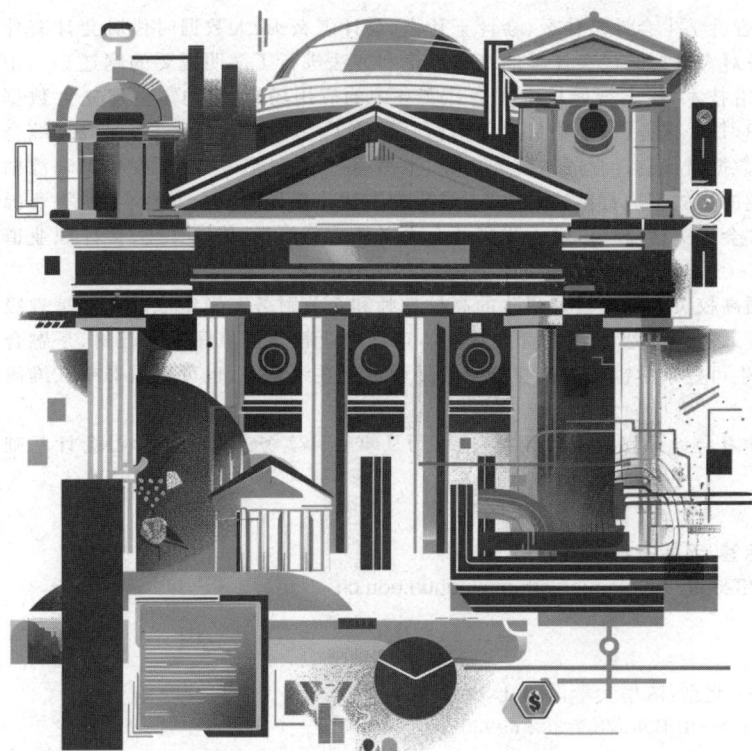

U0648658

大数据会计基础

张俊清　主　编

竟玉梅　副主编

清华大学出版社
北　京

内 容 简 介

本书是一本会计入门教材,旨在告诉学生会计是什么、会计干什么、会计怎么干、大数据时代对会计有什么影响。全书分为 11 个项目,按任务对大数据时代会计学的基本理论和方法进行了简明扼要的阐述。书中融入大数据基本原理、基本工具等前沿技术,探索智能技术在会计实务中的应用场景,帮助学生建立大数据会计思维。为方便学生消化所学知识,每个任务、每个项目后面均精心设计了练习题,以"即测即评"和"综合练习"栏目呈现。为启发学生领悟大数据时代会计学的精髓和内涵,本书通过"会计启发故事"栏目将晦涩枯燥的会计理论凝练成一个个生动有趣的小故事进行阐述,并以二维码的形式将微课、动画、文档、习题等资源呈现出来,方便学生使用。本书通过"会计史话"栏目,融入我国社会主义核心价值观、传统文化、会计职业道德等内容,落实立德树人根本任务。

本书编写组成员由来自首批全国高校黄大年式教师团队的高校教师和企业财务专家组成。本书是省级"双高"大数据与会计专业群建设配套教材和省级职业教育大数据与审计专业教学资源库配套教材,是融合了数字资源的新形态一体化教材,学生可登录学银在线或智慧职教平台进行在线学习,也可扫描书中二维码观看相关教学视频。

本书是财经商贸大类专业学生学习会计课程的入门教材,也可为从事会计实务工作人士学习会计基础知识提供帮助。

图书在版编目(CIP)数据

大数据会计基础/张俊清主编. -- 北京:清华大学出版社,2025.8.
(高等职业教育数智化财经系列教材). -- ISBN 978-7-302-69930-9
Ⅰ. F232
中国国家版本馆 CIP 数据核字第 2025HD0252 号

责任编辑:左卫霞
封面设计:傅瑞学
责任校对:李 梅
责任印制:杨 艳

出版发行:清华大学出版社
      网   址:https://www.tup.com.cn,https://www.wqxuetang.com
      地   址:北京清华大学学研大厦 A 座   邮   编:100084
      社 总 机:010-83470000   邮   购:010-62786544
      投稿与读者服务:010-62776969,c-service@tup.tsinghua.edu.cn
      质量反馈:010-62772015,zhiliang@tup.tsinghua.edu.cn
      课件下载:https://www.tup.com.cn,010-83470410
印 装 者:三河市天利华印刷装订有限公司
经   销:全国新华书店
开   本:185mm×260mm   印   张:13.75   字   数:351 千字
版   次:2025 年 8 月第 1 版   印   次:2025 年 8 月第 1 次印刷
定   价:49.00 元

产品编号:111816-01

前　言

　　本书全面贯彻党的二十大精神，落实立德树人根本任务，广泛践行社会主义核心价值观。党的二十大报告提出"用社会主义核心价值观铸魂育人"，会计知识的学习更要体现诚实守信的核心思想。本书通过"会计史话"栏目，融入我国社会主义核心价值观、传统文化、会计职业道德等内容，将"立德树人"思想润物无声融入字里行间，帮助学生树立正确的人生观、价值观，培养良好的职业道德。

　　在数字经济蓬勃发展的今天，大数据技术与会计学科的深度融合已成为必然趋势。为深入贯彻落实国家职业教育数字化改革精神，深化产教融合、校企协同育人机制，推动会计专业数字化转型与课程思想政治建设，我们编写了这本集专业性与时代性于一体的创新性教材，除对传统的会计基本理论和方法进行介绍外，还对大数据的相关概念、财务大数据、大数据时代对会计的影响及会计数字化与智能化发展的未来趋势进行了阐述。

　　本书是一本以培养"数据思维＋会计技能＋职业素养"三维能力为核心，符合新时代学生认知规律的会计入门读物，是学习其他会计类课程的奠基石。

　　本书具有以下特点。

　　1. 育人体系创新，历史传承与价值引领并重

　　本书创设"传统文化＋会计文化＋企业文化"三维育人体系，通过"会计史话"等栏目和内容将诚信为本、精益求精的职业精神有机融入项目任务与案例，构建起中华商业文明与社会主义核心价值观的传承桥梁。

　　2. 产教深度融合，数智技术赋能

　　本书融入大数据基本原理、基本工具等前沿技术，探索智能技术在会计实务中的应用场景，采取"数字化＋素养化"双轮驱动的编写模式，为会计数字化转型提供实践方案，技术赋能具有前瞻性。全书以"产业为靶、数智为翼"为核心理念，依托校企合作开发真实业务场景案例，精准对接岗位需求。每个任务、每个项目后均设置练习题，以"即测即评""综合练习"栏目呈现，部分习题根据国家级、省级会计技能大赛习题及初级会计资格考试题改编，构建"岗课赛证"一体化的内容体系。

　　3. 产学结合，充分体现"教、学、做"一体化职业教育精神

　　本书编写组成员由来自首批全国高校黄大年式教师团队的高校教师和企业财务专家组成，内容选择力求产学结合，编写采用任务驱动模式，以工作情景创设和项目训练为主线，打破传统理论灌输模式，实现"做中学、学中悟"。通过"会计启发故事"栏目，将晦涩的知识点凝练成一个个生动有趣的故事，将枯燥空洞的会计理论趣味化、形象化，将抽象的问题具体化，将艰深的规则讲述得深入浅出，使学生茅塞顿开。特别设置"想一想""练一练"互动区，引导学生自主构建大数据会计思维模型，深入理解大数据会计精髓，提升数据分析、业财协同等数字化实践能力,充分体现"教、学、做"一体化职业教育精神。

4. 配套资源完善,易教易学

本书是省级"双高"大数据与会计专业群建设配套教材和省级职业教育大数据与审计专业教学资源库配套教材,是融合了数字资源的新形态一体化教材。本书配套资源完善,开发有数字化教学资源,包括微课、动画、课程标准、电子课件、试题库等。与本书配套的在线开放课程在学银在线和智慧职教上线,学生可登录平台进行在线学习,也可通过扫描书中二维码观看相关教学视频,易教易学。

河南经贸职业学院张俊清担任本书主编,负责拟订编写大纲、确定内容结构和设计体例,同时负责总纂、修改和定稿;河南经贸职业学院竟玉梅担任本书副主编,协助主编承担了相应的工作;河南经贸职业学院侯丽平担任本书主审。项目一～项目三、项目十一中的任务三由张俊清编写;项目四、项目八由河南经贸职业学院杨思洁编写;项目五由河南经贸职业学院王华瑞编写;项目六、项目七由河南经贸职业学院王培玲编写;项目九、项目十、项目十一中的任务一和任务二由竟玉梅编写。秉初商业运营(河南)有限公司朱武景为本书提供了典型企业案例。本书使用了河南经贸职业学院精品在线课程主讲老师李进、阎佳星、周颖等的部分讲课视频,吸收了国内外有关专家、学者的最新研究成果,在此一并致以衷心的感谢!

本书既可作为财经类专业学生学习会计课程的入门教材,也可作为会计从业人员及自学者的参考用书。

由于编者水平有限,书中疏漏在所难免,恳请读者批评指正。

编　者

2025 年 3 月

基础会计在线课程(学银在线)　　基础会计在线课程(智慧职教)　　基础会计课程介绍

目　录

会计概述

本项目作为本书的开篇,主要阐述会计学的一些基本理论问题。学习本项目的目的在于弄清楚会计是什么,会计是干什么的,会计怎么干,了解会计的基本理论,为以后系统学习会计方法打下良好基础。

知识目标

- 了解会计的产生和发展。
- 理解会计的含义和职能。
- 掌握会计假设和会计核算基础。
- 熟悉会计信息质量要求。
- 掌握会计核算方法及其相互之间的关系。

能力目标

- 能够正确描述会计的概念和基本职能。
- 能够正确运用权责发生制确认经济事项。

素养目标

- 严格执行企业会计准则对会计信息质量要求的规定。
- 坚持诚实守信、客观公正、实事求是的职业操守。

任务一 认知会计

一、什么是会计

关于会计的定义,国内外不同的学者有不同的观点,即使是在同一个国家,时期不同,表述也不尽相同。这是因为会计与政治、经济等各方面的社会环境关系十分密切,处于不同环境中的会计会受到不同的影响,会计理论与方法体系也会有所差别,人们对会计的认识也不尽相同。具有代表性的观点主要有会计艺术论、信息系统论、管理工具论、管理活动论等。

"会"的繁体写法为"會"。"會"字为上下结构,上半部分为"人",读为"jí",是"集合、汇总"的意思,"會"字下半部分为"曾",从"增",读为"增",是增加的意思,合在一起,"會"就表示"集合、汇总、增加"的意思。

"计"的繁体写法为"計"。"計"字为左右结构,左边从"言",也就是"直言,

动画:
什么是会计

微课:
认知会计

如实地说出、如实地记录"的意思；右边从"十"，是数字、四方汇合的意思，合在一起就是如实记录数据的意思。"會"和"計"一开始从字面上来理解是有区别的，"會"侧重于期末的汇总，而"計"侧重于平时的零星计算。清代学者焦循在《孟子正义》一书中曾说："零星算之为计，总合算之为会"，但随着社会的发展，会和计的含义渐渐不作区分，会就是计，计就是会，就如我国东汉学者许慎在其所著的《说文解字》中所说"会，计也"，"计，会也"。

时代发展到今天，人们认为会计是一种商业语言，是用来描述企业经济活动的。本书将会计的定义概括为：会计是以货币为主要计量单位，以会计凭证为依据，采用专门的方法，对一定主体的经济活动过程进行全面、连续、系统的核算和监督，并向有关方面提供会计信息的一种经济管理活动。

二、会计的产生和发展

会计的产生和发展经历了漫长的历史时期，它是适应社会生产的发展和经济管理的需要而产生和发展，并随着商品经济的发展和科学技术的进步而不断完善与提高，经济越发展，会计越重要。如果按时间跨度进行划分，通常可以将会计的发展历程划分为古代会计、近代会计和现代会计三个阶段。下面将对会计的这三个发展阶段进行概括介绍，以便于全面理解会计的含义。

微课：会计的特征及发展阶段

会 计 史 话

孔子与会计

孔子是春秋末期著名的思想家、政治家、教育家，儒家学派的创始者。他不仅在政治、文化、教育等方面对后世有着深刻影响，而且对理财和会计也有自己的独到见解。《孟子·万章（下）》记载："孔子尝为委吏矣，曰：'会计当而已矣。'"这句话是说：孔子曾经当过管钱粮的小官，他说："会计嘛，谋求适当罢了！"这里的"当"，学术界目前常见的有三种解读：一是会计人选要适当；二是收支要适当；三是核算要适当。

1. 古代会计（会计的产生至1494年）

据专家考证，会计产生于原始社会末期。有生产就有会计，会计起源于社会生产实践。人类社会自从有了经济活动，计算和记录就成为必要。会计最初是作为"生产职能的附带部分"，也就是在"生产时间之外附带地把收支、支付日期等记载下来"，表现为对经济活动的简单记录和计量行为。无论是东方还是西方，人类在没有文字之前就有了"结绳记事""垒石计数"等记录经济事项的行为，从伊拉克的原始算板、埃及的纸草记录、印度的贝多罗叶记录，到中国的陶器兽骨记录，都可以追溯到人类最初的会计行为。

随着社会生产力的发展和劳动生产率的提高，出现剩余产品后，人类需要进一步总结和控制生产过程，计算产品的劳动耗费和进行产品分配，并将耗费和成果进行比较，会计便从生产职能中分离出来，成为独立的职能，会计工作也就开始由脱离生产的专职人员担任。根据马克思的考证，在远古的印度公社中，已经出现记账员，负责登记农业账目，簿记已成为一个独立专职。中国、埃及、巴比伦等文明古国都曾留下了会计活动的记载。在我国，"会计"一词最早出现于西周。《周礼》一书记载，西周王朝设有"司会"一职，专门掌管朝廷财务税赋收支，并进行月计岁会。随后从春秋战国到秦汉，出现了"计簿"或"簿书"的账册，用"入""出"作为记账符号来记录各种收支事项。到了唐宋时期,产生了较为科学、完善的会计结算方法"四柱清册",所谓四柱,即旧管、新收、开除、实在,分别相当于现代会计中期初结存、本期收入、本期支出、期末结存,通过"旧管＋新收－开除＝实在"这一平衡式定期清算账目,交代所经管财产的来龙去脉。这是我国古代会计的一项杰出成就,比西式平衡结算法的出现要早好几百年,它是一种单式记账法,一度领先世界会计发展水平。

明末清初,出现了比"四柱清册"更加完备的"龙门账"。"四柱清册"只能应用于不计盈亏的"官厅会计",而"龙门账"可以满足商业上核算盈亏的需要。"龙门账"标志着复式记账的萌芽,它将经济事项按经济性质科学地划分为"进""缴""存""该"四大类,分别相当于"全部收入""全部支出""全部资产""全部负债和业主投资",运用"进－缴＝存－该"的平衡关系,检查账目,计算盈亏。这种双轨计算盈亏并检查账目平衡关系的方法,人们形象地称为"合龙门",这种记账方法被称为"龙门账"。继"龙门账"之后,我国民间商业界又出现了"四脚账",这些都表明我国会计由单式记账向复式记账过渡。

这一阶段会计的主要特点:以实物和货币作为计量单位,以官厅会计为主,多采用单式记账,会计还只是作为生产的一个附带职能,未能从生产中明确地分离出来。

2. 近代会计(1494 年至 19 世纪末 20 世纪初)

近代会计是在资本主义萌芽时期形成的。11—13 世纪海上贸易盛行,促进了意大利商业城市的兴起,意大利的沿海城市佛罗伦萨、热那亚、威尼斯等成为东西方贸易枢纽,积累了大量财富,促进了借贷活动和商业信用的发展,出现了资本主义萌芽。1211 年,意大利佛罗伦萨银行出现借贷记账法,被称为"佛罗伦萨式簿记法"。1494 年,意大利数学家卢卡·帕乔利出版《算术、几何、比及比例概要》,即《数学大全》一书,书中第一次系统论述了复式簿记的基本原理,为复式簿记在全世界广为传播奠定了基础。这部光辉著作的问世标志着近代会计的开始,卢卡·帕乔利也被公认为"现代会计之父",这是近代会计发展史上的第一个重要里程碑,标志着记账方法从单式记账法向复式记账法转变。19 世纪初的工业革命引发了资本主义国家生产组织和经营方式的重大变革,会计理论和方法得到了明显的发展,从而完成了由簿记向会计的转化。股份公司的出现,使公司的账目需要专门的机构进行审查,1854 年,英国爱丁堡会计师公会成立,被认为是近代会计发展史上的第二个里程碑。

这一阶段会计的主要特点:以企业会计为主,以货币作为主要的计量单位,会计核算采用复式记账,形成了完整的会计核算方法并一直沿用至今,会计逐渐从生产职能中独立出来,成为独立的职能。

3. 现代会计(19 世纪末 20 世纪初至今)

1939 年,第一份代表美国的"公认会计原则"(GAAP)的《会计研究公报》发布,标志着现代会计理论的形成,同时也标志着会计的发展进入成熟时期。1946 年,第一台电子计算机在美国诞生并在以后运用于会计实践,促进了会计实务和会计理论的发展。伴随着股份有限公司的出现,企业会计分化为财务会计和管理会计两个相对独立的分支。这一时期的会计领域不断拓宽,新的会计分支不断出现,如通货膨胀会计、社会责任会计、国际会计、人力资源会计等。

20 世纪初期,借贷记账法传入我国,以后又引进英美的会计制度,推行现代会计。中华人民共和国成立后,我国借鉴苏联的会计理论和方法,建立起我国的会计体系,它在我国社会主义经济建设中发挥过巨大的作用。1985 年 1 月,我国颁布实施《中华人民共和国会计法》,这是我国会计工作的基本法。1992 年,财政部颁布《企业会计准则》并于 1993 年实施,突破了我国原有的会计模式,初步建立反映社会主义市场经济的会计规范体系,并与国际会计惯例初步接轨。2006 年 2 月 15 日,财政部发布了与国际财务报告准则趋同的企业会计准则体系,该准则体系包括一项基本准则和 38 项具体准则,使我国的会计规范体系与国际惯例全面趋同。后经持续扩充,截至 2025 年,我国企业会计准则体系由一项基本准则和 42 项具体准则构成。

这一阶段会计的主要特点:企业会计产生了财务会计和管理会计的分支,会计学科门类多样化,会计规范国际化,会计准则成为会计的行为规范,会计核算日益规范化,会计的主观随意性受到限制。会计核算手段出现了质的变化,随着计算机的普及和数字技术的进步出现了会计信息化、会计智能化。

会 计 启 发 故 事

古诗词中的会计术语

因会计与人们的日常生活密切相关,会计术语便常常在古诗词中被用来描绘生活瞬间。苏轼写道:几回无酒欲沽君,却畏有司书簿帐。苏辙写道:粗知会计犹堪仕,贪就功名有底忙。辛弃疾写道:怅溪山旧管,风月新收。这里用到了会计四柱清册法的两个术语:旧管、新收。无独有偶,黄庭坚也在《赠李辅圣》这首诗里用到了这两个会计术语。该诗写道:"交盖相逢水急流,八年今复会荆州。已回青眼追鸿翼,肯使黄尘没马头。旧管新收几妆镜,流行坎止一虚舟。相看绝叹女博士,笔研管弦成古丘。"该诗大意是说:匆匆一别,八年过去了,没想到今天我们竟然在荆州偶遇了。你过去的和现在新收的红粉知己一共有多少啊?你那个色艺双馨的红粉知己还好吧?诗人用"旧管""新收"这两个会计术语调侃老友李辅圣。这些诗词也因为融入了会计术语而更加雅俗共赏、生动有趣。

通过古诗词中的会计,大家是否感受到了会计与社会经济生活的密切关系?

▶练一练

(多选题)关于会计的产生与发展,下列说法中正确的有(　　)。
A. 会计是为适应生产活动发展的需要而产生的
B. 会计是生产活动发展到一定阶段的产物
C. 会计从产生到现在经历了一个漫长的发展历程
D. 经济越发展,会计越重要

三、会计的特征

大致来说,会计具有以下六个特征。

(1) 会计以货币为主要计量单位。之所以以货币作为主要计量单位,是因为货币最具有通用性。例如,一张桌子、一栋房子,一张和一栋无法相加,但一张桌子值 500 元,一栋房子值 20 万元,而 500 元可以和 20 万元相加。会计以货币为主要计量单位,却并不是唯一的计量单位,而是以货币量度为主,以实物量度和劳动量度为辅。

(2) 会计以真实、合法的原始凭证作为核算依据。这样可以保证会计信息的真实性和可验证性。

(3) 会计以一套完整的专门技术方法为手段。例如,进行会计记账时会用到填制凭证、登记账簿、编制报表这些专门的技术方法。正是有了这些专门的技术方法,会计才被认为是一种能提供有助于决策的信息的技艺或者是管理经济的一种工具。

（4）会计的本质是一种经济管理活动。

（5）会计的对象是会计主体能够用货币表现的经济活动。

（6）会计对经济活动的管理具有全面性、连续性和系统性。全面性表现在会计对所发生的经济活动无一遗漏地进行反映和控制；连续性表现在会计按照经济活动发生的时间顺序不间断地自始至终地进行反映与控制；系统性表现在会计对发生的各式各样的经济活动进行科学的分类汇总反映与分层次控制。正是这一特征使会计在现代经济管理中具有突出的地位。

▶**想一想**

会计只能以货币为唯一的计量单位，其他的计量单位都不可以用。这种说法对吗？为什么？

答案解析

四、会计学科体系

人们在长期的会计工作实践中，通过对会计技术和会计理论进行规律性研究、总结和开发，逐渐形成了一门学科——会计学。会计学科也称会计学，是运用现代管理科学和计量方法，研究会计理论、会计思想、会计规范和会计实务技术，以便更加科学、有效地对社会再生产过程中的经济活动进行核算和监督的一门由多个分支学科组成的应用型管理科学。

会计学由许多相互联系的分支学科所组成，既有基本的理论与方法，即会计原理，也存在着具体的理论与方法，即各项专业会计。

1. 会计原理

会计原理也称基础会计或会计基础，主要论述会计的基本理论、基本方法与基本知识，也就是在具体实践中建立和应用会计信息系统所应具备的一些共性的基本理论、基本方法与基本知识。会计原理在会计学科体系中起着基础性的作用，是学习其他会计类相关课程的基础。

2. 按会计主体性质分类的会计

会计学按会计主体的性质可以分为营利组织会计与非营利组织会计。

企业是逐利而生的，营利组织会计又叫企业会计。企业会计是以企业为会计主体的会计，以资产、负债、所有者权益、收入、费用和利润为会计要素，通过核算来提供企业的财务状况、经营成果和现金流量等有关的会计信息，反映其营利情况。

非营利组织会计是以非营利组织为会计主体的会计。非营利组织是指政府机关、社会团体、医院、学校、科研单位等不以营利为目的的组织。非营利组织会计主要反映和控制其预算的执行情况，因此非营利组织会计也称预算会计。

本书主要从企业会计的角度阐述会计原理。

3. 按会计阐述的内容分类的会计

会计按其阐述的内容划分，主要有基础会计、财务会计、成本会计、财务管理、管理会计、审计学、会计信息系统等不同的分支和内容。

基础会计主要阐述会计的基础知识、基本理论和方法。它研究各门会计分支学科共同的基本问题，包括会计假设和基础、会计对象、会计要素、会计等式、会计方法和程序等内容，是学习会计的入门学科，在整个会计学科体系中处于基础地位，是学习其他会计学科的基础。

财务会计主要阐述如何按照会计准则的规定，运用会计核算方法，对会计业务进行日常处理并按规定提供财务报告的方法和理论。财务会计也称对外会计，它侧重于向企业外部信息使用者提供会计信息。

成本会计主要阐述成本计算的理论和方法,主要为企业管理者提供料、工、费消耗情况的信息,为成本控制、分析、预测、决策提供依据。

财务管理主要阐述资金的筹集、运用以及利润的管理和分配等内容。研究如何充分利用资金,进行合理的财务运作,提高资金使用效率,当好家、理好财,正确处理企业与各方面的财务关系。

管理会计主要阐述如何利用财务会计提供的资料以及其他资料对企业经营进行管理,使企业进行最优决策的理论和方法。管理会计是对财务会计所提供信息和其他信息的深加工和再利用,它将现代管理科学运用于企业实际,与企业生产决策、定价决策、日常管理控制以及业绩评价与考核等工作相结合,为企业内部管理人员加强管理提供依据,因此,管理会计也称对内报告会计。

审计学主要阐述对经济活动的合法性、合规性、合理性以及效益性进行检查、监督的基本理论和方法,主要包括审计基本理论和方法、财务审计、内部审计和经济效益审计等。

会计信息系统主要阐述如何利用信息技术收集、存储、处理、分析、传递会计数据和信息,以满足内外部信息使用者的需求。

会计学科体系各门学科的划分并不是一成不变的,随着经济的发展以及会计技术和理论的进步,新的内容将不断涌现,如人力资源会计、环境会计等成为新的分支。但是,无论会计学科如何发展变化,基础会计始终是其他会计分支学科学习的基础。我国目前会计学科体系如图 1-1 所示。

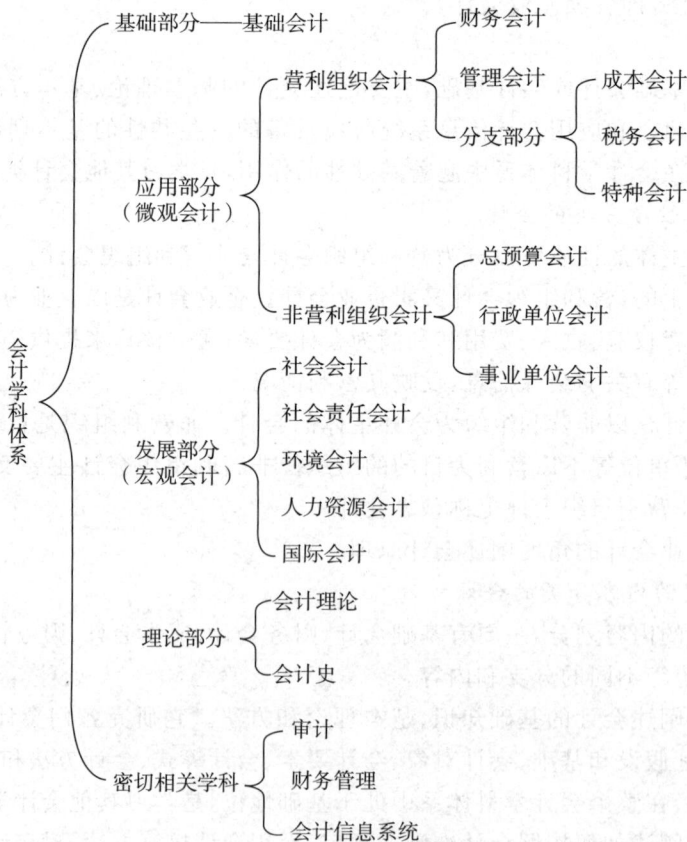

图 1-1　会计学科体系

1.1 即测即评

任务二　会计的职能和目标

一、会计的职能

会计的职能是指会计工作所具有的客观功能,即人们在经济管理中用会计干什么,尽管会计的职能会随着经济的发展而不断增多,但其基本职能有两个:一是核算职能;二是监督职能。

1. 核算职能

会计的核算职能又称反映职能,是以货币为主要计量单位,对各单位的经济活动进行确认、计量、记录、报告的行为。会计的核算职能是会计最原始、最重要的职能,通过会计核算,可以客观地反映经济活动过程和结果,为会计信息使用者提供系统的信息。

2. 监督职能

会计的监督职能又称控制职能,是在全面系统地反映经济活动的同时,依据国家法律、法规、企业会计准则和企业的计划、预算等,对企业经济活动的合法性、合理性和有效性进行检查和督促。通过会计监督,可以制止和纠正违法违规及营私舞弊行为,还可以检查企业预算和计划的执行情况,促使企业增收节支,扩大积累,改善经营管理。

会计的核算和监督这两个基本职能是相辅相成、密不可分的。核算是监督的前提,没有会计核算,会计便无从监督;监督是核算的保证,通过会计监督,可以强化会计核算,保证会计信息质量。因此,只有把核算和监督两个职能结合起来,才能充分发挥会计的作用。

随着经济环境的变化和会计的发展,会计逐渐具备预测、决策、预算、分析、考核等职能,会计的职能在不断丰富和发展。

会计启发故事

小李可以脚踩两只船吗

某海运公司的财务人员复核月度加班费用资料时,发现职工小李同时出现在了A、B两艘船同一时间段值班人员考勤表里。通过定位数据查出该时段A船在天津港作业,而B船在广州港作业,难道小李可以"脚踩两只船"吗?后经核查,A船相关人员为了虚报冒领值班费,虚构了值班信息,公司遂对涉事人员进行了严肃处理,同时进行了内部控制制度的整改。

通过该故事,大家是不是对会计的监督职能有了更进一步的理解?

▶练一练

(单选题)下列各项中,关于会计监督职能表述正确的是(　　　)。

A. 会计监督是利用财务报告信息对经济决策备选方案进行的可行性分析
B. 会计监督是对经济业务和会计核算的真实性、完整性、合法性和合理性的审查
C. 会计监督是会计核算的基础
D. 会计监督是会计的拓展职能

二、会计的目标

会计的目标又称财务报告的目标,是指在一定的会计环境下,人们期望通过会计活动所要达到的境地或结果。会计目标是沟通会计系统与会计环境的桥梁,是连接会计理论与会计实践的纽带。会计系统围绕会计目标发挥作用,会计目标引导会计系统的运行。因而,会计目标理论研究是会计理论研究与会计实务发展的重要内容。

微课:
会计的目标

会计目标取决于相关的会计环境,尤其是相关会计环境中会计信息使用者的特征。会计信息使用者大致可分为外部会计信息使用者和内部会计信息使用者两类。外部会计信息使用者主要包括投资者、债权人、政府及有关部门、供应商和社会公众等;内部会计信息使用者包括企业管理部门、工会等。

会计目标主要解决两个问题:一是向谁提供会计信息,也就是说谁是会计信息的使用者;二是提供什么样的信息,也就是说会计信息的使用者需要什么样的会计信息。关于会计的目标有两种理论观点,即受托责任观和决策有用观。

受托责任观认为,在公司制的企业中,所有权和经营权相分离,资源管理者接受资源所有者的委托,对所受委托的资源进行有效经营和管理,财务报告的目标就是向委托方如实反映受托方对受托资源的管理和使用情况,财务报告应主要反映企业历史的客观的信息。

决策有用观认为,财务报告的目标是向与企业有密切关系的信息使用者提供对作出决策有用的信息,企业利益相关者主要是通过获取财务会计信息来进行相关决策,源于决策需要。

我国会计准则规定财务报告目标包括两个方面,也就是向财务会计报告使用者提供与企业财务状况、经营成果和现金流量等有关的会计信息,反映企业管理层受托责任的履行情况,有助于财务会计报告信息使用者作出经济决策。

我国会计准则将受托责任观和决策有用观进行了统一。

1.2 即测即评

任务三　会计假设和会计核算基础

一、会计假设

会计假设是会计核算的基本前提,它是企业对会计核算所处时间、空间环境等所作的合理设定。由于作为会计对象的企业经济业务具有不确定性和复杂性,就必须对会计对象及其环境作出一些合乎逻辑的假定,这些假定就像数学里的"公理"一样,人们经过长期实践普遍认可但又无法加以论证,所以称为会计假设。会计基本假设是会计确认、计量和报告的前提,没有这些假设,会计核算工作将无法进行。会计基本假设包括会计主体、持续经营、会计分期和货币计量。

微课:
会计假设

1. 会计主体

会计主体是指会计确认、计量和报告的空间范围。

在组织会计核算之前,首先应明确会计为之服务的特定单位,这个特定单位就是会计主体,它界定了会计核算的空间范围。

首先,明确会计主体才能划清各个会计主体之间的界限。只有那些影响企业本身经济利益的交易和事项才能加以确认、计量和报告,对于那些不影响企业本身经济利益的各项交易或事项则不加以确认、计量和报告,把本会计主体与其他会计主体区别开来。例如,甲企业的经

济业务就不应反映到乙企业的账面上去。

　　其次,明确会计主体才能划清会计主体的经济活动与本会计主体业主及经营者个人的经济活动的界限。例如,某国企厂长个人家庭的日常开支,不应在其管理的工厂的账面上加以反映。

　　会计主体不同于法律主体。会计主体可以是一个企业,也可以是一个公司或集团,在一个企业内部也可以有若干会计主体,其中,最典型、最普遍的会计主体是企业。一般来说,法律主体必然是会计主体,会计主体却不一定是法律主体。例如,一个企业作为一个法律主体是会计主体,但作为一个会计主体的企业集团却不是一个法律主体。

会计启发故事

那一元钱哪去了

　　三个人住店,一人出了 10 元,共计 30 元,让店员去交给老板。老板说今天除夕夜大酬宾,只收他们 25 元,让店员退回去 5 元,店员私吞了 2 元,把剩下的 3 元每人退回 1 元。请大家算一下:住店的三人每人出了 9 元,$3 \times 9 = 27$(元),再加上店员私吞的 2 元,共计 29 元,那一块钱哪儿去了?

　　通过这个故事,大家得到什么启发? 是不是必须有会计主体这样一个假设? 如果把三个人看成 A 公司,店员看成 B 公司,A 公司的 27 元加 B 公司的 2 元是不是就乱套了? 但如果选定了 A 公司作为会计主体,花出的 27 元,其中有 25 元去了老板那里,有 2 元去了店员口袋里,账目是不是一清二楚? 因此,得假定是为某一会计主体记账的。

　　2. 持续经营

　　持续经营是指在可以预见的将来,企业将会按照当前的规模和状态继续经营下去,不会停业,也不会大规模削减业务。在持续经营假设下,企业进行会计确认、计量和报告应当以持续经营为前提,它为会计活动作出了时间规定。如果没有这一前提条件,就无法采用常规的会计核算方法来解决企业的资产计价、收益确认等问题。

　　在市场经济环境下,所有企业都存在不能持续经营的可能性,但企业何时破产清算却无法事先加以判断,因此,会计核算应当建立在持续经营的假设基础之上。如果可以判断企业不能持续经营,就应当选择另外的会计方法,并在企业财务报告中作相应披露。

会计启发故事

小李家的车真的能用 10 年吗

　　小李家最近换新车了,小李媳妇说:咱家这辆车一共花了 10 万元,如果能开 10 年,相当于 1 年的折旧 1 万元。小李家的车真能用 10 年吗? 那可不一定。企业能永续存在吗? 也不一定。所以持续经营只是一个假设。

　　3. 会计分期

　　会计分期是指将会计主体持续不断的经济活动期间人为地分割成若干连续的、长短相等的间隔段。会计分期是对持续经营假设的必要补充,其目的在于通过会计期间的划分,据以结算盈亏,按期编制财务报告,从而及时向有关各方提供会计信息。会计期间分为年度和中期,会计中期可以是半年度、季度和月度。会计年度是最重要的会计期间。世界上各个国家的会计期间的划分是不相同的,有的国家把第一年的4月到第二年的3月作为一个会计年度,有的国家把第一年的7月到第二年的6月作为一个会计年度,还有的国家把第一年的10月到第二年的9月作为一个会计年度等,不一而足。我国按公历日期将会计期间划分为会计年度和会计中期。从公历1月1日到12月31日为一个会计年度。

根据持续经营假设,一个企业将会按当前状态持续经营下去,要想最终确定企业的经营成果,只能等到它关门歇业时一次核算盈亏。但是,企业的信息使用者需要及时的信息来作出决策和判断,不可能等到它关门歇业的那一天,因此需将企业持续经营的生产经营活动期间划分为若干个连续的、长短相同的期间,分期确认、计量和报告企业的财务状况、经营成果和现金流量。正是有了会计分期假设,才产生了本期、上期和下期这些概念,出现了权责发生制和收付实现制的区别,才使不同类型的会计主体有了记账的基准,进而出现了应收、应付、折旧、摊销等会计处理方法。

🖱 会 计 启 发 故 事

大富翁的收入

一位商学院的学生采访一位亿万富翁。这位学生请富翁估计一下他的收入,因为学生没有限定时间段,富翁决定和他开个玩笑。富翁说:"大约11 000美元。"然后他看着目瞪口呆的学生,故意停顿了1分钟才接着说"1小时"。通过这个小例子,大家是否理解了会计分期的必要性呢? 地铁公司每天都在运行、电力公司每天都在供电,这些公司能不能等到月末时因会计记账的需要而停工几天? 答案当然是否定的,可见,会计分期只是一个假设。

4. 货币计量

货币计量是指会计主体在进行会计核算过程中以货币为计量单位,记录、反映会计主体的财务状况、经营成果和现金流量。之所以产生货币计量假设,是由货币本身的属性所决定的,其他的计量单位,如重量、体积、长度等都只能从一个侧面反映企业的生产经营情况,无法在量上进行汇总和比较,不便于会计计量和经营管理。因此,为全面反映企业的生产经营活动和有关交易及事项,会计核算时选用货币计量单位。

货币计量单位是会计的基本计量单位,而其他的计量单位则属于辅助性的计量单位。在会计账务处理中统一使用的货币币种称为记账本位币,我国会计核算以人民币为记账本位币,以外币收支为主的企业也可以选择某种外币作为记账本位币,但向我国有关方面编送财务报表时,应折算成人民币反映。

货币计量假设假定币值不变,如果出现了恶性通货膨胀,则采用"物价变动会计"来进行核算。

上述四项会计假设是相互依存、相互补充的。会计主体假设确立了会计核算的空间范围,持续经营假设和会计分期假设确立了会计核算的时间范围,货币计量假设则为会计核算提供了必要的手段。

二、会计核算基础

在企业的经济活动中,交易或会计事项的发生时间与货币的收付时间有时并不完全一致。例如,款项已收到,但销售并未实现;或者款项已支付,但并不是为

动画:
会计基础

本期经营活动而发生的。正是由于会计分期假设,收入和费用的权责发生期与其款项的实际收付期可能分属不同的会计期间,这就产生了对这些收入、费用等会计核算对象何时加以确认的问题,也就是会计核算时应遵循一定的基础。在会计实务中,会计核算的基础有权责发生制和收付实现制两种。

微课:
会计基础

会 计 启 发 故 事

小红的困惑

小红的爸爸开了家公司,开业第一天就销了一批货,但货款却要下个月才能收到。爸爸说收入应该记到销货的这个月,因为货都给人家了,而且下个月就可以收回货款,小红觉得有道理;妈妈说钱还没有收到,如果收入记到这个月,要向税务局交税,所以应该下个月收到钱时再记收入,小红觉得也有道理;爷爷说收入应该记到上个月,因为销货合同是上个月签订的。小红困惑了,收入到底应该记入哪个月呢?

通过这个故事,大家一定体会到了会计核算基础存在的必要性。

1. 权责发生制

权责发生制又称应计制或应收应付制,是指应以权利或责任是否发生作为标准来确定收入和费用的归属期的一种会计核算基础。权责发生制要求,凡是当前已经实现的收入和已经发生或应当负担的费用,无论款项是否收付,都应当作为当期的收入和费用,凡是不属于当期的收入和费用,即使款项已经在当期收付,也不应当作为当期的收入和费用。

2. 收付实现制

收付实现制又称现金制或实收实付制,它是按照款项实际收付的日期作为标准来确认收入、费用的归属期的一种会计核算基础。在收付实现制下,收到现金时反映收入的增加,而不论该项收入的权利是否在本期取得;凡是本期付出的现金就反映本期费用的增加,而不论该项费用的责任是否应当由本期承担。

基于权责发生制进行会计核算,可以正确地将收入和费用进行配比,能更真实地反映特定会计期间的经营成果。收付实现制作为与权责发生制相对应的一种会计核算基础,其确认基础比较简单,同时由于收入与费用的确认时间与现金的收付时间相一致,核算的经营成果与现金流量一致,便于会计信息使用者理解。但是以收付实现制作为核算基础,可能导致本期收到的现金是以前期间的经营成果,而本期支付的现金可能又在以后会计期间才能带来成果,从而核算的损益不能代表企业当期真正的经营成果。

目前,我国会计准则规定,企业应该采用权责发生制,实行企业化管理的事业单位可以采用权责发生制,行政单位使用修正的权责发生制。

1.3 即测即评

任务四　会计信息质量要求

会计信息质量要求就是会计信息所要达到或满足的质量标准,是进行会计核算时所应追求的质量标准。会计信息质量要求是指导会计工作的规范,也是衡量会计工作成败的标准,对会计核算具有重要的意义。目前,我国企业会计准则规定的会计信息质量要求有八项,具体包括可靠性、相关性、可理解性、可比性、实质

微课:会计
信息质量
要求

重于形式、重要性、谨慎性和及时性。

🎯 会 计 启 发 故 事

产品质量不过关造成的巨额损失

　　某公司生产的一款手机因电池问题发生自燃和爆炸,不得不召回 250 万部手机,造成声誉损失和数十亿美元经济损失。这个事件带给人们什么样的启示?是不是产品有质量要求,会计信息就像是工厂生产出来的产品一样,也应该有质量要求呢?

一、可靠性

　　可靠性要求企业应当以实际发生的交易或者事项为依据进行确认、计量和报告,如实反映符合确认和计量要求的各项会计要素及其他相关信息,保证会计信息真实可靠、内容完整。

　　可靠性是衡量会计信息质量最重要的标志,是对会计核算工作的基本要求。如果财务报告所提供的会计信息不能真实、客观地反映企业经营活动的情况,就无法满足会计信息使用者的要求,影响其决策的有效性。可靠性包括以下三个方面的含义。

　　(1) 以实际发生的交易或者事项为依据,如实反映企业的财务状况、经营成果和现金流量,不得根据虚构的或尚未发生的交易或者事项进行确认、计量和报告。

　　(2) 在符合重要性和成本效益原则的前提下,保证会计信息的完整性,其中包括编报的报表及其附注内容等应当保持完整,不能随意遗漏或者减少应予披露的信息,与使用者决策相关的有用信息都应当充分披露。

　　(3) 包括在财务报告中的会计信息应当是中立的、无偏的。如果企业在财务报告中为了达到事先设定的结果或效果,通过选择或列示有关会计信息以影响决策和判断,则这样的财务报告信息就不是中立的。

> ▶练一练
>
> 　　(多选题)下列各项中,关于企业会计信息可靠性表述正确的有(　　　　)。
>
> 　　A. 企业应当保持应有的谨慎,不高估资产或收益、低估负债或费用
>
> 　　B. 企业提供的会计信息应当相互可比
>
> 　　C. 企业应当保证会计信息真实可靠、内容完整
>
> 　　D. 企业应当以实际发生的交易或事项为依据进行确认、计量、记录和报告

二、相关性

　　相关性要求企业提供的会计信息应当与投资者等财务报告使用者的经济决策需要相关,有助于投资者等财务报告使用者对企业过去、现在或者未来的情况作出评价或者预测。

　　会计信息的价值,关键是看其对使用者来说是否有用。企业提供的会计信息应当能够满足会计信息使用者具有共性的会计信息需求。会计信息的相关性,取决于会计信息的预测价值、反馈价值与及时性。会计信息具有预测价值,才能帮助决策者预测未来事项的可能结果,并据以作出最佳选择;具有反馈价值,才能把过去决策所产生的实际结果反馈给决策者,通过

与制定决策时所预测的结果相比较,了解原预测的正确程度,改进未来的决策;具有及时性,才能对决策产生影响。

对会计信息的相关性要求,并不是说会计信息要满足各方面的全部需要,因为这是不可能做到的,而是说会计对外提供的财务报告所反映的一般是通用的会计信息。

▶练一练

(单选题)(　　　)是指企业提供的会计信息应当符合国家宏观经济管理的要求,满足有关各方了解企业财务状况、经营成果的需要,满足企业内部加强经营管理的需要。

A.相关性　　　　　B.重要性　　　　　C.客观性　　　　　D.可比性

三、可理解性

可理解性要求企业提供的会计信息应当清晰明了,便于投资者等财务报告使用者理解和使用。

企业编制财务报告、提供会计信息的目的在于使用,而为了让使用者有效使用会计信息,应当能让其了解会计信息的内涵,弄懂会计信息的内容,这就要求财务报告所提供的会计信息应当尽量少用专业术语,对复杂的经济业务用规范的文字加以表述,对需要解释的问题作出必要的说明,减少不确定性,做到清晰明了、通俗易懂。只有这样,才能提高会计信息的有用性,实现财务报告的目标,满足向投资者等财务报告使用者提供决策有用信息的要求。

四、可比性

可比性要求企业提供的会计信息应当相互可比,主要包括两层含义。

1. 同一企业不同时期可比

会计信息质量的可比性要求同一企业不同时期发生的相同或者相似的交易或者事项,应当采用一致的会计政策,不得随意变更。此时的可比性主要解决企业自身的纵向比较问题,也即时间上的可比性。这一要求便于会计信息使用者了解企业财务状况、经营成果和现金流量的变化趋势,客观地评价过去、预测未来,作出正确决策。但是,需要说明的是,遵循这一要求,并非表明企业不得变更会计政策,如果按照规定或者在会计政策变更后可以提供更可靠、更相关的会计信息,企业可以变更会计政策,但有关会计政策变更的情况,应当在会计报表附注中予以说明。

2. 不同企业相同会计期间可比

会计信息质量的可比性要求不同企业同一会计期间发生的相同或者相似的交易或者事项,应当采用规定的会计政策,确保会计信息口径一致、相互可比。此时的可比性主要解决不同企业之间的横向比较问题,即空间上的可能性。这一要求便于投资者等财务报告使用者评价不同企业的财务状况、经营成果和现金流量及其变动情况,以使不同企业按照一致的确认、计量和报告要求提供有关会计信息。当然,这一要求并不是说所有的企业都要采用绝对一致的会计处理程序和方法,而是要求不同的企业在规定的范围内采用相同或类似的会计政策,不同企业提供的会计信息具有共同或类似的特征,使其具有比较的基础。

五、实质重于形式

实质重于形式要求企业应当按照交易或者事项的经济实质进行会计确认、计量和报告,不能仅以交易或者事项的法律形式为依据。

企业发生的交易或事项在多数情况下其经济实质和法律形式是一致的,但有时交易或事项的外在法律形式并不能完全真实地反映其经济实质。所以就必须根据交易或事项的经济实质而不是仅根据其外在法律形式提供会计信息。例如使用权资产,从法律形式来讲,企业并不拥有其所有权,但是,由于租赁合同中规定的租赁期相当长,接近于该资产的使用寿命;租赁期结束时,承租企业有优先购买该资产的选择权;在租赁期内,承租企业有权支配资产并从中受益等。因此,从其经济实质来看,企业能够控制这些租入资产所创造的未来经济利益,在会计确认、计量和报告上就应当将其视为企业的资产,反映在企业的资产负债表上。

六、重要性

重要性要求企业提供的会计信息应当反映与企业财务状况、经营成果和现金流量有关的所有重要交易或者事项。

在实务中,如果会计信息的省略或者错报会影响投资者等财务报告使用者据此作出决策的,该信息就具有重要性。按照这一要求,企业对于重要的经济业务应单独核算、分项反映,并在财务报告中做重点说明;而对于次要的内容,在不影响会计信息真实性的情况下,可以适当简化核算或合并反映。重要性的应用需要依赖会计人员的职业判断,企业应当根据其所处环境和实际情况,从项目的性质和金额大小两方面加以判断。从性质方面来说,如果某会计事项有可能对决策产生重大影响,则该事项就属于具有重要性的事项;从数量方面来说,如果某会计事项的数量达到一定规模或比例,可能对决策产生重大影响,则该事项就属于具有重要性的事项。

七、谨慎性

谨慎性要求企业对交易或者事项进行会计确认、计量和报告应当保持应有的谨慎,不应高估资产或者收益、低估负债或者费用。

谨慎性又称稳健性。在市场经济环境下,由于企业的经营不可避免地会遇到各种风险,如应收款项可能无法收回、固定资产有可能提前报废、售出存货可能发生退货或者返修等,为了防范这些风险,会计信息质量的谨慎性要求会计人员应该对经济业务的处理保持应有的谨慎,充分估计到各种风险和损失,既不高估资产或者收益,也不低估负债或者费用。例如,要求企业对可能发生的资产减值损失计提资产减值准备,对固定资产采用加速折旧的方法,预计出售商品的返修费等,就体现了会计信息质量的谨慎性要求。

需要说明的是,企业在进行会计核算时不得滥用该项原则,如果企业故意低估资产或者收益,或者故意高估负债或者费用,将不符合会计信息的可靠性和相关性要求,损害会计信息质量,扭曲企业实际的财务状况和经营成果,从而对使用者的决策产生误导,这是会计准则所不允许的。

▶练一练

(单选题)下列各项中,体现谨慎性会计信息质量要求的是(   )。

A. 不同时期发生的相同交易,应采用一致的会计政策,不得随意变更

B. 提供的会计信息应当清晰明了,便于理解和使用

C. 对已售商品的保修义务确认预计负债

D. 及时将编制的财务报告传递给使用者

八、及时性

及时性要求企业对于已经发生的交易或者事项,应当及时进行确认、计量和报告,不得提前或者延后。

会计信息的价值在于帮助所有者或者其他利益相关方作出经济决策,具有时效性。即使是可靠、相关的会计信息,如果不及时提供,就失去了时效性,也就不能充分发挥会计的作用。及时性具体包括三个方面的含义:及时收集会计信息、及时处理会计信息、及时传递会计信息。

1.4 即测即评

任务五 会计程序和方法

一、会计程序

会计程序是指会计人员处理、生成会计信息,并从会计凭证、账簿和报表这些会计载体上反映出来的工作顺序。它主要分为以下四个环节。

(一)会计确认

会计确认是指会计人员依据会计规范和标准,辨认和确定发生的经济业务是否作为会计信息,作为哪种会计科目反映,何时记入会计载体的过程。简而言之,就是解决"是什么? 是否反映? 何时反映?"等问题。会计确认包括确认标准和确认时间,确认标准是指以什么标准来确认某一会计要素,确认时间是指何时确认并加以记录。

会计确认的标准是根据会计假设、会计基础与会计信息质量要求来建立的,是对会计确认行为的基本约束。一般情况下,会计确认需要遵循四项标准:一是可定义性,也就是说,被确认的项目必须符合某一会计要素的定义;二是可计量性,也就是说,被确认的项目应具有一个相关的计量属性,要能够利用某种计量属性进行客观的计量;三是可靠性,也就是说,被确认项目的信息是真实的、可验证的、不偏不倚的;四是相关性,也就是说,被确认项目的信息能够使会计信息的使用者作出合理的决策。

确认的时间表明了进入会计核算系统的数据的时间界限。由于会计分期人为地将企业持续经营的活动过程划分成了会计期间,因此必然导致一些收入、费用跨越不同的会计期间,也就是说,经济业务的发生时间和收付款时间不一致,例如,这个月销货,但货款却可能在两个月后才会收到。企业会计以权责发生制为核算基础,也就是说,企业采用权责发生制作为会计确认的时间基础。前述这个月销货两个月后收款的业务,收入确认的时间就是这个月而不是两个月后。

(二)会计计量

会计计量是指会计人员在会计确认前提下,依据一定的计量标准和方法,对应记入会计载体的经济业务所涉及的会计科目的金额进行量化的过程。也就是解决"反映多少?"的问题。会计计量包括计量单位和计量属性两方面的内容。

1. 计量单位

计量单位是指计量尺度的量度单位。计量单位主要解决以什么样的形式记录会计要素的问题。目前货币计量是会计计量的基本尺度,但这并不排除实物量度和劳动量度的辅助计量作用。例如,对于企业持有的存货,在会计核算时,既用货币量度反映其价值多少,又通过实物量度反映其数量多少,以对存货进行全面反映,满足经营管理的需要。

2. 计量属性

会计计量是为了将符合确认条件的会计要素登记入账并列报于财务报表而确定其金额的过程。企业应当按照规定的会计计量属性进行计量,确定相关金额。计量属性是指所予计量的某一要素的特性方面,如桌子的长度、铁矿的重量、楼房的高度等。从会计角度讲,计量属性反映的是会计要素金额的确定基础,它主要解决会计处理时用什么样的金额入账的问题。

计量属性主要包括历史成本、重置成本、可变现净值、现值和公允价值等。

1) 历史成本

在历史成本计量下,资产按照购置时支付的现金或者现金等价物的金额,或者按照购置资产时所付出的对价的公允价值计量。负债按照因承担现时义务而实际收到的款项或者资产的金额,或者承担现时义务的合同金额,或者按照日常活动中为偿还负债预期需要支付的现金或者现金等价物的金额计量。这种计量属性适用于除金融工具、衍生金融工具、非货币性资产交换、并购等以外的其他交易或事项。

2) 重置成本

在重置成本计量下,资产按照现在购买相同或者相似的资产所需支付的现金或者现金等价物的金额计量。负债按照现在偿付该项负债所需支付的现金或者现金等价物的金额计量。例如盘盈的存货和固定资产就是按重置成本进行计量。

3) 可变现净值

在可变现净值计量下,资产按照其正常对外销售所能收到现金或者现金等价物的金额扣减该资产至完工时估计将要发生的成本、估计的销售费用以及相关税费后的金额计量。这种计量属性适用于存货的期末计量。

4) 现值

在现值计量下,资产按照预计从其持续使用和最终处置中所产生的未来净现金流入量的折现金额计量。负债按照预计期限内需要偿还的未来净现金流出量的折现金额计算。它的适用范围为使用权资产、无形资产和具有融资性质销售的长期应收款等。

5) 公允价值

在公允价值计量下,资产和负债按照在公平交易中,熟悉情况的交易双方自愿进行资产交换或者债务清偿的金额计量。这种计量属性适用于金融工具、衍生金融工具、非货币性资产交换、并购等业务活动的计量。

企业在对会计要素进行计量时,一般应当采用历史成本。采用重置成本、可变现净值、现值、公允价值计量时,由于这些计量属性并不像采用历史成本计量那么客观,容易受人为因素的影响,为此要求在采用这些计量属性时,应当保证所确定的会计要素金额能够取得并可靠计量。

◉ 会 计 启 发 故 事

老李到底丢了多少钱

老李两年前买了一部手机,这个月不小心把手机弄丢了。老李的儿子说老李丢了6 000元,因为买的时候花了 6 000 元;老李的老婆说老李丢了 5 500 元,因为现在买入同款手机需要花 5 500 元;老李的弟弟说老李丢了 4 900 元,因为现在把手机卖掉,价款为 5 000 元,发生相关税费 100 元,可以得到 4 900 元净额;老李说你们说的都不对,我丢的是 4 300 元,因为我本来准备 2 年后卖掉这部手机,那样会得到 1 000 元,在卖掉前的 2 年里,手机每年可以给我带来收益 2 000 元,这 5 000 元折现后相当于现在 4 300 元,所以我丢的是 4 300 元;老李侄子说老李丢的是 5 000 元,因为现在在市场上卖掉这部手机,成交价格是 5 000 元。

老李到底丢了多少钱? 其实他们是从不同的计量属性来说的:6 000 元是历史成本;5 500 元是重置成本;4 900 元是可变现净值;4 300 元是现值;5 000 元是公允价值。

(三) 会计记录

会计记录是指会计人员根据记账规则,将已确认、计量的会计信息正式记入会计账簿载体,并进行加工和转换,为最终进入财务报表载体奠定基础的过程。会计记录主要解决"如何登记"的问题。

(四) 会计报告

会计报告是指会计人员按照会计信息使用者的需要,对账簿等资料进行再加工和转换,生成更集中、更有用的会计信息并输送出去的过程。会计报告主要解决"如何提供会计信息"的问题。

会计确认、计量、记录和报告四个环节是相互联系、逐步深入的关系。它们都以所发生的经济业务及其所涉及的会计要素项目为共同对象,都以会计信息的有用性为共同目标,都统一于会计信息生成的过程之中。会计确认和会计计量是会计核算的核心问题,涉及日常工作中对经济业务的处理,解决了会计工作的政策性问题;会计记录是方法问题,主要根据会计确认、会计计量政策考虑会计科目的设置;会计报告则是整个会计体系确认、计量、记录的结果。

二、会计方法

会计方法是指用来核算和监督会计内容,实现会计目标,完成会计任务的手段。

会计方法包括会计核算方法、会计分析方法、会计预测方法和会计控制方法等,其中会计核算方法是最基本的方法,是整个会计方法体系的基础。会计分析方法、会计预测方法和会计控制方法等都是在会计核算的基础上,利用会计核算资料进行的,是会计核算方法的进一步扩展、延伸和运用。本书主要阐述会计核算方法,其他会计方法将在以后的相关课程中讲述。

微课:会计核算方法

会计核算方法是对经济业务或经济事项确认、计量、记录和报告时所应用的方法。我国会计核算方法包括设置账户、复式记账、填制和审核会计凭证、登记账簿、成本计算、财产清查和编制财务报告七种方法。下面先简单介绍各种方法的特点和它们之间的联系,再分项目具体说明各种方法的理论和运用。

1. 设置账户

设置账户是对会计核算对象的具体内容进行分类核算和监督的一种专门方法。会计对象的具体内容是复杂多样的,要对会计对象所包含的经济内容进行系统的反映,就需要将其进行科学的分类,划分为若干个会计科目,并为每个会计科目开设具有一定结构和内容的账户,通

过账户分门别类地登记经济业务,以便取得各种需要的经济指标。设置账户只是会计工作理论上的开始,在实际工作中,具体的会计工作是从审核和填制会计凭证开始的。

2. 复式记账

复式记账是对发生的每一项经济业务,都要以相等的金额同时在两个或两个以上的相互对应账户中进行登记,借以完整地反映每项经济业务的方法。

在经济活动中,每项经济业务的发生都会引起至少两个会计科目发生变化。例如,用银行存款购买材料,该笔经济业务一方面引起原材料的增加,另一方面引起银行存款的减少,这两个项目的变化都需要在账户中登记,只有进行双方登记,才能完整地反映经济业务的来龙去脉。

3. 填制和审核会计凭证

会计凭证是记录经济业务、明确经济责任的书面证明,是登记账簿的重要依据。在经济业务发生或完成后,都要由经办人员或有关单位填制凭证并签名盖章,例如,职工出差,要坐车、住宿,取得的车票、住宿发票就是证明业务发生的原始凭证,会计部门和有关部门应审核这些凭证,确认正确无误后,才能作为记账的依据。通过会计凭证的填制和审核,可以为经济管理提供完整可靠的数据资料。同时也是实行会计监督的一个重要方面,是会计核算的首要环节。

4. 登记账簿

账簿是由具有专门格式、互有联系的若干账页所组成的,用以全面、系统、序时、分类地登记经济业务的簿籍。登记账簿就是将所发生的经济业务,按其发生的先后顺序,分门别类地记入有关账簿,以便为经济管理提供完整、系统的数据资料。登记账簿必须以凭证为根据,并定期进行结账、对账,以便为编制会计报表提供完整而又系统的会计数据。

5. 成本计算

成本计算是指将企业生产经营过程中发生的各项费用,按照不同的成本计算对象进行归集,从而计算出各对象的总成本和单位成本的一种专门方法。

产品成本是综合反映企业生产经营成果的一项重要指标。通过产品成本计算,可以考核企业对原材料和人工的消耗以及制造费用是否节约,以便采取措施降低成本。成本计算是企业进行经济核算的中心环节。凡是实行独立核算的企业都必须进行成本计算。

6. 财产清查

财产清查是指通过盘点实物,核对账目来查明各项财产物资的实有权,以确保账实相符的一种专门方法。通过财产清查,可以查明各项财产物资的保管、使用情况,以及往来款项的结算是否及时、合理、合法,监督各类财产物资的安全与合理使用。在财产清查中如发现财产物资和货币资金账实不符,应及时查明原因,明确责任,通过一定的审批手续进行处理,并调整账簿记录,使账实相符,以保证会计核算资料的正确性与真实性。

7. 编制财务报告

编制财务报告就是定期总括地反映会计主体的财务状况、经营成果和现金流量情况的一种方法。财务报告是以日常账簿资料为基础编制的,总括反映企业财务状况、经营成果和现金流量等会计信息的书面报告文件。企业一定期间内发生的经济业务,已经在会计凭证和会计账簿中进行了全面、系统的记录,但是,分散在会计凭证和会计账簿中的会计信息是片断、分散的,还不能概括地、系统地反映企业经济活动过程和结果,因此需对这些会计信息进行进一步的加工处理和分类,从而形成综合、系统地反映企业财务状况、经营成果和现金流量的书面文件,也就是需要编制财务报告。财务报告所提供的资料,不仅是分析考核财务成本计划和预算执行情况以及编制下期成本计划和预算的重要依据,也是进行经济决策和国民经济综合平衡工作必要的参考资料。

以上七种会计核算方法相互联系,密切配合,构成了一个完整的方法体系,也即日常所说的会计核算方法体系。这七种方法之间的联系是,当经济业务发生时,经办人员要填制或取得原始凭证,经会计人员审核整理后,按照设置的会计科目和账户,运用复式记账法,编制记账凭证记入有关的账簿,依据凭证和账簿记录对生产经营过程中发生的各项费用进行成本计算,并通过财产清查对账簿记录加以核实,在保证账实相符的基础上,定期编制会计报表。

会 计 史 话

会计始祖大禹

据考证,会计实践活动已有数千年的历史。人类有了剩余劳动,就有了数字的概念,便知道了怎样通过数字来计算或分配剩余劳动,如结绳记事,这应该就是最初的会计起源。真正有文字记录的会计起源,还要追溯到大禹——会计的始祖。早在公元前2000多年,大禹做了王,有了国家税赋制度,进而产生了会计、审计工作。

据《史记·十二本纪·夏本纪》中记载:"自虞、夏时,贡赋备矣。或言禹会诸侯江南,计功而崩,因葬焉,命曰会稽。会稽者,会计也。"也就是说,在浙江绍兴的会稽山(原称茅山),大禹召集全国诸侯,召开了中国历史上第一次会计审计工作大会,考评九州诸侯的业绩,计功加爵。后禹王功成身死,被葬在茅山脚下,后茅山被更名为会稽山。

国学大师南怀瑾先生2004年在上海国家会计学院做"大会计"演讲时,就曾列举了大禹在会稽山组织的这次活动,将大禹列为会计人的始祖,认为大禹就是会计的祖师爷。郭道扬先生在《中国会计史稿》中对大禹在会稽山的活动也有记述,也记载了会计的来历。

2014年,第七届中国会计文化节在浙江绍兴会稽山举行,与会人士以张连起先生为首,提出了大禹为会计始祖的观点,并祭祀了大禹陵,在当时引起了较为广泛的讨论,《财会信报》也对此进行了报道。

1.5 即测即评　　　　　项目一即测即评

项目二

会计要素和会计等式

本项目主要讲述会计要素,并用会计等式揭示会计要素相互之间的关系。学习本项目是为了使读者了解会计核算和监督的具体内容,理解会计等式的基本原理,为学习会计的基本方法奠定基础。

知识目标

- 了解会计要素的含义。
- 了解会计要素的分类及其特征。
- 掌握会计等式的表现形式。
- 掌握经济业务发生对会计等式的影响。

能力目标

- 能够确认会计要素的种类。
- 能判断经济业务发生对会计等式产生的影响。

素养目标

- 激发对会计职业的热爱,培养职业认同感。
- 培养严谨细致的会计职业素养。

任务一　会　计　要　素

一、会计要素的概念

会计的基本职能是核算和监督,会计核算和监督的内容叫会计对象。会计的对象是一系列的资金运动,但这种表述比较抽象,还需要对会计对象作进一步的分类。会计要素也称为会计对象要素,就是对会计对象按其经济特征所作的基本分类,是会计对象的具体化,是从会计的角度描述经济活动的基本要素,是会计核算和监督的具体内容的组成项目,会计要素也是构成财务报表的基本项目。

我国企业会计准则将会计对象按照性质不同划分成资产、负债、所有者权益、收入、费用和利润六大会计要素。

会计启发故事

地球岩石圈划分带来的启示

根据板块构造理论,全球岩石圈可以划分成六大板块,即太平洋板块、欧亚板块、美洲板块、非洲板块、南极洲板块和印度洋板块。把岩石圈分成六大板块不仅有助于地质学研究的深入,还能为地震预测、资源开发、气候研究和地质教育等领域提供重要的理论基础。六大会计要素的划分既像构成地球岩石圈的六大板块,又像小孩子搭房子的积木,是会计确认和计量的依据,也是构成会计报表的基本框架。

其中前三个要素,即资产、负债、所有者权益被称为"静态要素",也称"存量会计要素",它们侧重于反映企业的财务状况;后三个要素,即收入、费用和利润被称为"动态要素",也称"增量会计要素",它们侧重于反映企业的经营成果。之所以说资产、负债、所有者权益是静态要素,是因为它们反映的是企业在某一特定时日的财务状况,例如,某人说他口袋里有 100 元,是说他说话这一刻口袋里有 100 元,而不是过去的某一时间段之内他口袋里一直有 100 元,所以是一种静态表现,属于静态要素。收入、费用和利润之所以被称为动态要素,是因为这三个要素反映了企业一定时期的经营成果,例如,某人说他去年赚了 100 万元,是去年一年这个时段内他赚了 100 万元,而不是他说话的这一刻赚来的,所以是一种动态表现,属于动态要素。

会计要素的界定和分类可以使财务会计系统更加科学严密,并可以为使用者提供更加有用的信息。

二、会计要素的内容

(一)资产

1. 资产的概念与特征

资产是指企业过去的交易或者事项形成的、由企业拥有或者控制的、预期会给企业带来经济利益的资源。资产具有以下三个方面的特征。

(1)资产是由企业过去的交易或者事项形成的。资产应当由企业过去的交易或者事项所形成,过去的交易或者事项包括购买、生产、建造行为或者其他交易或事项。也就是说,只有过去的交易或事项才能产生资产,若企业预期在未来发生的交易或事项,则不是企业现实的资产。例如,企业计划购买一批材料,由于该购买行为尚未发生,该批材料不是企业的资产。

(2)资产是由企业拥有或控制的。资产作为企业的资源,应当由企业拥有或控制,具体是指企业享有某项资源的所有权,或者虽然不享有某项资源的所有权,但该资源能够被企业所控制。例如,企业的使用权资产,承租企业虽然对其没有所有权,但对其拥有控制权,该使用权资产可以确认为承租企业的资产。

(3)资产预期会给企业带来经济利益。资产预期会给企业带来经济利益,是指资产具有直接或者间接导致现金和现金等价物流入企业的潜力。若某一项目预期不能给企业带来经济利益,就不能将其确认为企业的资产。前期已经确认为资产的项目,如果目前不能再为企业带来经济利益,则该项目就不能再确认为企业的资产。例如,企业的一批存货已经霉烂变质,不能给企业带来任何经济利益了,则应将该批存货从账面上冲销,从资产里剔除。

2. 资产的确认条件

将一项资源确认为资产,首先需要符合资产的定义,其次还需要同时满足以下两个条件,否则不能将其确认为企业的资产。

（1）与该资源有关的经济利益很可能流入企业。

（2）该资源的成本或者价值能够可靠计量。

▶**想一想**

业务骨干对公司来说是一项宝贵的人力资源，按照目前我国企业会计准则的规定，人力资源可以确认到资产要素里吗？为什么？

答案解析

▶**练一练**

（多选题）下列各项中，符合企业资产定义的有（　　）。

A. 投资者投入的设备　　　　　　　　　B. 报废的设备

C. 准备购入的设备　　　　　　　　　　D. 已购入但尚在运输途中的设备

3. 资产的分类

资产按其流动性可分为流动资产和非流动资产两大类。这里的流动性即变现能力，就是一项资产经过一定时间使用后变为现金的能力。

流动资产是指满足下列条件之一的资产。

（1）预计在一个正常营业周期中变现、出售或销售。

（2）主要为交易目的而持有。

（3）预计在资产负债表日起一年内（含一年，下同）变现。

（4）自资产负债表日起一年内，交换其他资产或清偿负债的能力不受限制的现金或现金等价物。

流动资产主要包括货币资金、交易性金融资产、应收及预付款项、应收利息、应收股利、存货等。

（1）货币资金，是指企业生产经营过程中以货币形态存在的那部分资产，具体包括库存现金、银行存款和其他货币资金。库存现金是指存放于财务部门由出纳人员经管的货币。银行存款是指企业存放在银行或其他金融机构，可自由提取、使用的各种性质的存款。其他货币资金是指除库存现金、银行存款以外的其他各种货币资金，如外埠存款、银行本票存款、银行汇票存款、信用卡存款、信用证保证金存款及存出投资款等。

（2）交易性金融资产，是指企业为了近期内出售而持有的金融资产，如企业以赚取价差为目的从二级市场购入的股票、债券、基金等。

（3）应收及预付款项，是指企业在日常生产经营过程中发生的各项债权，包括应收票据、应收账款、预付账款、其他应收款等。应收票据核算企业因销售商品、提供劳务等经营活动而收到的商业汇票。应收账款核算企业因销售商品、提供劳务等经营活动应收取的款项。预付账款是指企业按照合同规定预付的款项。其他应收款是指企业除应收票据、应收账款、预付账款、应收利息、长期应收款以外的其他各种应收及暂付款项。

（4）应收利息，是指企业交易性金融资产、债权投资等应收取的利息。

（5）应收股利，是指企业应收取的现金股利和应收取的其他单位分配的利润。

（6）存货，是指企业在日常生产经营过程中持有以备出售的产成品或商品，以及处在生产过程中的在产品，或者在生产或提供劳务过程中耗用的材料、物料等。

　　非流动资产是指流动资产以外的资产。非流动资产主要包括债权投资、长期应收款、长期股权投资、投资性房地产、固定资产、无形资产和其他非流动资产等。

　　（1）债权投资，是指企业以摊余成本计量的长期债权投资，如企业购买并准备持有至到期的国债、公司债券等。

　　（2）长期应收款，是指企业在日常经营活动中产生的超过一个经营周期的各项债权，如具有融资性质的销售商品产生的应收款项等。

　　（3）长期股权投资，是指投资方对被投资单位实施控制、重大影响的权益性投资，以及对其合营企业的权益性投资。如母公司对子公司的股权投资。

　　（4）投资性房地产，是指为赚取租金或资本增值，或两者兼有而持有的房地产，如已出租的土地使用权、已出租的建筑物等。

　　（5）固定资产，是指同时具有下列特征的有形资产：一是为生产商品、提供劳务、出租或经营管理而持有的；二是使用寿命超过一个会计年度。企业的固定资产主要包括房屋建筑物、机器设备、运输设备、工具器具等。

　　（6）无形资产，是指企业拥有或控制的没有实物形态的可辨认的非货币性资产，主要包括专利权、非专利技术、商标权、著作权、特许权等。

　　（7）其他非流动资产，是指不能归入上述各项的资产，如长期待摊费用等。

会计启发故事

三毛钱的投资

　　小花拿着三毛钱去瓜园买瓜，卖瓜的老大爷见钱太少便想哄她离开。他指着一个刚刚长出来的小瓜说："三毛钱只能买到这个小瓜。"小花很高兴，把钱递给了老大爷。老大爷很惊讶："这瓜还没熟，你要怎么吃它呢？"小花说："我买了这瓜就属于我了，等瓜长大了、长熟了我再来取。"

　　通过这个故事可以看出，这三毛钱的投资可是放长线钓大鱼，这就像长期股权投资，它跟立竿见影、赚一把就抛售的交易性金融资产可不一样。

（二）负债

1. 负债的定义

　　负债是指企业过去的交易或事项形成的、预期会导致经济利益流出企业的现实义务。负债具有以下三个方面的特征。

　　（1）负债是由企业过去的交易或者事项形成的。负债应当由企业过去的交易或者事项所形成，也就是说，只有过去的交易或事项才能形成负债，那些将在未来发生的承诺、签订的合同等交易或事项，则不能形成企业的负债。例如，企业赊购了价值 200 万元的货物，由于该业务已发生，属于过去的交易或事项，形成了企业 200 万元的负债。若企业计划两个月后再赊购 200 万元货物，则由于该业务尚未发生，不形成企业的负债。

　　（2）负债预期会导致经济利益流出企业。预期会导致经济利益流出企业是负债的又一个重要特征。也就是将来清偿负债时要采取交付资产、提供劳务、举借新的债务、将负债转为资本等方式，这将导致企业经济利益的流出。只有企业在履行相关义务会导致经济利益流出企业时，该义务才符合负债的定义，否则就不符合负债的定义。

（3）负债是企业承担的现时义务。负债必须是企业承担的现实义务,这是负债的一个基本特征。这里的现时义务是指企业在现行条件下已承担的义务,而非将来所要承担的义务。例如应付银行的借款利息,是指企业目前已经欠银行的利息这种现时义务,而不是未来可能拖欠银行的利息这种潜在义务。

2. 负债的确认条件

将一项现时义务确认为负债,除应当符合负债的定义之外,还需要同时满足以下两个条件,否则不能将其确认为企业的负债。

（1）与该义务有关的经济利益很可能流出企业。

（2）未来流出的经济利益的金额能够可靠计量。

3. 负债的分类

负债按其流动性可分为流动负债和长期负债两大类。所谓负债的流动性是指负债的偿还期限。

满足下列条件之一的,应当归类为流动负债。

（1）预计在一个正常营业周期中清偿。

（2）主要为交易目的而持有。

（3）自资产负债表日起一年内到期应予以清偿。

（4）企业无权自主地将清偿推迟至资产负债表日后一年以上。

流动负债主要包括短期借款、应付及预收款项、应交税费、应付职工薪酬、应付利息、应付股利等。

（1）短期借款,是指企业向银行或其他金融机构等借入的期限在一年以下（含一年）的各种借款。

（2）应付及预收款项,主要包括应付票据、应付账款、预收账款、其他应付款等。应付票据指企业购买材料、商品和接受服务等而开出、承兑的商业汇票,包括银行承兑汇票和商业承兑汇票。应付账款是指企业购买材料、商品和接受服务等经营活动而应付给供应单位的款项。预收账款是指企业按照合同的规定预收的款项。其他应付款是指企业除应付票据、应付账款、预收账款、应付职工薪酬、应付利息、应付股利、应交税费等流动负债以外的其他各项应付、暂收的款项,如应付短期租赁固定资产的租金等。

（3）应交税费,指企业按照税法规定计算应缴纳的各种税费,包括增值税、消费税、企业所得税、资源税、土地增值税、城市维护建设税、房产税、教育费附加、印花税、耕地占用税、环境保护税,以及企业代扣代交的个人所得税等。

（4）应付职工薪酬,指企业根据有关规定应付给职工的各种薪酬。

（5）应付利息,是指企业按照合同约定应支付的利息,包括分期付息到期还本的长期借款、企业债券等应支付的利息。

（6）应付股利,是指企业根据股东大会或类似机构审议批准的利润分配方案确定的应分配给投资者的现金股利或利润。

长期负债是指流动负债以外的负债。长期负债偿还期限往往超过一年或超过一年的一个营业周期,举借长期负债往往是为了购置大型设备、房地产、扩建厂房等,而流动负债的举债往往是为了满足生产周转需要。长期负债主要包括长期借款、应付债券、长期应付款、预计负债等。

（1）长期借款,是指企业从银行或其他金融机构借入的期限在 1 年以上（不含 1 年）的借款。

（2）应付债券，是指企业为筹集长期资金对外发行的、期限在1年以上的公司债券。

（3）长期应付款，是指企业除长期借款和应付债券以外的其他各种长期应付款项，如以分期付款方式购入固定资产发生的应付款项等。

（4）预计负债，是指企业确认的对外提供担保、未决诉讼、产品质量担保、重组义务、亏损性合同等预计负债。

（三）所有者权益

1. 所有者权益的定义

所有者权益是指企业资产扣除负债后由所有者享有的剩余权益。公司的所有者权益又称股东权益，它反映了所有者对企业资产的剩余索取权，是企业资产中扣除债权人权益后应由所有者享有的部分，既可反映所有者投入资本的保值增值情况，又体现了保护债权人权益的理念。

与负债相比，所有者权益具有以下三个基本特征。

（1）所有者可凭借其权益参与投资企业的经营管理，分享企业经营成果；而债权人不能参与企业经营管理，也不能分享企业经营成果，只具有到期收回本息的权利。

（2）所有者权益没有到期日，除非企业发生破产、清算或减资，否则不需要偿还；而负债需要到期还本付息。

（3）所有者权益属于剩余权益。企业经营过程中，所有者只能分享扣除了债权人报酬后的剩余经营成果；企业清算时，只有当全部负债得到清偿以后，所有者才有权利行使对剩余资产的要求权。

所有者权益与特定的、具体的资产并无直接关系，只是在整体上、在抽象意义上与企业的资产保持数量上的关系，反映出企业的产权关系。

所有者权益是一个涵盖了任何组织形式的净资产的广义概念，具体到某一特定形式的企业组织，所有者权益便以不同的形式出现，在股份制企业被称为"股东权益"，在私营企业被称为"业主权益"。

2. 所有者权益的确认条件

所有者权益体现的是所有者在企业中的剩余权益，因此，所有者权益的确认主要依赖于其他会计要素，尤其是资产和负债的确认；所有者权益金额的确定也主要取决于资产和负债的计量。例如，企业接受投资者投入的资产，在该资产符合企业资产确认条件时，就相应地符合了所有者权益的确认条件；当该资产的价值能够可靠计量时，所有者权益的金额也就可以确定。

3. 所有者权益的分类

所有者权益按其来源可分为所有者投入的资本、直接计入所有者权益的利得和损失、留存收益三部分，其中，资本包括实收资本和资本公积，留存收益包括盈余公积和未分配利润。

（1）实收资本，是指投资者按照企业章程或合同、协议的约定，实际投入企业的资本。按照投资主体的不同，可划分为国家资本金、法人资本金、个人资本金和外商资本金等。股份制企业的实收资本称为股本。

（2）资本公积，是指由投资者投入，但不能计入实收资本的资产价值，或从其他来源取得、由投资者享有的资本金。资本公积主要包括资本溢价或股本溢价以及其他资本公积等。

（3）盈余公积，是指企业从税后利润中提取的企业积累资金。主要包括法定盈余公积、任意盈余公积和公益金等。

（4）未分配利润，是指企业的税后利润按规定进行分配后的剩余部分。这部分没有分配的利润留存在企业，可在以后年度进行分配。

（5）直接计入所有者权益的利得和损失，是指不应当计入当期损益、会导致所有者权益发生增减变动的、与所有者投入资本或者向所有者分配利润无关的利得或损失。例如，其他债权投资的公允价值变动直接计入其他综合收益。

利得是指由企业非日常活动所形成的、会导致所有者权益增加的、与所有者投入资本无关的经济利益的流入。损失是指由企业非日常活动所发生的、会导致所有者权益减少的、与向所有者分配利润无关的经济利益的流出。利得和损失的产生原因及性质不同，其会计处理也有所不同。有些利得和损失直接计入所有者权益，有些则直接计入当期损益。

资产、负债、所有者权益三大要素是构成资产负债表的基本要素，习惯上将这三大要素称为资产负债表要素。

（四）收入

1. 收入的定义

收入是指企业在日常活动中形成的、会导致所有者权益增加的、与所有者投入资本无关的经济利益的总流入。收入具有以下三个方面的特征。

微课：动态
会计要素

（1）收入是企业在日常活动中形成的。这里的日常活动是指企业为完成其经营目标所从事的经常性活动以及与之相关的活动，日常活动具有可预见性。任何企业都有自身的日常活动，并且大多数的日常活动都是根据经营目标按计划经常发生的。例如，工业企业制造并销售产品、商业企业销售商品、商业银行对外贷款、咨询公司提供咨询服务、饭店提供餐饮服务、租赁公司出租资产等，均属于企业的日常活动，由这些日常活动产生的经济利益的总流入就是企业的收入。有些活动在企业中不经常发生，但与企业经营目标有关，例如工业企业出售积压的材料，其取得的经济利益也应当作为收入。

在此明确界定日常活动是为了将收入与利得相区分。企业非日常活动所形成的经济利益的流入不能确认为收入，而应计入利得。非日常活动是指不可预见的、具有偶发性的活动，如接受捐赠、债务重组等这些偶发的交易或事项是非日常活动，由这些非日常活动所产生的经济利益的流入是企业的利得而不是收入。

▶想一想

收入与利得的本质区别是什么？

答案解析

（2）收入是与所有者投入资本无关的经济利益的总流入。收入应当会导致经济利益的流入，既可能表现为资产的增加，也可能表现为负债的减少，还可以两者兼而有之。在实务中，经济利益的流入有时是所有者投入资本的增加所导致的，所有者投入资本的增加应当确认为所有者权益而不应确认为收入，收入的这一特征明确界定了收入与所有者投入资本的区别。

（3）收入最终会导致所有者权益的增加。与收入相关的经济利益的流入应当会导致所有者权益的增加，不会导致所有者权益增加的经济利益的流入不符合收入的定义，不应确认为收入。企业向银行借入款项，尽管该笔业务带来了经济利益的流入，但是该流入不会使企业所有者权益增加，而是使企业承担了一项现时义务。因此，企业不应将企业借款确认为收入，而应当确认为负债。

2. 收入的确认条件

当企业与客户之间的合同同时满足下列条件时,企业应当在客户取得相关商品控制权时确认收入。

(1) 合同各方已批准该合同并承诺将履行各自义务。

(2) 合同明确了合同各方与所转让商品或提供劳务相关的权利和义务。

(3) 合同有明确的与所转让商品相关的支付条款。

(4) 合同具有商业实质,即履行该合同将改变企业未来现金流量的风险、时间分布或金额。

(5) 企业因向客户转让商品而有权取得的对价很可能收回。

3. 收入的分类

按经营业务的主次不同,收入可分为主营业务收入和其他业务收入。

(1) 主营业务收入,是指企业为完成其经营目标所从事的经常性活动实现的收入。主营业务一般应按照营业执照上注明的主要业务范围来确定,是指日常活动中的主要活动。主营业务收入一般占企业总收入的比重较大,对于企业的经济效益的影响较大。不同类型的企业其主营业务收入有所不同,工业企业是指销售产品、提供工业性劳务实现的收入;商业企业是指销售商品实现的收入;餐饮企业是指提供餐饮服务实现的收入等。

(2) 其他业务收入,是指与企业为完成其经营目标所从事的经常性活动相关的活动实现的收入。其他业务一般按营业执照上注明的兼营业务范围来确定,是指企业主营业务以外的其他日常活动。其他业务收入是由企业日常活动中的次要交易业务产生的,占企业总收入的比重较小。对于一般工商企业来说,其他业务收入主要是指出租固定资产、出售不需用原材料等实现的收入。

(五) 费用

1. 费用的定义

费用是指企业在日常活动中发生的、会导致所有者权益减少的、与向所有者分配利润无关的经济利益的总流出。费用具有以下三个方面的特征。

(1) 费用是企业在日常活动中形成的。这里的"日常活动"的界定与收入定义中所涉及的日常活动的界定是一致的。日常活动产生的费用通常包括营业成本(主营业务成本和其他业务成本)、税金及附加、销售费用、管理费用、财务费用等。之所以将费用界定为日常活动中所形成,是为了将其与损失相区别,企业非日常活动,如自然灾害造成企业损失、企业对外捐赠等,这些偶发的交易或事项所形成的经济利益的流出,就不能确认为费用,而应计入损失。

(2) 费用是与向所有者分配利润无关的经济利益流出。费用的发生应当会导致企业经济利益的流出,从而导致资产的减少或负债的增加,还可以两者兼而有之,如支付企业管理部门办公费、支付企业的广告宣传费、应付未付银行借款的利息费等,但这些经济利益的流出应与向所有者分配利润无关。企业向所有者分配利润也会导致经济利益的流出,但该经济利益的流出属于所有者权益的抵减项目,不应当确认为费用。

(3) 费用最终会导致所有者权益的减少。与费用相关的经济利益的流出应当会导致所有者权益的减少,不会导致所有者权益减少的经济利益的流出不符合费用的定义,不应确认为费用。例如,企业偿还银行借款,尽管该笔业务导致了企业经济利益的流出,但是该流出不会使企业所有者权益减少,而是使企业一项资产和一项负债等额减少。因此,企业不应将偿还的银行借款确认为费用。

▶ 练一练

(多选题)下列各项中,符合会计要素费用定义的有(　　　)。

A. 企业缴纳办公大楼电费　　　　B. 企业发放销售人员的工资

C. 向投资者分配股利　　　　　　D. 因污染环境被行政罚款

2. 费用的确认条件

费用的确认除应当符合费用的定义外,至少应当同时符合以下三个条件。

(1) 与费用相关的经济利益很可能流出企业。

(2) 经济利益流出企业的结果会导致企业资产的减少或者负债的增加。

(3) 经济利益的流出额能够可靠计量。

3. 费用的分类

企业发生的费用按其经济用途不同,可分为营业成本和期间费用。

营业成本是指企业为生产产品、提供劳务等发生的可归属于产品成本、劳务成本的费用,应当在确认产品销售收入、劳务收入时,将营业成本计入当期损益。营业成本按照企业经营业务的主次不同,分为主营业务成本和其他业务成本。不同类型的企业由于其经营目标不同,其经常性活动和非经常性活动也有所不同,其主营业务成本和其他业务成本自然也不同,其界定方法应当与主营业务收入和其他业务收入相一致,其确认时间应当与主营业务收入和其他业务收入相配比。

期间费用是指企业当期发生的必须从当期收入中得到补偿的费用。期间费用包括管理费用、销售费用和财务费用。

管理费用是企业行政管理部门为组织和管理生产经营活动而发生的各种费用,如管理人员工资、职工差旅费、办公费、工会经费、职工教育经费、业务招待费、会议费、聘请中介机构费、绿化费、董事会费、财产保险费、管理部门固定资产折旧费等。

销售费用是企业销售商品、提供劳务过程中所发生的费用,如广告费、展览费、包装费、商品维修费、专设销售机构经费等。

财务费用是企业为筹集生产经营所需资金而发生的各项费用,如利息支出、汇兑损益、金融机构的手续费等。

(六)利润

1. 利润的定义

利润是指企业在一定会计期间的经营成果。利润包括收入减去费用后的净额、直接计入当期利润的利得和损失等。

▶ 练一练

(多选题)下列各项中,影响利润的有(　　　)。

A. 产品的销售收入　　　　　　B. 办公部门发生的电费

C. 因污染环境被处罚的 5 000 元罚款　　D. 所有者追加的 50 万元投资

2. 利润的确认条件

利润反映的是收入减去费用、利得减去损失后的净额的概念,因此,利润的确认主要依赖于收入、费用、利得以及损失的确认,其金额的确定也主要取决于收入、费用、利得和损失金额的计量。

3. 利润的分类

利润按其来源及确定程序,可以区分为营业利润、利润总额和净利润,它们反映利润形成过程中的三个环节。

(1)营业利润是指企业从事主营业务活动和其他业务活动而取得的经营成果,是企业获取经济利益的首要来源。

(2)利润总额是指企业在生产经营活动中实现的营业利润以及在非日常活动中发生的某些利得或损失的结果。

(3)净利润又叫税后利润,是指利润总额减去所得税后的最终经营成果。

收入、费用、利润是构成利润表的基本要素,习惯上把这三大要素称为利润表要素。

2.1 即测即评

任务二　会计等式

一、会计等式

会计等式,又称会计恒等式、会计方程式或会计平衡公式,是表明会计要素之间基本关系的等式。

1. 静态会计等式

企事业单位要进行生产经营活动,就必须拥有一定数量的资产,如厂房、设备、材料、现金等。这些资产的提供者,对企业的资产具有要求权,也就是会计上所说的权益。资产和权益是一个事物内在联系的两个侧面,有一定的资产,就必须有对该资产的相应数额的权益,反之亦然。资产和权益两者共同发生、共同消失,在数量上任何一个企业的全部资产总额必然等于全部权益总额,即

$$资产＝权益$$

微课:
会计等式

动画:会计
恒等式

会 计 启 发 故 事

神奇的苹果

镜子外面有一个神奇的苹果,当镜子外面的苹果笑时,镜子里的苹果也跟着笑,当镜子外面的苹果哭时,镜子里的苹果也跟着哭;当镜子外的苹果变大时,镜子里的苹果也变大;当镜子外的苹果变小时,镜子里的苹果也跟着变小,总是和自己一模一样。过了好一段时间,镜子外面的苹果才弄明白:哦,原来那是自己的影子!

资产就像是镜子外面的苹果,是实的,权益就是镜子里的影子,是虚的,虚实总是相等的。

企业经营所需的资产,除从投资者处获得之外,也可以通过向债权人借款等方式取得。债权人对企业的资产有求偿权,这种权利称债权人权益,将投资者权益统称为所有者权益,所以

$$资产＝债权人权益＋所有者权益$$

又因为会计将债权人权益统称为负债,故

$$资产＝负债＋所有者权益$$

资产＝负债＋所有者权益是现代会计中最重要的会计等式,它表明某一时点资产、负债、所有者权益之间的关系,被称为静态等式、基本会计等式或财务状况等式,它是复式记账法的理论基础,也是编制资产负债表的依据。由于债权人权益优先于所有者权益,所以会计等式中一般将负债置于所有者权益之前。

会 计 启 发 故 事

小李的婚房

小李准备买套婚房,他看中了一套,需要 200 万元,可小李手头积蓄只有 100 万元,所以选择去银行贷款。小李去银行贷了 100 万元,终于买到了自己心仪的房子。这套房子的价值是200 万元,这就是小李的资产,银行贷款 100 万元就是小李的负债,小李自己投入的 100 万元就是所有者权益,200(资产)＝100(负债)＋100(所有者权益)。为什么要把负债放前面呢? 因为如果小李把房子卖了,得先还欠银行的债,剩下的才是自己的,债权人权益优先于所有者权益。

2. 动态会计等式

企业经营活动的主要目的是获取利润,若企业在一定时期所获取的收入大于所发生的费用,其差额为利润,反之为亏损,用公式表示为

$$收入－费用＝利润$$

这一等式反映了企业利润的实现过程,被称为经营成果等式或动态会计等式,是编制利润表的依据。

3. 扩展的会计等式

由于企业经营所获得的利润最终要由所有者所享有,所以在不考虑直接计入当期利润的利得和损失的情况下,企业在经营活动开始以后,资产、负债和所有者权益会发生变化,原来的会计等式将转化为

$$资产＝负债＋所有者权益＋利润$$

或

$$资产＝负债＋所有者权益＋收入－费用$$

这一等式被称为扩展的会计等式。由于利润归所有者所享有,会计期末将利润分配结转后,会计等式又恢复为基本形式:

$$资产＝负债＋所有者权益$$

扩展的会计等式将资金运动的相对静止状态与显著变动状态有机地结合了起来,充分揭示了企业各项会计要素之间的关系和企业资金运动在一定会计期间的全貌。

会计启发故事

小李的茶叶摊

小李摆了一个茶叶摊，早上他拿了一个专用的口袋，口袋里放了 2 000 元本金。进货时就从这个口袋拿钱出来，卖货时收到的货款就放进这个口袋里。当天营业结束后，小李一数，口袋里的钱变成了 3 000 元，说明小李当天赚了 1 000 元利润，这 1 000 元利润当然归小李所有。若把负债看成 0，一开始，小李 2 000 元的资产＝小李 2 000 元的所有者权益；营业结束后，小李 3 000 元的资产＝小李 2 000 元的所有者权益＋小李赚取的利润 1 000 元，这个式子又可以写成：资产＝负债＋所有者权益＋收入－费用。

通过这个例子，大家是否对扩展的会计等式有了更进一步的理解？

▶练一练

（单选题）关于会计等式，下列表述中不正确的是（　　　　）。

A. 资产＝负债＋所有者权益，是财务状况等式

B. 收入－费用＝利润，是复式记账法的理论基础

C. 资产＝负债＋所有者权益，是编制资产负债表的依据

D. 收入－费用＝利润，是动态会计等式

二、经济业务发生对会计等式的影响

经济业务是指企业在经营活动过程中发生的可以用货币计量并能引起会计要素增减变化的一切业务或事项，也称会计事项。企业在生产经营活动中会发生各种各样的经济业务，随着这些经济业务的发生，企业的资产、负债和所有者权益会发生相应的增减变化，但无论这些会计要素如何变化，都不会破坏会计等式的恒等关系。概括来讲，经济业务的发生对会计等式的影响可以分为以下九种类型。

微课：经济业务发生对会计等式的影响

假定甲公司 2025 年 3 月 1 日资产总额为 2 000 000 元，负债总额为 500 000 元，所有者权益总额为 1 500 000 元，下述九种经济业务是该公司 3 月所发生的业务。

1. 资产内部一增一减

【例 2-1】 甲公司收回乙公司前欠的货款 20 000 元，存入银行账户。

该笔经济业务发生后，仅涉及资产要素内部项目发生增减变化，使银行存款项目增加 20 000 元，而应收账款项目减少 20 000 元。

2. 负债内部一增一减

【例 2-2】 甲公司从银行借入生产周转资金 100 000 元，偿付前欠丙公司货款。

该笔经济业务发生后，仅涉及负债要素内部项目发生增减变化，使短期借款项目增加 100 000 元，而应付账款项目减少 100 000 元。

3. 所有者权益内部一增一减

【例 2-3】 甲公司将盈余公积 500 000 元转增资本金，相关手续已办妥。

该笔经济业务发生后，仅涉及所有者权益要素内部项目发生增减变化，使实收资本项目增

加 500 000 元,而盈余公积项目减少 500 000 元。

4. 一项资产增加,一项负债增加

【例 2-4】 甲公司从乙公司买入 20 000 元原材料,原材料已验收入库,但货款尚未支付。

该笔经济业务发生后,甲公司资产要素中的原材料项目增加 20 000 元,同时使负债要素中的应付账款项目增加 20 000 元。

5. 一项资产减少,一项负债减少

【例 2-5】 甲公司用银行存款支付前欠乙公司货款 20 000 元。

该笔经济业务发生后,甲公司资产要素中的银行存款项目减少 20 000 元,同时使负债要素中的应付账款项目减少 20 000 元。

6. 一项资产增加,一项所有者权益增加

【例 2-6】 甲公司收到投资者投入的注册资金 200 000 元存入银行账户。

该笔经济业务发生后,甲公司资产要素中的银行存款项目增加 200 000 元,所有者权益要素中的实收资本项目增加 200 000 元。

7. 一项资产减少,一项所有者权益减少

【例 2-7】 甲公司的股东变更,依法用银行存款退还投资者的投资款 100 000 元。

该笔经济业务发生后,甲公司资产要素中的银行存款项目减少 100 000 元,所有者权益要素中的实收资本项目减少 100 000 元。

8. 一项负债增加,一项所有者权益减少

【例 2-8】 甲公司宣布向投资者分配利润 200 000 元。

该笔经济业务发生后,甲公司负债要素中的应付利润项目增加 200 000 元,所有者权益要素中的利润分配项目减少 200 000 元。

9. 一项负债减少,一项所有者权益增加

【例 2-9】 甲公司决定实施债转股,将一项长期借款 150 000 转为对本公司的投资。

该笔经济业务发生后,甲公司负债要素中的长期负债项目减少 150 000 元,所有者权益要素中的实收资本项目增加 150 000 元。

上述九种业务类型集中概括了经济业务发生引起会计要素增减变化的基本规律。现将上述九种业务对会计等式的影响归纳列表如表 2-1 所示。

表 2-1 九种经济业务对会计等式的影响   单位:元

业务类型	资 产	负 债	所有者权益
月初数额	2 000 000	500 000	1 500 000
1	±20 000		
2		±100 000	
3			±500 000
4	+20 000	+20 000	
5	−20 000	−20 000	
6	+200 000		+200 000
7	−100 000		−100 000
8		+200 000	−200 000
9		−150 000	+150 000
月末数额	2 100 000	550 000	1 550 000

通过上述九种经济业务不难看出,任何经济业务的发生都不会改变会计等式的平衡关系。

会计史话

指尖上的非遗——珠算

珠算,是以算盘为工具进行数字计算的一种方法,是中国古代众多的科技发明之一,系由"筹算"演变而来。2013年12月,当联合国教科文组织将中国珠算列入人类非物质文化遗产名录时,评审专家惊叹:"这是世界上最古老的计算机。"珠算始于汉代,至宋代走向成熟,元明时期达于兴盛,先后传到日本、朝鲜、东南亚各国,后在美洲也渐流行,清代以来在中国全国范围内普遍流传。

会计史话:
指尖上的
非遗——
珠算

汉代《数术记遗》中记载的"珠算板"已初具现代算盘雏形。北宋画家张择端在《清明上河图》的药铺柜台前,用精细笔触描绘了完整的十五档算盘。明代数学家程大位编撰的《算法统宗》,将珠算推向了理论化高峰,算盘自此成为商贾账房的标准配置。

算盘被誉作中国贡献于世界文明史的"第五大发明",中国传统算盘为上二下五珠,上面一粒表示"5",下面一粒表示"1",这是为了适应中国古代计算重量时采用的是"16两制"而设计的。古时一斤等于十六两,半斤就是八两,所以现在说某两人半斤八两,是指他们彼此一样,不相上下。在现代汉语中,与珠算有关的词语很多,例如三下五除二、二一添作五、不管三七二十一、运筹帷幄、肚里藏着小九九、精打细算等,甚至连股市术语中的"开盘""收盘""大盘""操盘"等显然都与珠算相关。珠算在艺术作品中更是广泛出现,其中在名著《红楼梦》中第二十二回"听曲文宝玉悟禅机,制灯谜贾政悲谶语"便借红楼十二钗人物之一的贾迎春出了一道有关算盘的谜语:

天运人功理不穷,有功无运也难逢。

因何镇日纷纷乱,只为阴阳数不同。

珠算,不愧为我国民族文化的瑰宝!

2.2 即测即评   项目二即测即评   项目二业务题

会计科目和账户

本项目在前一项目的基础上,首先对会计要素进行进一步的分类,并且给会计要素的每项具体内容都规定一个名称,会计上称为会计科目;然后根据各个会计科目设置相应的记录经济业务的场所,会计上称为账户。

学习目标

知识目标

- 掌握会计科目的概念、会计科目的分类,了解会计科目的设置原则。
- 掌握账户的概念、账户的分类以及账户的结构。
- 理解会计科目和账户之间的关系。

能力目标

- 能够运用会计科目反映经济事项。
- 能熟正确计算账户的期末余额。

素养目标

- 培养专注的学习态度和创新意识。
- 培养诚实守信、客观公正的职业素养。

任务一 会计科目

一、会计科目的概念

会计科目,简称"科目",是对会计要素的具体内容进行分类核算的项目,是进行会计核算和提供会计信息的基础。会计对象、会计要素、会计科目三者关系密切,会计对象是一种抽象上的概况,被表述为企业一系列的资金运动;会计要素是对会计对象的粗线条上的分类,难以满足各有关方面对会计信息的需求;会计科目则是对会计要素进一步的细线条上的分类,以便提供会计信息。正如每个人不但有姓氏,还需有名字,才能方便生活。

为了达到对各种不同类型、不同内容的经济业务进行分类核算、分类控制的目的,需要按照经济业务的内容和经济管理的要求,对会计要素作进一步分类。例如,资产的概念很广,不同的资产体现出不同的特点,房屋建筑物、机器设备、交通工具等劳动资料具有单位价值高、使用期限长、使用过程中保持原有实物形态不变等特点,因此将其细分为"固定资产"科目加以

微课:
会计科目

核算;而原料及主要材料、辅助材料、修理用备品、备件等劳动对象,在生产经营过程中不断领用并耗费,其价值依次转移,根据这些特点,将其细分为"原材料"科目加以核算。

设置会计科目是会计核算和监督的基本方法之一,也是会计进行分类核算的前提条件。通过会计科目的设置,可以将会计要素的构成内容划分为具体的会计核算项目,以便全面、系统地反映和监督会计要素的增减变化,使繁杂的经济业务转化为具有规律、容易识别的会计信息资料,为经济管理提供有用的会计信息。

会计启发故事

小李的考试噩梦

小李晚上做了个噩梦,他梦见自己考试快要迟到了,满头大汗跑到了考点,考场大楼有好多层,小李在梦里楼上楼下来回跑,就是不知道自己该进哪个房间,原来梦中的考试大楼的房间没有门牌号,小李找不到考场!

这个故事是想说明,划分会计科目就像给每个房间设置一个门牌号,这个房间号是1001库存现金,下一个房间号是1002银行存款等,只有这样才能满足需求。

二、会计科目的分类

会计科目作为对会计要素进一步分类核算的项目,首先应像会计要素的分类一样,划分为资产类科目、负债类科目、所有者权益类科目、收入类科目、费用类科目及利润类科目六大类。另外,还可以按照核算的经济内容和提供会计核算指标的详细程度等标志进行分类。企业常用会计科目见表3-1。

(一)按会计科目核算的经济内容分类

按会计科目核算的经济内容不同,主要划分为资产类科目、负债类科目、共同类科目、所有者权益类科目、成本类科目和损益类科目六大类。每一类会计科目可按一定标准再分为若干具体科目。

1. 资产类科目

资产类科目主要是指核算企业各种形式的财产、物资增减变化和结存情况的科目。按资产流动性的大小,资产类科目分为流动资产类科目和非流动资产类科目两小类。库存现金、银行存款、库存商品、应收账款、交易性金融资产等属于流动资产类科目;固定资产、在建工程、无形资产等属于非流动资产类科目。

2. 负债类科目

负债类科目是用来反映企业在一定时间内所承担债务的增减变化和结存情况的科目。按负债偿还期限的长短,负债类科目分为流动负债类科目和非流动负债类科目两小类。短期借款、应付票据、应付职工薪酬、应付账款、应交税费等属于流动负债类科目;长期借款、应付债券、长期应付款等属于非流动负债类科目。

3. 共同类科目

共同类科目是指这类科目既具有资产类科目的特性,又具有负债类科目的特性,根据这类会计科目所设置的账户具有双重性质。例如,清算资金往来就是用来核算企业(银行)间业务往来的资金清算款项的科目;衍生工具就是用来核算企业衍生工具的公允价值及其变动形成的衍生资产或衍生负债的科目。

表 3-1　常用会计科目表

编号	名称	编号	名称
	一、资产类		二、负债类
1001	库存现金	2001	短期借款
1002	银行存款	2201	应付票据
1012	其他货币资金	2202	应付账款
1101	交易性金融资产	2203	预收账款
1121	应收票据	2204	合同负债
1122	应收账款	2211	应付职工薪酬
1123	预付账款	2221	应交税费
1131	应收股利	2231	应付利息
1132	应收利息	2232	应付股利
1221	其他应收款	2241	其他应付款
1231	坏账准备	2501	长期借款
1401	材料采购	2502	应付债券
1402	在途物资	2701	长期应付款
1403	原材料	2801	预计负债
1404	材料成本差异		三、共同类
1405	库存商品	3101	衍生工具
1411	周转材料	3201	套期工具
1471	存货跌价准备	3202	被套期项目
1472	合同资产		四、所有者权益类
1473	合同资产减值准备	4001	实收资本
1511	长期股权投资	4002	资本公积
1512	长期股权投资减值准备	4101	盈余公积
1601	固定资产	4103	本年利润
1602	累计折旧	4104	利润分配
1603	固定资产减值准备		五、成本类
1604	在建工程	5001	生产成本
1605	工程物资	5101	制造费用
1606	固定资产清理	5201	劳务成本
1701	无形资产	5301	研发支出
1702	累计摊销		六、损益类
1703	无形资产减值准备	6001	主营业务收入
1801	长期待摊费用	6051	其他业务收入
1901	待处理财产损溢	6101	公允价值变动损益
		6111	投资收益
		6301	营业外收入
		6401	主营业务成本
		6402	其他业务成本
		6403	税金及附加
		6601	销售费用
		6602	管理费用
		6603	财务费用
		6701	资产减值损失
		6711	营业外支出
		6801	所得税费用

4. 所有者权益类科目

所有者权益类科目主要是用来反映企业投资者对企业财产物资所有权增减变动结存的科目,实收资本、资本公积、盈余公积、本年利润、利润分配等均属于这类科目。

5. 成本类科目

成本类科目是对可归属于产品生产成本、劳务成本等的具体内容进行分类核算的项目,生产成本、制造费用、研发支出等均属于这类科目。生产成本用来核算企业进行工业性生产所发生的各项生产费用;制造费用用来核算企业为生产产品而发生的各项间接费用;研发支出用来核算企业进行研究与开发无形资产过程中发生的各项支出。

6. 损益类科目

损益类科目是用来核算企业的各种收入和费用的科目,包括收入类和费用类两类科目。其中,收入类科目主要有主营业务收入、其他业务收入和营业外收入等;费用类科目是用来核算企业在一定时期内所发生的应计入当期损益的各项费用、成本和支出的科目,如主营业务成本、管理费用、销售费用和营业外支出等。

▶**练一练**

(单选题)下列各项中,按会计科目反映的经济内容分类,属于成本类科目的是(   )。

A. 管理费用　　　　　　　　B. 主营业务成本
C. 其他业务成本　　　　　　D. 研发支出

(二)按会计科目提供会计核算指标的详细程度分类

会计科目按其提供会计核算指标的详细程度,可分成总分类科目和明细分类科目。总分类科目又叫总账科目或一级科目,是对会计要素的具体内容进行总括分类、提供总括信息的会计科目。明细分类科目又叫明细科目,是对总分类科目进行进一步分类,提供更加详细、具体的会计信息的科目。按照特定总分类科目所核算经济内容的粗细程度不同,可在总分类科目下设置二级明细科目,在二级明细科目下设置三级明细科目,以此类推。二级科目是对一级科目的进一步分类,三级科目是对二级科目的进一步分类。二级科目又叫子科目,简称子目;三级科目又叫细科目,简称细目。

目前,我国的总分类科目是由企业会计准则统一规定的。明细分类科目的设置,除企业会计准则已有规定者外,企业可以根据需要,自行设计和确定。在实际工作中,并不是所有的总分类科目都必须设置明细分类科目的,如库存现金、银行存款、坏账准备等科目一般就不设明细科目。少数总分类科目所属的明细分类科目,其名称和内容由会计法规统一规定,如《企业会计准则——应用指南》规定,企业应在"利润分配"总分类科目下,设置"提取法定盈余公积""提取任意盈余公积"和"未分配利润"等明细分类科目,企业应当按照规定进行执行。至于其他多数总分类科目所属明细分类科目的设置方法,会计法规通常只作原则性规定,具体名称和内容由企业自行确定。如《企业会计准则——应用指南》指出:"原材料"总分类科目应当按照材料的保管地点(仓库)、材料的类别、品种和规格等进行明细核算。某机械制造公司依照规定在"原材料"总分类科目下设置了"原料及主要材料""辅助材料""燃料"等二级科目,并在二级科目"原料及主要材料"下进一步设置了"钢板""轴承"等三级科目。

总分类科目和明细分类科目之间是隶属关系,是统驭与被统驭关系,一般当提到某个明细科目时,总是要首先明确它是哪个总分类科目的明细科目,有时根据需要,明细分类科目还要

分成几个层次。现以原材料科目为例来说明总分类科目与明细分类科目的关系,如表 3-2
所示。

表 3-2　总分类科目与明细分类科目的关系

总分类科目	明细分类科目	
一级科目	二级科目(子目)	三级科目(细目)
原材料	原料及主要材料	钢板
		轴承
	辅助材料	油漆
	燃料	无烟煤

▶**想一想**
　　是不是所有的总分类科目都必须设置明细分类科目?为什么?

答案解析

三、会计科目的设置原则

设置会计科目是进行会计核算的首要环节。会计科目必须根据企业会计准则和国家统一会计制度的规定设置和使用。设置会计科目应遵循下列基本原则。

1. 必须结合会计对象的特点

由于会计科目是在会计要素的基础上,对会计对象具体内容的进一步分类,因此,各单位的会计科目体系,一方面应能全面、系统、分类地核算和监督会计对象的全部内容;另一方面各单位应结合自身会计对象特点设置相应的会计科目,不必千篇一律。例如,工业企业应设置"生产成本""制造费用"会计科目,用以核算和监督工业产品的生产过程,而商品流通企业由于没有生产环节,则无须设置这样的科目。

2. 必须符合会计目标的要求

会计的主要目标是提供有用的会计信息,为会计信息使用者服务,因此,企业要设置符合会计目标的相关科目。例如,企业的盈亏情况是会计信息使用者非常关心的,为此,企业必须设置主营业务收入、主营业务成本、管理费用、本年利润等科目,用以反映盈亏的形成;又如,由于企业内部经营管理和企业外部有关方面对会计信息的要求并不完全相同,企业为了加强内部的经营管理,需要会计提供尽可能详细、具体的资料,而对外报告往往只需提供比较综合的数据,因此,企业对许多科目要设置总账科目和明细科目,以提供详细程度各异的信息。

3. 统一性与灵活性相结合

统一性是指会计科目的设置,要符合企业会计准则和国家统一会计制度规定的会计科目名称及其涵盖的范围和内容,保证会计核算指标口径一致、信息可比;灵活性是指企业在设置会计科目时,在不违反会计准则的前提下,可根据本单位的实际情况自行增设、分拆、合并某些会计科目。

4. 稳定性和适应性相结合

稳定性是指企业的会计科目名称、内容和数量等应在较长时间内保持相对稳定,不能经常变动;适应性是指企业应根据社会经济环境和本单位经营活动内容的变化而对会计科目加以修改、补充和完善。

5. 完整性和互斥性相结合

完整性是指企业设置的会计科目能全面、系统、完整地体现其所有能用货币表现的经济业务，企业所发生的任何一笔经济业务，都有相应的会计科目予以反映；互斥性是指会计科目要概念清楚、核算内容明确，相互之间不得混淆和交叉。

四、会计科目的编号

为了明确会计科目的属性和类别，便于准确记账、快速对账，加快会计信息化进程，我国《企业会计准则——应用指南》对会计科目规定了相对固定的编号，其编号方法主要考虑了各个会计科目所核算经济内容的性质及其详细程度。

目前我国对总分类会计科目采用四位数码编号，首位"1"表示资产类账户，首位"2"表示负债类账户，首位"3"表示共同类账户，首位"4"表示所有者权益类账户，首位"5"表示成本类账户，首位"6"表示损益类账户。首位后的三位数码，分别表示在大类下所属的小类代码和具体的项目。例如"1001"代码，首位"1"表示资产类账户，第二位"0"表示资产类账户这个大类下属的货币资金类，最后两位"01"则表示货币资金这个小类中的具体项目"库存现金"。

二级会计科目采用6位数码编号，三级会计科目采用8位数码编号。如代码"14030101"，前四位"1403"表示资产类账户中的"原材料"，第五、六位"01"表示原材料中的"原料及主要材料"，代码的最后两位则表示原料及主要材料中某种具体的材料。

3.1 即测即评

为便于会计科目的增减，一般情况下，编码要考虑到未来的扩展性，在编码间预留了一定的空号。

任务二　会计账户

一、会计账户的概念

会计科目只是规定了会计对象具体内容的类别名称，还不能进行具体的会计核算。就像只有门牌号，而没有相对应的房间，人们就无法进去工作生活。为了连续、系统、全面地核算和监督会计要素的增减变动及其结果，提供各种会计信息，必须根据规定的会计科目在账簿中开设账户。

微课：设置账户

账户是根据会计科目开设的、具有一定格式和结构、用于分类反映会计要素增减变动及其结果的载体。各个账户所反映的经济内容，既有严格的界限，又有科学的联系，不能相互混淆。设置账户是会计的一种专门方法。

账户就像一间带门牌号的房间，是有空间的，而会计科目就像门牌号，没有空间。会计科目和会计账户之间既有联系又有区别。它们的联系在于，会计科目是设置账户的依据，是账户的名称，账户是会计科目的具体运用。没有会计科目，账户便失去了设置的依据；没有账户，就无法发挥会计科目的作用。会计科目所要反映的经济内容，就是账户所要登记的内容。两者的区别在于，会计科目仅是账户的名称，不存在结构问题，而账户则具有一定的格式和结构。在实际工作中，人们对会计科目和账户不加以严格区分，通常会混用。既可以说把经济业务记入了哪个会计科目,也可以说把经济业务记入了哪个账户。

会 计 启 发 故 事

小李的考试美梦

昨晚小李做了个关于考试的噩梦,他很不甘心,希望今晚做个考试美梦。果然,当天晚上他就梦见自己早早来到了考点,今天的考试大楼跟昨晚梦到的考场不一样,今天的考场每个房间都有门牌号,会计科目变成了看守考场的卫兵,小李来到自己的考场门口刚准备进去,却被戴着"1002 银行存款"袖箍的卫兵拦下了,原来小李看走了眼,这间考场是 1002 银行存款考场,自己的考场 1001 库存现金就在旁边,戴着"1001 库存现金"袖箍的卫兵正朝自己招手呢!小李连忙跑过去顺利进入考场,梦中的会计课考试题真简单呀,小李都笑醒了。

这个故事想说明的是会计科目是账户的名称,会计科目就像把守考场的卫兵,属于该账户核算的内容才能记入该账户。

二、账户的分类

每一个账户都反映不同的经济内容,表现出它们自身的特性,而账户之间的内在联系又体现了账户的共性。通过对账户的分类,可以使我们了解每个账户的核算内容、用途及结构,明确账户之间的联系与区别,掌握各类账户在应用上的规律性,以便正确地设置和运用账户,满足经济管理的需要。账户的分类与会计科目的分类基本相同。按照账户与会计要素的关系,可以将账户划分为资产类账户、负债类账户、所有者权益类账户、收入类账户、费用类账户及利润类账户六大类。另外,还可以按照核算的经济内容、用途和结构、提供会计核算指标的详细程度等标志进行分类。

(一)按核算的经济内容分类

账户按核算的经济内容分类,就是按其核算的会计对象的具体内容进行的分类,实际上也是按会计要素进行的分类。账户按经济内容分类,是账户最基本、最主要的分类,其实质是为各个账户确定了性质,而账户的性质决定了账户的用途和结构,因此,账户按经济内容分类是账户按用途和结构分类的基础。账户按经济内容分本可以分为资产类、负债类、所有者权益类、收入类、费用类、利润类六大类,但企业在一定期间内实现的利润最终归属于所有者权益,因此,账户按经济内容分类时,可以将利润类账户并入所有者权益类账户。另外,企业一定期间日常活动形成的收入和费用、非日常活动形成的利得和损失,都直接影响企业的当期损益,这些账户合并划归为损益类账户。由于成本的计算对于企业来说至关重要,为了反映产品制造成本的形成,专门把成本类账户独立出来分为一类。而对于金融、保险、投资、基金等行业来说,有些账户兼有资产类和负债类账户的特点,这类账户划归为共同类账户。这样一来,账户按其反映的经济内容分类时,可以分为资产类账户、负债类账户、共同类账户、所有者权益类账户、成本类账户和损益类账户六类。

1. 资产类账户

资产类账户是核算企业各项资产增减变化及其结存情况的账户。按照资产的流动性不同,可分为以下两类。

(1)核算流动资产的账户,如库存现金、银行存款、应收账款、应收票据、其他应收款、原材料等账户。

(2) 核算非流动资产的账户,如固定资产、累计折旧、长期股权投资、无形资产、长期待摊费用等账户。

会 计 启 发 故 事

其他应收款隐藏的违规密码

会计师事务所的小红去 A 公司进行财务审计时,该公司其他应收款账户 240 万元的余额引起了她的怀疑:其他应收款用来核算非货款,例如应收的各种赔款、罚款、出租包装物租金、应向职工收取的各种垫付款项等,金额往往很小甚至为 0,很难做到每笔支出都为整数,为什么这家公司的其他应收款账户余额这么大,而且金额都是整数呢? 于是对该账户进行了彻查,从而查清了 A 公司的违规行为:A 公司资金较充裕、预计未来也没有大额支出,公司便将闲置资金用于购买股票,为了偷逃税款、截留投资收益,公司并未将该投资记入交易性金融资产账户,而是虚构往来单位把它记入了其他应收款账户,计划出售股票后用收回来的本金冲销其他应收款,从而将投资收益转入小金库。

通过这个故事,大家一定体会到了将应收账款和其他应收款区别开来的必要性了。

2. 负债类账户

负债类账户是核算企业各项负债增减变动的账户。按照负债的偿还期不同,可以分为以下两类。

(1) 核算流动负债的账户,如短期借款、应付账款、应付职工薪酬、应交税费、应付票据、其他应付款等账户。

(2) 核算长期负债的账户,如长期借款、应付债券、长期应付款等账户。

3. 共同类账户

共同类账户是用来核算有关业务而形成的资产或负债,如清算资金往来、衍生工具、套期工具等账户。

共同类账户具有双重性质,当账户余额在借方时是资产性质,当账户余额在贷方时是负债性质。

4. 所有者权益类账户

所有者权益类账户是核算所有者权益增减变动的账户。按所有者权益的来源和构成不同,可以分为以下两类。

(1) 核算所有者原始投资的账户,如实收资本(或股本)、资本公积账户。

(2) 核算所有者经营积累的账户,如本年利润、利润分配、盈余公积账户。

5. 成本类账户

成本类账户是核算企业生产经营过程中各成本计算对象的费用归集、成本计算情况的账户,如生产成本,制造费用等账户。

6. 损益类账户

损益类账户是核算企业应直接计入当期损益的各项收入和费用的账户。按损益的性质和内容不同,可以分为以下两类。

(1) 收入类账户,如主营业务收入、其他业务收入、投资收益、营业外收入等账户。

（2）费用类账户，如主营业务成本、其他业务成本、税金及附加、销售费用、管理费用、财务费用、营业外支出等账户。

（二）按提供会计核算指标的详细程度分类

账户按其提供会计核算指标的详细程度不同，可以分为总分类账户和明细分类账户。

根据总分类科目设置的账户称为总分类账户，简称总账账户，用于对会计要素具体内容的总分类核算。

根据明细分类科目设置的账户称为明细分类账户，简称明细账户，用于对会计要素具体内容的明细分类核算。

总账账户与其下属的明细账户是统驭与被统驭的关系。

（三）按用途和结构分类

账户的用途是指设置和运用账户的目的，即通过账户记录能够提供什么核算指标。账户的结构是指在账户中如何记录经济业务，怎样提供核算指标，也就是账户的借方核算什么，贷方核算什么，余额在哪一方，表示的含义是什么。

账户按用途和结构可分为盘存账户、所有者权益账户、结算账户、成本计算账户、集合分配账户、跨期摊配账户、期间账户、财务成果账户、调整账户九类。

1. 盘存账户

盘存账户是用来核算各项货币资金和实物资产的增减变动及其结存数额的账户。该类账户在性质上属于资产类账户，其借方登记各项货币资金和实物资产的增加数；贷方登记其减少数；期末余额总是在借方，表示各项货币资金和实物资产的结存数额。其中，实物资产的明细账一般既用货币量度核算，又用实物量度核算，该类账户结存数额的真实性可以通过实物盘点或对账（银行存款）来核实。盘存账户结构如图3-1所示。

借方	盘存账户	贷方
期初余额：期初货币资金或实物资产的结存数		
发生额：本期货币资金或实物资产的增加数		发生额：本期货币资金或实物资产的减少数
期末余额：期末货币资金或实物资产的结存数		

图3-1　盘存账户结构

盘存账户是任何企业都必须设置的基本账户，属于盘存类的账户主要有库存现金、银行存款、原材料、库存商品、固定资产等账户。

2. 所有者权益账户

所有者权益账户是用来核算企业所有者权益的增减变动及其结果的账户。该类账户的贷方登记所有者权益的增加数；借方登记其减少数；期末余额总是在贷方，表示所有者权益的实有数额。所有者权益账户结构如图 3-2 所示。

借方	所有者权益账户	贷方
	期初余额: 　期初所有者权益的实有数	
发生额: 　本期所有者权益的减少数	发生额: 　本期所有者权益的增加数	
	期末余额: 　期末所有者权益的实有数	

图 3-2　所有者权益账户结构

所有者权益账户是任何企业都必须设置的基本账户,属于所有者权益类的账户主要有实收资本、资本公积、盈余公积等账户。

3. 结算账户

结算账户是用来核算企业与其他单位或个人以及内部各部门之间的债权、债务结算情况的账户。由于结算业务的性质不同,结算账户根据不同的账户结构可分为债权结算账户和债务结算账户两类。

(1) 债权结算账户。债权结算账户是用来核算企业同债务单位和个人之间的债权结算账户。该类账户的借方登记债权(应收款项或预付款项)的增加数;贷方登记其减少数;期末余额一般在借方,表示期末尚未收回的债权的实有数。债权结算账户结构如图 3-3 所示。

借方	债权结算账户	贷方
期初余额: 　期初尚未收回或尚未结算的债权 　的实有数		
发生额: 　本期债权的增加数	发生额: 　本期债权的减少数	
期末余额: 　期末尚未收回或尚未结算的债权 　的实有数		

图 3-3　债权结算账户结构

属于债权结算类的账户主要有应收账款、其他应收款等账户。

(2) 债务结算账户。债务结算账户是用来核算企业同债权单位和个人之间的债务结算的账户。该类账户的贷方登记债务(应付及预收款项和各种借款)的增加数;借方登记其减少数;期末余额一般在贷方,表示尚未偿还的债务的实有数。债务结算账户结构如图 3-4 所示。

借方	债务结算账户	贷方
	期初余额: 　期初尚未偿还的债务实有数	
发生额: 　本期债务的减少数	发生额: 　本期债务的增加数	
	期末余额: 　期末尚未偿还的债务的实有数	

图 3-4　债务结算账户结构

属于债务结算类的账户主要有应付账款、应交税费、其他应付款等账户。

4. 成本计算账户

成本计算账户是用来核算企业在生产经营活动的某一阶段所发生的费用,并确定各成本计算对象的实际成本的账户。该类账户的性质属于成本类账户,其借方登记应计入成本的各项费用,贷方登记转出的实际成本;期末如有余额一定在借方,表示尚未达到某种完成状况的成本计算对象的实际成本。现以生产成本账户为例,列示成本计算账户的结构,如图 3-5 所示。

借方	生产成本	贷方
期初余额: 　期初在产品成本发生额		
发生额: 　本期发生的生产费用	发生额: 　转出本期已完工产品的 　实际成本	
期末余额: 　期末在产品成本		

图 3-5　成本计算账户结构

属于成本计算类的账户主要有生产成本、研发支出等账户。

5. 集合分配账户

集合分配账户是用来核算企业在经营过程中发生的应由若干成本计算对象共同负担的费用,并将该费用分配记入各成本计算对象的实际成本的账户。该类账户的借方登记有关费用的实际发生数;贷方登记费用的分配转出数;一般情况下当期费用在当期分配完毕,期末无余额。该类账户的结构如图 3-6 所示。

借方	集合分配账户	贷方
发生额: 　归集本期发生的费用数	发生额: 　本期分配转出的费用数	

图 3-6　集合分配账户结构

属于集合分配类的账户主要有制造费用账户。

6. 跨期摊配账户

跨期摊配账户是用来核算应由若干个会计期间共同负担的费用,并将这些费用摊配于各相关会计期间的账户。设置这类账户的目的是为解决耗费的发生期与受益期不一致的问题,这类账户一般只提供价值指标。

跨期摊配账户的借方登记耗费的发生数,贷方登记耗费的摊配数,期末余额一般在借方,表示已经发生但尚未摊配的费用数。该类账户的结构如图 3-7 所示。

借方	长期待摊费用	贷方
期初余额： 　　上期尚未摊销完的费用数		
发生额： 　　本期发生或支付的费用数	发生额： 　　本期摊销的费用数	
期末余额： 　　期末尚未摊销的费用数		

图 3-7 跨期摊配账户结构

跨期摊配账户主要有长期待摊费用账户。

7. 期间账户

期间账户是用来核算企业在某一会计期间生产经营活动中发生的收入和费用的账户。按账户结构不同具体可分为期间收入账户和期间费用账户两类。

（1）期间收入账户。它是用来核算某一会计期间取得的收入的账户。该类账户的贷方登记当期取得的收入数；借方登记期末转入本年利润账户的收入数；期间收入结转后，期末无余额。期间收入账户结构如图 3-8 所示。

属于期间收入的账户主要有主营业务收入、其他业务收入、营业外收入、投资收益等账户。

（2）期间费用账户。它是用来核算某一会计期间发生的各项费用的账户。该类账户的借方登记本期发生的费用数；贷方登记期末转入本年利润账户的费用数；期间费用结转后，该类账户期末无余额。期间费用账户结构如图 3-9 所示。

借方	期间收入账户	贷方
发生额： 　期末转入"本年利润"账户的收入数	发生额： 　本期取得的收入	

图 3-8 期间收入账户结构

借方	期间费用账户	贷方
发生额： 　本期发生的费用数	发生额： 　期末转入"本年利润"账户的费用数	

图 3-9 期间费用账户结构

属于期间费用的账户主要有主营业务成本、销售费用、税金及附加、管理费用、财务费用、其他业务成本、营业外支出、所得税费用等账户。

8. 财务成果账户

财务成果账户是用来核算企业在一定会计期间全部经营活动的最终财务成果即利润或亏损的账户。该类账户的贷方登记期末从各收入账户转入的收入数，借方登记期末从各费用账户转入的费用数，平时（1—11 月）期末贷方余额表示实现的净利润，借方余额表示发生的净亏损。年末将该类账户的余额从相反的方向转出，转出后该类账户无余额。财务成果账户结构如图 3-10 所示。

属于财务成果类的账户主要有本年利润账户。

借方	财务成果账户	贷方
期初余额:		期初余额:
自年初累计发生的亏损数额		自年初累计实现的利润净额
发生额:		发生额:
从费用账户转入的费用数		从收入账户转入的收入数
期末余额:		期末余额:
累计发生的亏损数额		累计实现的利润净额

图 3-10　财务成果账户结构

9. 调整账户

调整账户是用来调整其他有关账户的数额而设置的账户。为满足经营管理的需要,对某些会计要素需同时设置两个账户进行核算,一个账户核算原始数额,称为被调整账户,另一个账户核算对原始数额的调整数,称为调整账户,两者结合起来使用,共同反映同一会计对象。将原始数与调整数相加或相减,即可求得该账户目前的实有数。调整账户按其调整方式的不同,可分为备抵调整账户、附加调整账户、备抵附加调整账户三类。

(1) 备抵调整账户。该类账户又叫抵减账户,是用来抵减被调整账户的余额,以求得目前实际余额的账户。其调整公式为

被调整账户的余额－备抵账户的余额＝被调整账户的实际余额

备抵调整账户与其被调整账户的性质相同,但记账方向却相反,因此,两者的余额方向相反。

属于备抵调整账户的主要有累计折旧、利润分配、资产减值准备等账户。现以累计折旧账户为例加以说明。累计折旧账户是固定资产账户的备抵账户,固定资产账户核算固定资产的原始价值,折旧是固定资产减少的价值,本应记入固定资产账户的贷方,但是为了能随时掌握固定资产的原价,需要固定资产账户的账面原价保持不变,这样就需要另行给固定资产设置一个备抵账户,即累计折旧账户。固定资产账户的借方余额减去累计折旧账户的贷方余额,其差额就是固定资产的折余价值。这两个账户之间的关系如图 3-11 所示。

借方	固定资产	贷方
期末余额:		
固定资产的原始价值为200 000		

借方	累计折旧	贷方
		期末余额:
		固定资产的累计折旧额　120 000

图 3-11　固定资产与累计折旧结构

固定资产折余价值＝固定资产原始价值－固定资产累计折旧＝80 000(元)

(2) 附加调整账户。它是用来增加被调整账户的余额,以求得被调整账户的实际余额的账户。其调整公式如下:

被调整账户的余额＋附加账户的余额＝被调整账户的实际余额

附加账户与其被调整账户的性质相同,记账方向也相同,因此两者的余额方向也相同。在实际工作中该类账户很少使用。

(3)备抵附加调整账户。它是用来抵减或增加被调整账户的余额,以求得被调整账户的实际余额的账户。备抵附加调整账户兼有备抵调整账户和附加调整账户的作用。当备抵附加调整账户的余额与被调整账户的余额方向相同时,该账户便起附加调整账户的作用;当备抵附加调整账户的余额与被调整账户的余额方向相反时,该账户便起备抵调整账户的作用。

属于备抵附加调整账户的主要有材料成本差异账户,该账户是原材料账户的备抵附加调整账户。关于"材料成本差异"账户的具体运用,将在财务会计中加以介绍。

三、会计账户的基本结构与内容

为了在账户中记录各项经济业务的发生所引起各会计要素的增减变动,要求账户有一定的结构。账户的结构取决于采用的记账方法和核算的经济内容。记账方法不同,账户的结构就不同,即便在同一记账方法下,不同账户的核算内容不同,其结构也不相同。但无论采用哪种记账方法,无论账户核算的经济内容是什么,经济业务对会计要素的影响无非就是"增加"和"减少"两种情况,因此,所有账户的基本结构都是相同的。

账户的基本结构包括左右两方,一方登记会计要素的增加额,另一方登记减少额,但哪方记增加、哪方记减少,则取决于采用的记账方法和账户核算的经济内容。账户的余额与账户的增加额在同一方向。在实际工作中,根据企业核算和管理以及提供会计信息的需要,将账户的左、右两方划分成若干个栏次,从而形成了账户的基本结构如表 3-3 所示。

表 3-3　账户名称(会计科目)

日　期	凭证号数	摘　要	增加金额	减少金额	余　额

账户的基本内容如下。

(1)账户的名称,即会计科目。

(2)日期和摘要,即经济业务发生的时间和内容。

(3)凭证号数,即账户记录的来源和依据。

(4)核算增加和减少的金额及余额。

为了便于学习,在会计教学过程中,经常采用简化格式来表示账户的结构,即丁字形账户,其账户格式如图 3-12 所示。在这一格式中,账户分为左、右两方,在具体账户的左、右两方中究竟哪一方记录增加额,哪一方记录减少额,取决于各账户所记录的经济内容和所采用的记账方法。账户的余额一般与记录的增加额在同一方向。

左方　　　　　　　　　　账户名称(会计科目)　　　　　　　　　右方

图 3-12　丁字形账户

从账户所登记的内容看,账户记录可分为期初余额、本期增加额、本期减少额和期末余额。期初余额反映的是某类经济业务的期初结存数;本期增加额和减少额是指在一定的会计期间内(如月份、季度或年度),账户所分别登记的增加金额和减少金额合计数;期末余额是某类经济业务的期末结存数。如果将本期的期末余额转入下一期,就是下一期的期初余额。上述四项金额要素的关系可以用下式来表示:

$$本期期末余额 = 本期期初余额 + 本期增加额 - 本期减少额$$

答案解析

▶**想一想**

　　资产类账户的余额一般在哪一方?为什么?

"帐"与"账"

　　在会计领域"帐"与"账"的混用问题由来已久。"帐"最早见于汉代文献,本义为"帷帐"。东汉许慎所著《说文解字·巾部》中称:"帐,张也。从巾,长声"。东汉末年刘熙所著的《释名》中称:"帐,张也,张施于床上也。"也就是说,"帐"字的原字是"张",指用布帛制成的遮蔽物,如蚊帐、帐篷等。当时,会计文书称作"簿"或"簿书",没有"帐簿"之说。至南北朝时期,"帐"逐渐被引申为"簿籍"之义,用于记录财物收支。例如,唐代法律文书中已有"计帐""簿帐"等用法,可能与古人将账目记于布帛或在帷帐后核算的习俗相关。

　　"账"是后起分化字,它的出现比"帐"要晚许多,《说文解字》未收录"账"字,说明"账"字在秦汉时还未使用。"账"最早见于清代文献。由于"帐"字字义杂乱,既有会计记录的意思,又有帷帐、幕帐的意思,容易歧义,至明清时期,人们创造出"账"字来代表"帐"字,专门用于表示会计记录。明清之后,"帐""账"混用。清代学者毕沅在《经典文字辨证书·卷三》中说:"帐,正;账,俗。""帐""账"只是雅俗的关系。虽然"账"字可能产生于清初,但清代官修的《康熙字典》并未收录"账"字,直到1915年中华书局出版的《中华大字典》才首次收录"账"字,释义为"'帐'俗字"。

　　支持使用"账"者认为,贝是中国古代最古老的货币,"贝"字旁的账更贴合财务属性,能直观体现货币交易的本质,符合汉字形声字的造字逻辑。

　　支持"帐"者则强调历史延续性,认为"帐"字在古籍中已有财务记录的用法,且无须因字形改变割裂传统。其他的理由在此列举一二:帐的巾部是布帛的意思,布帛曾经有货币的功能,例如,《国风·卫风·氓》中记载的"氓之蚩蚩,抱布贸丝"就是说憨厚的小伙子抱着布币来买丝,而且"币"的繁体写法为"幣",拆开来解释就是敝人的巾;布帛在纸出现之前是书写记事的载体,刻在竹简上的可以叫"簿",记在布帛上的为什么不能叫"帐"呢?

　　目前,尽管官方推荐"账",但在实际使用中,"帐"仍广泛存在于会计行业。

3.2 即测即评

项目三即测即评

复式记账法

本项目主要说明将经济业务记入账户的基本方法，会计上称为复式记账法，进而介绍借贷记账法、借贷记账法下的账户结构以及试算平衡。

知识目标

- 掌握复式记账法的概念和特征。
- 理解和掌握借贷记账法的基本原理。
- 掌握借贷记账法下不同类型账户的结构。
- 掌握会计分录的编制。
- 理解试算平衡在会计核算中的地位和作用。

能力目标

- 能够运用借贷记账法编制经济业务的会计分录。
- 能够运用试算平衡检查账户记录的正确性。

素养目标

- 培养批判性思维和创造性思维及解决问题的能力。
- 增强不断学习、执着求索的精神。

任务一　会计记账方法概述

账户仅是记录经济业务的载体，企业开设好账户后，还必须运用科学的记账方法把经济业务记入账户，以取得经营管理所需要的会计信息。

所谓记账方法，是指根据一定的原理、记账符号、记账规则，采用一定的计量单位，利用文字和数字在相关账户中登记经济业务的一种专门方法。

从会计的发展史来看，记账方法经历了由单式记账到复式记账的发展过程。

一、单式记账法

单式记账法是指对于发生的每一项经济业务，一般只在一个账户中进行单方面记录的一种记账方法。

单式记账法一般以货币资金为记录对象，记录现金的收付和人欠、欠人等往来账项。例如，企业用现金 100 元购买原材料，对于这笔业务，在单式记账法下，只在现金账户记录减少

100元,而对原材料的购买情况则不予记录;再如,出售产品暂未收到货款这笔业务,只记录应收账款的增加,而不记录应收账款的来源。

由此可见,单式记账法是一种简单的、不完善的记账方法。在这种记账方法下,账户的设置不系统、不完整,各账户之间也没有相互联系,不能全面、系统地反映每一笔经济业务的来龙去脉,不能进行试算平衡,不便于检查账户记录是否正确。

二、复式记账法

复式记账法是指对于每一笔经济业务,都必须用相等的金额,同时在两个或两个以上相互联系的账户中进行登记,全面、系统地反映会计要素增减变化的一种记账方法。复式记账法是一种比较科学、完善的记账方法。例如,上述企业用现金100元购买原材料这笔经济业务,在复式记账法下,既要记录现金减少了100元,同时,还要登记原材料增加了100元,从而使原材料增加与现金减少之间的因果关系一目了然。

微课:复式记账

复式记账法具有以下特点。

(1)在复式记账法下,对于每一笔经济业务都要在两个或两个以上相互联系的账户中进行记录,因此,可以全面清晰地反映企业单位经济活动的来龙去脉。

(2)在复式记账法下,对于所有的经济业务,需要设置完整的账户体系,从而能够连续、系统地核算各项会计要素的增减变动及其结果。

(3)可以进行试算平衡,以便检查会计账户记录的正确性。由于复式记账法是以会计等式为理论依据,对于发生的每一笔经济业务,都要以相等的金额在两个或两个以上的账户中进行记录,因而,可以对账户记录的结果进行试算平衡,以检查账户记录的正确性。

在我国,复式记账法按照记账符号、账户的分类和结构、记账规则及试算平衡方法四个构成要素的不同,又可分为收付记账法、增减记账法和借贷记账法。收付记账法、增减记账法是我国会计工作者创造的记账方法,曾经在我国的工业、商业、农业及行政事业单位广泛使用,同时,西方的借贷记账法也被采用。我国现行会计法规要求会计核算一律采用借贷记账法。

🔍 会 计 启 发 故 事

单式记账引发的小误会

小红和小花是好闺蜜。一天两人去逛街,小花看中一条裙子,但钱没带够,小红借给小花200元。小红有记账的习惯,在记这笔支出时不小心记成了借给小花700元。过了一段时间,小花来还账,小红一翻账本不干了:我明明借给你700元,你为什么只还我200元!俩闺蜜当即翻了脸。

小红的妈妈听说了她俩翻脸的原因,跟小红说:“你当天出门前,我看你钱包里只有500元,你还给自己买件上衣花了200元,500-200=300(元),你哪里来的700元借给小花?”最终误会清除,俩闺蜜和好如初。

通过这个例子,大家是不是体会到复式记账可以进行试算平衡,以检查账户记录的正确性?

4.1 即测即评

任务二　借贷记账法

一、借贷记账法的概念

借贷记账法是以"借"和"贷"作为记账符号的一种复式记账方法。借贷记账法以会计等式作为理论基础，以"有借必有贷、借贷必相等"作为记账规则，对每一笔经济业务均在两个或两个以上相互联系的账户中进行全面登记，是目前世界上应用最为广泛的一种复式记账方法。

借贷记账法大约起源于 13 世纪的意大利。"借""贷"最初的含义主要是从借贷资本家的角度来解释的，用"借"表示人欠我，用"贷"表示我欠人，是用来表示这种债权债务关系的。随着商品经济的不断发展，经济业务日趋复杂，用"借""贷"所记录的内容不断增加，"借""贷"二字逐渐失去其原有的含义，变成了纯粹的记账符号，成为会计上的专门术语，借贷记账法也在人们的管理实践活动中逐步形成。

到 15 世纪，借贷记账法逐步发展成为一种比较完备的复式记账法。1494 年，意大利数学家卢卡·帕乔利在其著作《算术、几何、比及比例概要》一书中，运用数学原理系统论述和概括了借贷记账法，被公认为是借贷记账法产生的标志，在会计发展史上具有划时代的意义。随后，借贷记账法在意大利和其他各国迅速传播，目前已成为一种国际通用的商业语言。

微课：借贷记账法

会计史话

借贷记账法

借贷记账法起源于 13 至 14 世纪的意大利，它最初是为适应借贷资本家和商业资本家的记账需要而产生的。当时，在意大利北方沿海城市由于商品交换的需要，出现了一些专门从事货币借贷和兑换业务的"银钱"行业，以经营货币资金借入和贷出为主要业务的借贷资本家便应运而生。这些借贷资本家为了分别记录债权、债务事项，分设两类账户进行登记：贷进来的钱记在债权人账户的右方，叫贷（主）方账户，表示我欠人；借出去的钱记在债务人账户的左方，叫借（主）方账户，表示人欠我。"借"和"贷"的含义在当时是从借贷资本家的角度来解释说明的，分别指借主和贷主，不仅是记账符号，而且是债权、债务的实际反映。

最早流行于意大利北部城邦佛罗伦萨的簿记仅限于记录债权债务；后来热那亚商人对其进行了改进，把记账对象扩大到商品和现金；威尼斯商人在此基础上又增设了"损益""资本"账户，"借"和"贷"二字逐渐失去了原来的含义，成为纯粹的记账符号，借贷记账法逐步充实了其内容和理论依据，到 15 世纪已形成比较完备的复式记账法。

二、借贷记账法的记账符号

记账符号是会计记录中采用的一种专门标记，表示经济业务引起的资金增减变动和记账方向。借贷记账法的记账符号是"借"和"贷"。"借"和"贷"表明增加和减少应记入账户的哪个方向，并成为区别于其他记账方法的重要特征和显著标志，借贷记账法由此得名。

"借"不一定表示增加，"贷"也不一定表示减少，至于"借"和"贷"表示增加还是减少，则完全取决于账户的性质及结构。

三、借贷记账法的账户结构

前已述及,账户的基本结构分为增加栏、减少栏和余额栏三栏,而借贷记账法下账户的结构,就是规定账户的借贷方分别登记的内容及可能存在的账户余额的方向及内容,即在不同性质的账户中,到底哪一方登记增加,哪一方登记减少,可能存在的账户余额的方向在哪一方。

1. 资产类账户

资产类账户的借方登记资产的增加额,贷方登记资产的减少额,在一个会计期间内(年、季、月),借方记录的合计数额称作"借方发生额",贷方记录的合计数额称作"贷方发生额"。在每一会计期间的期末将借贷方发生额相比较,其差额称作"期末余额",期末余额转到下一期就成为下一期的期初余额。资产类账户的期末余额一般在借方。可用下式表示:

借方期末余额 ＝借方期初余额 ＋借方本期发生额 －贷方本期发生额

资产类账户的结构如图 4-1 所示。

借方	资产类账户	贷方
期初余额×××		
本期发生增加额×××		本期发生减少额×××
本期发生额合计×××		本期发生额合计×××
期末余额×××		

图 4-1　资产类账户的结构

资产类账户之所以在借方登记其增加额,在贷方登记其减少额,完全是出于人们早期的记录习惯,并无一定的科学依据。

2. 负债及所有者权益类账户

与资产类账户结构相反,负债及所有者权益类账户的借方登记其减少额,贷方登记其增加额,这两类账户的期末余额一般在贷方(图 4-2)。用公式表示如下:

期末余额＝贷方期初余额＋贷方本期发生额－借方本期发生额

借方	负债及所有者权益类账户	贷方
		期初余额×××
本期发生减少额×××		本期发生增加额×××
本期发生额合计×××		本期发生额合计×××
		期末余额×××

图 4-2　负债及所有者权益类账户

借贷记账法下各类账户的期末余额与记录增加额的方向相一致,即资产类账户的期末余额在借方,负债及所有者权益类账户的期末余额在贷方。

3. 成本、费用类账户

成本、费用类账户是指根据成本类科目和损益类科目中费用小类科目而设置的账户，主要用来反映成本、费用的发生额和转销额。企业所发生的成本、费用，实际上是对企业资金的一种占用，所以成本、费用类账户的结构与资产类账户结构相似（图 4-3），其借方登记本期成本、费用的发生额，贷方登记成本、费用的转销额，这类账户期末一般没有余额。成本类账户若有期末借方余额，一般为在产品成本。

借方　　　　　　　　　　成本、费用类账户　　　　　　　　　贷方	
本期发生增加额×××	本期发生减少额×××
本期发生额合计×××	本期发生额合计×××

图 4-3　成本、费用类账户

4. 收入类账户

收入类账户是指根据损益类科目中收入小类科目而设置的账户，用来反映收入的实现数和转销数。企业实现收入最终会增加所有者权益，因此收入类账户的结构与权益类账户结构相似（图 4-4），其借方登记收入的转销数或减少数，贷方记录收入的实现数，该类账户期末一般没有余额。

借方　　　　　　　　　　收入类账户　　　　　　　　　　贷方	
本期发生减少额×××	本期发生增加额×××
本期发生额合计×××	本期发生额合计×××

图 4-4　收入类账户

在借贷记账法下，可以根据账户余额的方向判断账户的性质。如果一个账户在不同的会计期末出现不同的余额方向，则该账户实际上已经成为一个具有双重性质的账户。例如，预收款不多的企业可以不设置预收账款账户，而是通过应收账款账户来核算预收的款项，这种情况下，应收账款账户的余额可能在借方也可能在贷方，成为具有双重性质的账户，在一定程度上简化了核算工作。在借贷记账法下，企业可以设置和运用双重性质的账户，这是借贷记账法的一个重要特征。

四、借贷记账法的记账规则

记账规则是指采用某种记账方法登记具体经济业务时应当遵循的规律。借贷记账法的记账规则是"有借必有贷，借贷必相等"。也就是说，用借贷记账法核算经济业务时，如果在一个或几个账户的借方进行登记,必然同时在另一个或几个账户的贷方进行登记,而且,记入借方的数额和记入贷方的数额一定相等。

在运用借贷记账法的记账规则登记经济业务时,可分两个步骤进行。

第一步,分析经济业务的内容,确定经济业务涉及的会计要素,指出哪个会计要素增加,哪个会计要素减少,增加多少,减少多少。

第二步,根据分析结果,确定经济业务具体内容应记入的账户名称、借贷方向和金额。凡是涉及资产、成本费用增加,以及负债、所有者权益减少、收入转销的,都应记入相应账户的借方;反之,都应记入相应账户的贷方。

现以甲公司2025年6月经济业务为例说明借贷记账法记账规则的具体运用。

【例4-1】　6月1日,收到投资者投入资本金50 000元,款项存入银行。

这项经济业务,一方面使资产类账户银行存款增加了50 000元,应记入该账户的借方;另一方面使所有者权益类账户的实收资本也增加了50 000元,应记入该账户的贷方(图4-5)。

借	银行存款	贷		借	实收资本	贷
50 000					50 000	

图4-5　借贷记账法举例①

【例4-2】　6月2日,向银行借入8个月期限的借款20 000元,存入银行。

这项经济业务,一方面使资产类账户银行存款增加了20 000元,应记入该账户的借方;另一方面使负债类账户短期借款也增加了20 000元,应记入该账户的贷方(图4-6)。

借	银行存款	贷		借	短期借款	贷
20 000					20 000	

图4-6　借贷记账法举例②

【例4-3】　6月5日,以银行存款5 000元归还欠乙公司的货款。

这项经济业务,一方面使负债类账户应付账款减少了5 000元,应记入该账户的借方;另一方面使资产类账户银行存款减少了5 000元,应记入该账户的贷方(图4-7)。

借	银行存款	贷		借	应付账款	贷
		5 000		5 000		

图4-7　借贷记账法举例③

【例4-4】　6月6日,办妥有关手续,甲公司退还投资人的投资80 000元,以银行存款支付。

这项经济业务,一方面使所有者权益类账户实收资本减少80 000元,应记入该账户的借方;另一方面使资产类账户银行存款减少了80 000元,应记入该账户的贷方(图4-8)。

借　银行存款　贷	借　实收资本　贷
80 000	80 000

图 4-8　借贷记账法举例④

【例 4-5】　6 月 10 日,以银行存款购入一批原材料,价值 30 000 元,材料已验收入库。

这项经济业务,一方面使资产类账户原材料增加了 30 000 元,应记入该账户的借方;另一方面使资产类账户银行存款减少了 30 000 元,应记入该账户的贷方(图 4-9)。

借　原材料　贷	借　银行存款　贷
30 000	30 000

图 4-9　借贷记账法举例⑤

【例 4-6】　6 月 13 日,自银行借入 6 个月期限的借款 6 000 元,直接归还欠丙公司的货款。

这项经济业务,一方面使负债类账户应付账款减少 6 000 元,应记入该账户的借方;另一方面使负债类账户短期借款增加 6 000 元,应记入该账户的贷方(图 4-10)。

借　应付账款　贷	借　短期借款　贷
6 000	6 000

图 4-10　借贷记账法举例⑥

【例 4-7】　6 月 16 日,将资本公积 10 000 元转增为实收资本。

这项经济业务,一方面使所有者权益类账户资本公积减少 10 000 元,应记入该账户的借方;另一方面使所有者权益类账户实收资本增加 10 000 元,应记入该账户的贷方(图 4-11)。

借　资本公积　贷	借　实收资本　贷
10 000	10 000

图 4-11　借贷记账法举例⑦

【例 4-8】　6 月 18 日,将欠乙公司的长期借款 100 000 元转为乙公司对本公司的投资。

这项经济业务,一方面使负债类账户长期借款减少 100 000 元,应记入该账户的借方;另一方面使所有者权益类账户实收资本增加 100 000 元,应记入该账户的贷方(图 4-12)。

借　长期借款　贷	借　实收资本　贷
100 000	100 000

图 4-12　借贷记账法举例⑧

【例 4-9】 6 月 24 日,股东大会批准分派现金股利 90 000 元。

这项经济业务一方面使所有者权益类账户利润分配减少 90 000 元,应记入该账户的借方;另一方面使负债类账户应付股利增加 90 000 元,应记入该账户的贷方(图 4-13)。

借	利润分配	贷		借	应付股利	贷
90 000						90 000

图 4-13 借贷记账法举例⑨

通过以上九种业务的会计处理可以看出,经济业务的发生都既要在有关账户的借方进行登记,同时又要在相对应账户的贷方登记,而且记入借方账户的金额与记入贷方账户的金额相等。遵循着有借必有贷、借贷必相等的记账规则。这九种业务类型尽管不是企业经营中的所有会计事项,但足以代表企业会计事项引起会计要素增减变动的全部类型,因此借贷记账法的记账规则能够适用于企业所有的会计事项。

在会计实务中,有的经济业务的关系比较复杂,往往会涉及两个以上的账户,但其记账的基本原则与前述业务是一致的。

【例 4-10】 6 月 26 日,收到投资人投入的资本设备一台,价值 70 000 元;投入货币资金 130 000 元存入银行。

这项经济业务一方面使资产类账户固定资产和银行存款账户分别增加 70 000 元、130 000 元,应分别记入相应账户的借方;另一方面使所有者权益类账户实收资本增加 200 000 元,应记入该账户的贷方(图 4-14)。

借	固定资产	贷		借	银行存款	贷		借	实收资本	贷
70 000				130 000						200 000

图 4-14 借贷记账法举例⑩

【例 4-11】 6 月 30 日,购入一批原材料 40 000 元,以银行存款支付 8 000 元,其余货款暂欠,材料已验收入库。

这项经济业务一方面使资产类账户原材料增加 40 000 元,应记入该账户的借方;另一方面,使资产类账户银行存款减少 8 000 元,应记入该账户的贷方,同时,负债类账户应付账款增加 32 000 元,应记入该账户的贷方(图 4-15)。

借	原材料	贷		借	银行存款	贷		借	应付账款	贷
400 000					8 000					32 000

图 4-15 借贷记账法举例⑪

五、借贷记账法的会计分录和账户对应关系

1. 会 计 分 录

会计分录简称分录,是对每项经济业务应借、应贷的账户名称(科目)及其金额的一种记录。会计分录包括应借应贷方向、会计科目及金额三个要素,示例如下。

借:库存现金　　　　　　　　　　　　　　　2 000
　贷:银行存款　　　　　　　　　　　　　　　　　2 000

这就是一个会计分录,其实就是用会计的语言把从银行取 2 000 元备用金这笔业务叙述出来。

会计分录可分为简单会计分录和复合会计分录两种。简单会计分录是指经济业务只涉及两个会计科目的会计分录,即"一借一贷"的分录,上述举例即为一个简单会计分录;复合会计分录是指涉及三个或三个以上会计科目的会计分录,它的基本格式"一借多贷""多借一贷""多借多贷"三种。

简单会计分录可以清晰地反映账户之间的对应关系,然而当遇到某一复杂的会计事项时,可能涉及两个以上的账户,这时如果编制多笔简单分录,会计记账手续将变得烦琐,为了简化记账手续,在不影响账户对应关系的前提下,可以编制复合会计分录,但是,对于不同类型的会计事项,不能一味为了简化记账手续而将其合并编制复合分录。

一笔复合分录可以分解成几笔相互联系的简单分录,几笔简单分录也可以复合为一笔复合分录,复合或分解的目的是便于会计工作更好地反映经济业务的实质。复合分录虽能集中反映某项经济业务的全貌,并能简化记账工作,但有时不能清晰地反映账户之间的对应关系,因此,应尽量避免编制多借多贷的复合分录,尽管如此,也没有必要将所有的复合分录都人为地拆分成简单分录。

会计分录通常具有一定的书写格式,借方科目及金额写在上方偏左,贷方科目及金额写在下方偏右,借贷之间错一格,以表明账户之间的对应关系。若一笔会计分录中,出现多借(或多贷)时,上下应对齐,或者将下面的借(贷)字省略,但账户的名称应对齐。

会计分录的编制可以按照以下步骤进行。

(1) 分析经济业务所涉及的账户。

(2) 根据账户的性质和结构,确定记账方向。

(3) 确定记账金额。

(4) 依据"有借必有贷,借贷必相等"的记账规则,检验应借、应贷账户是否正确,借贷双方金额是否相等。

在前述例子中,借贷记账法下应编制以下会计分录。

(1) 借:银行存款　　　　　　　　　　　　　　50 000
　　　贷:实收资本　　　　　　　　　　　　　　　　50 000
(2) 借:银行存款　　　　　　　　　　　　　　20 000
　　　贷:短期借款　　　　　　　　　　　　　　　　20 000
(3) 借:应付账款　　　　　　　　　　　　　　5 000
　　　贷:银行存款　　　　　　　　　　　　　　　　5 000
(4) 借:实收资本　　　　　　　　　　　　　　80 000
　　　贷:银行存款　　　　　　　　　　　　　　　　80 000

（5）借：原材料		30 000
贷：银行存款		30 000
（6）借：应付账款		6 000
贷：短期借款		6 000
（7）借：资本公积		10 000
贷：实收资本		10 000
（8）借：长期借款		100 000
贷：实收资本		100 000
（9）借：利润分配		90 000
贷：应付股利		90 000
（10）借：固定资产		70 000
银行存款		130 000
贷：实收资本		200 000
（11）借：原材料		40 000
贷：银行存款		8 000
应付账款		32 000

编制会计分录，必须以会计凭证作为依据，以便于日后的查考。会计分录必须如实地反映经济业务的内容，就会计核算的全部过程来说，编制会计分录是会计工作的起始阶段，如果会计分录有了错误，必然会影响整个会计记录的正确性。

2. 账户的对应关系

账户的对应关系是指采用借贷记账法对每笔交易或事项进行记录时，相关账户之间形成的应借、应贷的相互关系。存在对应关系的账户称为对应账户。如在前述例 4-1～例 4-11 中，借贷方的账户就是对应账户。通过账户的对应关系，既可以了解经济业务的内容及其来龙去脉，又可以检查企业发生的经济业务是否合理合法。

六、借贷记账法的试算平衡

试算平衡是指根据借贷记账法的记账规则和会计恒等式的平衡关系，通过对所有账户的发生额和余额的汇总计算和比较，来检查账户记录是否正确的一种方法。

微课：
试算平衡

试算平衡方法一般有两种，即发生额试算平衡法和余额试算平衡法。

1. 发生额试算平衡法

根据借贷记账法的记账规则，每笔经济业务都必须分别在相互联系的两个或两个以上的账户的借方和贷方登记，而且登记在有关账户借方的金额和贷方金额相等，那么，将一定时期（如 1 个月）内全部经济业务都登记入账后，所有账户的借方本期发生额的合计数，必然与所有账户贷方本期发生额的合计数相等，用公式表示如下：

全部账户借方发生额合计＝全部账户贷方发生额合计

2. 余额试算平衡法

在借贷记账法下，资产类账户的余额一般在借方，负债及所有者权益类账户的余额一般在贷方。以"资产＝负债＋所有者权益"这个等式为理论依据，全部账户的借方余额合计数，必然

等于全部账户的贷方余额的合计数,用公式表示如下:

$$全部账户借方余额合计＝全部账户贷方余额合计$$

对账簿记录进行试算平衡,通常是在月末计算出各种账户的本期发生额和期末余额之后,通过编制"试算平衡表"来实现的,如表 4-1 所示。

表 4-1　试算平衡表

年　　月　　日　　　　　单位:元

账　户	期初余额		本期发生额		期末余额	
	借　方	贷　方	借　方	贷　方	借　方	贷　方
合　计						

试算结果不平衡,说明记账存在差错,需要进一步检查更正。试算结果平衡,也并不意味着记账绝对正确,因为有些错误并不影响借贷平衡关系,如漏记整笔经济业务、重复记录整笔经济业务、借贷方向记录相反、把金额记入错误账户、金额差错相互抵销等。

▶想一想

试算结果平衡,是不是就说明记账一定无误? 为什么?

答案解析

下面以例 4-1～例 4-11 为例,说明借贷记账法的记账方法及试算平衡表的编制方法。甲公司 5 月 31 日总账账户余额如表 4-2 所示。

表 4-2　甲公司 2025 年 5 月 31 日总账账户余额

单位:元

资产类科目		负债及所有者权益类科目	
银行存款	350 000	短期借款	20 000
原材料	45 000	应付账款	23 000
固定资产	448 000	长期借款	150 000
		实收资本	400 000
		资本公积	50 000
		利润分配	200 000
总　计	843 000	总　计	843 000

先将甲公司 6 月发生的经济业务记入有关账户并结账(图 4-16～图 4-25)。

借方	银行存款		贷方
期初余额	350 000		
(1)	50 000	(3)	5 000
(2)	20 000	(4)	80 000
(10)	130 000	(5)	30 000
		(11)	8 000
本期借方发生额	200 000	本期贷方发生额	123 000
期末余额	427 000		

图 4-16　银行存款账户

借方	原材料		贷方
期初余额	45 000		
(5)	30 000		
(11)	40 000		
本期借方发生额	70 000	本期贷方发生额	0
期末余额	115 000		

图 4-17　原材料账户

借方	固定资产		贷方
期初余额	448 000		
(10)	70 000		
本期借方发生额	70 000	本期贷方发生额	0
期末余额	518 000		

图 4-18　固定资产账户

借方	短期借款		贷方
		期初余额	20 000
		(2)	20 000
		(6)	6 000
本期借方发生额	0	本期贷方发生额	26 000
		期末余额	46 000

图 4-19　短期借款账户

借方	应付账款		贷方
		期初余额	23 000
(3)	5 000	(11)	32 000
(6)	6 000		
本期借方发生额	11 000	本期贷方发生额	32 000
		期末余额	44 000

图 4-20　应付账款账户

借方	应付股利		贷方
		期初余额	0
		(9)	90 000
本期借方发生额	0	本期贷方发生额	90 000
		期末余额	90 000

图 4-21　短期借款账户

借方	长期借款		贷方
		期初余额	150 000
(8)	100 000		
本期借方发生额	100 000	本期贷方发生额	0
		期末余额	50 000

图 4-22　长期借款账户

借方	实收资本		贷方
		期初余额	400 000
(4)	80 000	(1)	50 000
		(7)	10 000
		(8)	100 000
		(10)	200 000
本期借方发生额	80 000	本期贷方发生额	360 000
		期末余额	680 000

图 4-23　实收资本账户

借方	资本公积		贷方
		期初余额	50 000
(7)	10 000		
本期借方发生额	10 000	本期贷方发生额	0
		期末余额	40 000

图 4-24　资本公积账户

借方	利润分配		贷方
		期初余额	200 000
(9)	90 000		
本期借方发生额	90 000	本期贷方发生额	0
		期末余额	110 000

图 4-25　利润分配账户

然后编制总分类账户本期发生额及余额试算平衡表,如表 4-3 所示。

表 4-3　总分类账户本期发生额及余额试算平衡表

2025 年 6 月 单位:元

账户名称	期初余额		本期发生额		期末余额	
	借　方	贷　方	借　方	贷　方	借　方	贷　方
银行存款	350 000		200 000	123 000	427 000	
原材料	45 000		70 000		115 000	
固定资产	448 000		70 000		518 000	
短期借款		20 000		26 000		46 000
应付账款		23 000	11 000	32 000		44 000
应付股利				90 000		90 000
长期借款		150 000	100 000			50 000
实收资本		400 000	80 000	360 000		680 000
资本公积		50 000	10 000			40 000
利润分配		200 000	90 000			110 000
合　计	843 000	843 000	631 000	631 000	1 060 000	1 060 000

4.2 即测即评　　　　**项目四即测即评**　　　　**项目四业务题**

企业主要经济业务核算

本项目选用经济业务全面且复杂的制造企业典型案例，主要从资金筹集、采购、生产、销售、财务成果形成与分配这五个方面练习借贷记账法的具体运用。学习的重点在于掌握各种经济业务会计核算需要运用的主要科目及具体的账务处理方法。

知识目标
- 了解工业企业主要经济业务内容及其需要设置的相应科目。
- 掌握相关科目的性质、用途和结构。
- 掌握材料采购成本、产品生产成本的基本构成。
- 掌握企业主要经济业务基本会计分录的编制方法。
- 了解利润的形成与分配及核算方法。

能力目标
- 能够设置和使用经济业务核算的有关账户。
- 能够正确界定和分配经济业务相关成本和费用。
- 能正确核算企业主要经济业务。

素养目标
- 培养学科应用能力和独立解决问题的自信心。
- 培养自主学习、终身学习的优良品质。

任务一 资金筹集业务的核算

企业经济活动的首要环节是筹集资金。企业资金的筹集渠道主要有两个：一是从投资者那里取得投资；二是从债权人那里取得借款。前者形成企业的所有者权益，后者形成企业的负债。

投资者投入的资金形成企业的永久性资本，没有偿还的期限，应设置实收资本、资本公积等账户核算投资者投入的资本。企业取得的借款不能无限期使用，需按期还本付息，为了核算借入资金，应设置短期借款、长期借款等账户来核算负债的增加。企业筹集的资金既包括货币资金，也包括原材料、固定资产、无形资产等形式，应设置银行存款、原材料、固定资产、无形资产等账户来核算筹资时资产的增加。

微课：资金筹集业务的核算(1)

一、接受投资者投资业务的核算

投资者将资金投入企业,成为企业所有者,有权参与企业的生产经营管理和盈余分配。企业接受投资后,资金增加的同时投资者在企业中所享有的权益也相应增加。

(一)实收资本和资本公积的主要内容

实收资本是指投资者作为资本投入企业的各种财产,是企业注册登记的法定资本总额的来源,它表明所有者对企业的基本产权关系。实收资本的构成比例是企业据以向投资者进行利润或股利分配的主要依据。《中华人民共和国企业法人登记管理条例》规定,除国家另有规定外,企业的实收资本应当与注册资本一致。

资本公积是指投资者投入企业、所有权归属于投资者并且投资金额超过法定资本部分的资本或资产。资本公积包括企业收到投资者出资超出其在注册资本中所占份额,以及直接计入所有者权益的利得和损失等,包括资本溢价及其他资本公积。资本公积的主要用途是转增资本、弥补亏损等。

(二)账户设置

1. 实收资本账户

实收资本账户属于所有者权益类账户,它用来核算按照企业章程的规定,投资者投入企业的资本。

该账户贷方登记企业实际收到的投资者投入的资本数,借方登记企业按法定程序报经批准减少的注册资本数,期末贷方余额反映企业实有的资本或股本数额。本账户应按不同的投资者设置下级账户进行明细分类核算。股份有限公司的投资者投入的资本通过股本账户核算。

企业收到的投资者投入的货币资金,应按实际收到的金额,借记银行存款等账户,按投资合同或协议约定的投资者在企业注册资本中所占份额的部分,贷记实收资本账户,借方金额大于贷方金额的,其差额贷记资本公积——资本溢价账户;企业收到实物资产和无形资产投资的,应按投资合同或协议约定的价值(不公允的除外)作为资产的入账价值,按投资合同或协议约定的投资者在企业注册资本中所占份额的部分,贷记实收资本账户,借方金额大于贷方金额的,其差额贷记资本公积——资本溢价科目。

2. 资本公积账户

资本公积账户是用来核算企业收到投资者出资额超出其在注册资本或股本中所占份额的部分。

该账户的贷方登记企业取得的资本公积数额,借方登记资本公积的减少数,期末贷方余额表示企业资本公积的实际结存数额。本账户应按资本公积形成的类别设置下级账户进行明细分类核算。

(三)核算举例

下面举例说明接受投资者投资的核算。

【例5-1】　甲公司收到乙公司的货币出资500 000元,存入银行。

该业务的发生使甲公司的银行存款增加500 000元,应记入银行存款账户的借方;同时,乙公司的实收资本也增加了500 000元,应记入实收资本账户的贷方。甲公司就该业务编制的会计分录如下。

```
借:银行存款                                              500 000
    贷:实收资本——乙公司                                        500 000
```

【例 5-2】 甲公司收到丙公司投入的商标权一项,合同约定该商标权的价值为 100 000 元,合同约定价值与公允价值一致。经约定,甲公司收到的该笔投资全部作为实收资本。

该业务的发生使甲公司的无形资产增加 100 000 元,应记入无形资产账户的借方,同时,甲公司的实收资本也增加 100 000 元,应记入实收资本账户的贷方。甲公司就该业务编制的会计分录如下。

```
借:无形资产                                              100 000
    贷:实收资本——丙公司                                        100 000
```

【例 5-3】 良远公司由 A、B 两位股东出资 2 000 000 元设立,每人各投资 1 000 000 万元。

该业务的发生,一方面使良远公司银行存款增加 2 000 000 元,应记入银行存款账户借方;另一方面使实收资本也增加 2 000 000 元,记入实收资本账户贷方。良远公司就该业务应编制会计分录如下。

```
借:银行存款                                              2 000 000
    贷:实收资本——A                                         1 000 000
            ——B                                         1 000 000
```

【例 5-4】 承例 5-3,两年后,为扩大经营规模,良远公司准备吸收新投资者 C,将注册资本增加到 3 000 000 元。按照投资协议,投资者 C 需出资 1 500 000 元,才能享有 1/3 的股份。良远公司已收到该笔投资存入银行。假定不考虑其他因素。

该业务使良远公司的银行存款增加 1 500 000 元,应记入银行存款账户的借方,同时实收资本增加 1 000 000 元,应记入实收资本账户贷方,出资额超出其在注册资本中所占份额的部分,记入资本公积——资本溢价账户贷方。良远公司就该业务应编制的会计分录如下。

```
借:银行存款                                              1 500 000
    贷:实收资本——C                                         1 000 000
    资本公积——资本溢价                                          500 000
```

⊙ 会 计 启 发 故 事

三个小伙伴分菠萝

小红和小花每人出 10 元买了一只种在地里的小菠萝,她们天天给它施肥、浇水。一天又一天过去了,小菠萝长成了一个大菠萝,眼看就要收获了,小丽看到了,她跟小红小花商量:自己也出 10 元,分菠萝时自己也分 1/3。小红和小花会答应吗? 答案显然是否定的,因为此刻菠萝已是大菠萝,最少值 30 元了。最后小红和小花同意小丽出 15 元分得 1/3 菠萝。

小丽为什么同意多出 5 元,这是不是就是资本公积? 是对小红和小花前期经营的补偿?

【例 5-5】 甲公司收到丁公司投入的卡车一辆,合同约定该卡车的价值为 140 000 元,合同约定价值与公允价值一致。经约定,丁公司在甲公司注册资本中所占份额为 120 000 元。

这业务使甲公司的固定资产增加 140 000 元,记入固定资产账户的借方,实收资本增加 120 000 元,记入实收资本账户贷方,出资额超出其在注册资本中所占份额的部分,记入资本公积——资本溢价账户贷方。甲企业编制会计分录如下。

借:固定资产——卡车	140 000	
贷:实收资本——丁公司		120 000
资本公积——资本溢价		20 000

二、向债权人借入资金的核算

为了满足正常生产经营所需,企业有时需向银行或其他金融机构借入资金。按照偿还期限的长短,借入资金可分为短期借款和长期借款。

微课:资金筹集业务的核算(2)

(一)短期借款和长期借款的概念

(1)短期借款是指企业向银行或其他金融机构借入的、偿还期在 1 年以下(含 1 年)的各种借款。短期借款一般用于日常生产经营活动所需资金。

(2)长期借款是指企业向银行或其他金融机构借入的期限在 1 年以上(不含 1 年)的各种借款。长期借款一般用于固定资产的购建、改扩建工程、大修理工程、对外投资以及保持长期经营能力等方面。

(二)账户设置

企业借入资金时,会使银行存款增加的同时负债也相应增加。企业可设置短期借款、长期借款、应付利息、财务费用等账户对借款业务加以核算。

1. 短期借款账户

短期借款账户属于负债类账户,该账户贷方登记借入短期借款的本金数,借方登记偿还的短期借款本金数;期末余额在贷方,反映企业尚未偿还的短期借款的本金。该账户可按借款种类、贷款人和币种进行明细分类核算。

2. 长期借款账户

长期借款账户,属于负债类账户,其贷方登记借入的款项及预计的应付利息;借方登记还本付息的数额;期末余额在贷方,表示尚未偿还的长期借款本息数额。本账户可按贷款单位和贷款种类,分别设置本金、应计利息、利息调整等进行明细核算。

3. 应付利息账户

应付利息账户,属于负债类账户,该账户贷方登记企业计提的应付未付利息数;借方登记企业实际支付的利息数;期末余额在贷方,表示企业期末应付未付的利息数。本账户可按债权人设置明细账进行明细分类核算。

4. 财务费用账户

财务费用账户属于损益类账户,该账户核算企业为筹集生产经营所需资金而发生的费用,包括利息支出(减利息收入)、金融机构手续费等,可按费用项目进行明细核算。该账户借方登记企业发生的财务费用,贷方登记利息收入及期末转入本年利润账户的数额,期末结转后本账户无余额。

(三)核算举例

下面举例说明借款业务的会计处理方法。

【例 5-6】　2025 年 6 月 1 日,甲公司向银行借入一笔生产经营用借款 100 000 元,期限为 6 个月,年利率为 4%,到期一次还本付息,所得款项已存入银行。12 月 1 日借款到期,企业一次归还借款本息 102 000 元。由于利息金额不大,该企业平时不予预提,待实际支付时直接计入当期损益。

该业务的发生,一方面使银行存款增加了 100 000 元,另一方面使企业的短期借款增加了 100 000 元,银行存款的增加,记入银行存款账户的借方,短期借款的增加,应记入短期借款账户的贷方。甲公司编制会计分录如下。

(1) 6 月 1 日,企业借入资金时

```
借:银行存款                               100 000
    贷:短期借款                               100 000
```

(2) 12 月 1 日,企业还本付息时

```
借:短期借款                               100 000
    财务费用                                 2 000
    贷:银行存款                               102 000
```

对于借款利息支出较大的企业,可以采用按月预提的方法计入各月财务费用。

【例 5-7】 2025 年 1 月 1 日,乙公司向银行借款 900 000 元,期限为 3 个月,年利率 4%,到期一次还本付息,款项已存入银行。由于利息支出较大,企业采用按月预提的方法计入各月财务费用。

该业务的发生,一方面使乙公司的银行存款增加了 900 000 元,另一方面使乙公司的短期借款增加了 900 000 元。银行存款的增加,记入银行存款账户的借方;短期借款的增加,应记入短期借款账户的贷方。乙公司编制会计分录如下。

```
借:银行存款                               900 000
    贷:短期借款                               900 000
```

【例 5-8】 接例 5-7,乙公司每月计提应付的利息 3 000 元。

该业务的发生,一方面使乙公司的财务费用每月增加 3 000 元,记入财务费用账户的借方;另一方面使乙公司的应付利息每月增加 3 000 元,记入应付利息账户的贷方。乙公司应编制会计分录如下。

```
借:财务费用                                 3 000
    贷:应付利息                                 3 000
```

【例 5-9】 接例 5-7、例 5-8,上述短期借款 3 个月后到期,企业以银行存款 909 000 元,偿还银行短期借款的本息。

该业务的发生,一方面使乙公司银行存款减少了 909 000 元,记入银行存款账户的贷方;另一方面使乙公司短期借款减少了 900 000 元,记入短期借款账户的借方,应付利息减少 6 000 元,记入应付利息账户的借方,财务费用增加 3 000 元。企业应编制会计分录如下。

```
借:短期借款                               900 000
    应付利息                                 6 000
    财务费用                                 3 000
    贷:银行存款                               909 000
```

【例 5-10】 2025 年 1 月 1 日,甲公司向某金融机构借款 1 000 000 元,期限两年,不计利息,到期偿还本金。该款已存入银行。

该业务的发生,一方面使甲公司银行存款增加,应记入银行存款账户的借方;另一方面使甲公司的长期借款增加,应记入长期借款账户的贷方。甲公司应编制会计分录如下。

```
借:银行存款                             1 000 000
    贷:长期借款                             1 000 000
```

【例 5-11】　接例 5-10,甲公司的上述借款到期,归还借款 1 000 000 元。

该业务的发生,使甲公司的银行存款和长期借款账户同时减少 1 000 000 元,应记入银行存款的贷方和长期借款的借方。甲公司应编制会计分录如下。

借:长期借款　　　　　　　　　　　　　　　　　　　　1 000 000
　贷:银行存款　　　　　　　　　　　　　　　　　　　　　1 000 000

【例 5-12】　甲公司 2025 年 11 月 30 日从银行借入资金 20 000 000 元,借款期限为 3 年,年利率为 6%,此借款为到期一次还本付息,不计复利。编制甲公司 2025 年借入款项和年末计提利息的分录。

从银行借入款项时,银行存款和长期借款账户同时增加 20 000 000 元,应记入银行存款账户的借方和长期借款账户的贷方;计提每月利息时,当月财务费用增加,应记入财务费用账户的借方,同时由于该借款是到期一次还本付息,产生的利息应记入长期借款账户的贷方。该业务应编制会计分录如下。

(1)借入款项时

借:银行存款　　　　　　　　　　　　　　　　　　　　20 000 000
　贷:长期借款——本金　　　　　　　　　　　　　　　　　20 000 000

(2)以后每月计提利息时

借:财务费用　　　　　　　　　　　　　　　　　　　　　100 000
　贷:长期借款——应计利息　　　　　　　　　　100 000　(20 000 000×6%/12)

(3)到期还本付息时

借:长期借款——本金　　　　　　　　　　　　　　　　　20 000 000
　　　　　　——应计利息　　　　　　　3 600 000　(20 000 000×6%×3)
　贷:长期借款——本金　　　　　　　　　　　　　　　　　23 600 000

会计史话

连环帐谱

《连环帐谱》是我国第一部介绍和研究借贷复式簿记的著作,在我国近代会计发展史上占有重要地位。书中虽未使用"借、贷"作为记账符号,但全书参照意大利借贷复式记账法的基本原理,又吸收我国传统收付账法之精华,列举实例设计了一套账谱,并对复式记账原理、账簿组织、记账程序、总结等都作了全面系统的阐述。这部专著的出版曾对我国原有会计思想的改良和对国外会计的引进产生过深刻影响。

该书作者蔡锡勇(1850—1898),字毅若,福建龙溪人,是我国清代著名学者。19 世纪末叶,蔡锡勇曾出使美国、秘鲁、日本等国,他对欧美流行的西式借贷簿记法进行深入研究,撰写了《连环帐谱》一书。令人遗憾的是,这部著作在蔡锡勇生前未能出版。其子蔡璋承父遗志,继续研究西式簿记,并对《连环帐谱》加以校订,该书最终于 1905 年由湖北官书局付梓出版。

5.1 即测即评　　　　　　　　5.1 分录题

任务二　采购业务的核算

采购业务是生产经营的准备过程。广义的采购业务包含购买机器设备、材料物资等一切为生产经营做准备的购买活动。日常的采购主要是指采购生产所需的各种材料物资。

一、购入固定资产业务的核算

（一）固定资产的主要内容

1. 固定资产的概念和特征

固定资产是指企业为生产商品、提供劳务或经营管理而持有的，且使用寿命超过一个会计年度的有形资产。

固定资产必须同时具备以下两个特征。

（1）企业持有固定资产的目的是用而不是直接用于出售。这里的用是指用于生产商品、提供劳务、出租或经营管理，其中，出租是指以经营租赁方式出租的机器设备等。

（2）企业使用固定资产的期限超过一个会计年度。这一特征表明企业固定资产属于非流动资产，其给企业带来的收益期超过一年，能在一年以上的时间里为企业创造经济利益。

2. 固定资产的确认条件

固定资产同时满足下列条件的，才能予以确认。

（1）与该固定资产有关的经济利益很可能流入企业。

（2）该固定资产的成本能够可靠地计量。

3. 固定资产的初始计量

固定资产的初始计量是指企业最初取得固定资产时对其入账价值的确定。固定资产的初始计量应当以其成本为基础。成本包括购买价款、相关税费、使固定资产达到预定可使用状态前所发生的直接归属于该资产的其他支出，如运输费、安装费等。对于自行建造的固定资产，其成本包括至建造完成达到预定可使用状态前所发生的全部必要支出，如材料费、人工费、机械使用费、借款费用等。

（二）账户设置

为了反映和监督固定资产的取得、计提折旧以及处置等情况，需要设置固定资产、在建工程等账户。

1. 固定资产账户

固定资产账户核算企业固定资产的原价。该账户借方登记企业增加的固定资产原价，贷方登记企业减少的固定资产原价，期末借方余额反映企业期末固定资产的账目原价。企业可按固定资产类别、使用部门和每项固定资产进行明细核算。

2. 在建工程账户

在建工程账户核算企业基建、更新改造等在建工程发生的支出，借方登记企业各项在建工程的实际支出，贷方登记完工工程转出的成本，期末借方余额反映企业尚未达到预定可使用状态的在建工程的成本。该账户可按类别或项目进行明细核算。

企业购入不需要安装的固定资产，相关支出直接计入固定资产成本；企业购入需要安装的固定资产，通过"在建工程"账户进行核算，待安装完毕，经测试达到可使用状态时转入"固定资

产"账户。

会计启发故事

大花和小花

大花是一头成年的奶牛,小花是一头才出生的小牛犊。大花被主人记到了固定资产账簿里,小花却被记到了在建工程账簿中,等小花长成成年奶牛可以产奶时,才可以由在建工程账簿转记入固定资产账簿。主人家的儿子很困惑:为什么要这么麻烦呢? 不都是牛吗? 都记入固定资产不行吗?

直到主人家的儿子学了会计课程才明白:记到"在建工程"账户里是不需要计提折旧的,记到"固定资产"里是需要计提折旧的,而折旧又与企业的成本费用相关,最终会影响利润,"在建工程"还没达到预定可使用状态呢,能创造收入吗? 没有收入,能有相配比的成本费用吗? 也就是说,小花还不能给主人家创造收入,在它身上的花费如果计入成本费用,大花创造的利润能正确核算吗? 答案当然是不言自明的。

(三)核算举例

【例 5-13】 2025 年 3 月 2 日,甲企业购入不需要安装的机器一台,设备买价为 30 400 元,运输费 1 600 元,款项以银行存款支付。

该项业务中,固定资产的初始入账价值既包括买价 30 400 元又包括运输费 1 600 元,一方面使固定资产增加了 32 000 元,应记入固定资产账户的借方;另一方面使企业的银行存款减少了 32 000 元,应记入银行存款账户的贷方。

甲企业编制会计分录如下。

借:固定资产　　　　　　　　　　　　　　　　32 000
　贷:银行存款　　　　　　　　　　　　　　　　32 000

【例 5-14】 2025 年 3 月 15 日,甲企业购入 B 设备一台,价款 350 000 元,发生运杂费 2 000 元,安装费 50 000 元,尚未安装完毕。

该项业务中,由于购入的是需要安装的设备,在建工程的初始入账价值既包括买价 350 000 元,又包括运杂费 2 000 元、安装费 50 000 元,一方面使企业的在建工程账户分别增加 402 000 元,记入在建工程账户借方;另一方面使企业的银行存款减少了共计 402 000 元,记入银行存款账户的贷方。

甲企业编制会计分录如下。

(1)购入 B 设备时

借:在建工程　　　　　　　　　　　　　　　　350 000
　贷:银行存款　　　　　　　　　　　　　　　　350 000

(2)支付 B 设备运杂费时

借:在建工程　　　　　　　　　　　　　　　　2 000
　贷:银行存款　　　　　　　　　　　　　　　　2 000

(3)支付 B 设备安装费时

借:在建工程　　　　　　　　　　　　　　　　50 000
　贷:银行存款　　　　　　　　　　　　　　　　50 000

【例 5-15】 接例 5-14,3 月 28 日,B 设备安装完毕,达到预定可使用状态。

该项业务的发生,一方面使企业的固定资产成本增加了 402 000 元,记入固定资产账户借方;另一方面使企业的在建工程成本减少了 402 000 元,记入在建工程账户的贷方。

甲企业编制会计分录如下。

```
借:固定资产                            402 000
   贷:在建工程                            402 000
```

【例 5-16】 乙企业购入需要安装的机器设备 1 台,买价 170 000 元,包装费和运杂费 2 900 元,全部款项已用银行存款支付。在安装过程中,耗用材料 32 500 元,耗用人工费 4 600 元。安装完毕,经验收合格达到可使用状态,并已交付使用。

该项业务中,由于购入的是需要安装的设备,在建工程的初始入账价值既包括买价 170 000 元,又包括运杂费 2 900 元、安装过程中耗用的材料费 32 500 元、人工费 4 600 元,乙企业编制会计分录如下。

(1) 购入时

```
借:在建工程                            172 900
   贷:银行存款                            172 900
```

(2) 安装过程耗用材料、人工费

```
借:在建工程                             37 100
   贷:原材料                              32 500
      应付职工薪酬                          4 600
```

(3) 安装完毕,达到预定可使用状态

```
借:固定资产                            210 000
   贷:在建工程                            210 000
```

二、材料采购业务的核算

为正常进行生产经营活动,企业先应购买和储备一定品种和数量的材料。在材料采购过程中,一方面是企业从供应单位购进各种材料物资,另一方面是企业需要支付相应的款项,与供应单位发生货款结算关系。企业购进的材料验收入库后,即为可供生产领用的库存材料。

微课:材料
采购业务
的核算

(一) 材料采购成本的构成

材料采购成本包括材料的买价和各种采购费用。材料的买价是指企业购入的材料或商品的发票账单上列明的价款,但不包括按照规定可以抵扣的增值税进项税额;采购费用指购料过程中发生的相关费用,包括运输费、装卸费、包装费、途中保险费(以上费用通称运杂费)、途中的合理损耗以及入库前的整理挑选费等。

工业企业材料采购成本主要包括以下内容。

(1) 买价,指进货发票所开列的货款金额。

(2) 运杂费,包括运输费、装卸费、包装费、保险费、仓储费等。

(3) 运输途中的合理损耗,指企业与供应或运输部门所签订的合同中规定的合理损耗或必要的自然损耗。如煤炭、沙石等在运输过程中的自然散落以及易挥发产品在运输过程中的自然挥发等。

（4）入库前的挑选整理费用，指购入的材料在入库前需要挑选整理而发生的费用，包括挑选过程中所发生的工资、费用支出和必要的损耗，但要扣除残料的价值。

（5）购入材料负担的税金（如关税等）和其他费用等。

材料的采购成本可以简单理解为材料采购过程至入库前所发生的一切正常支出，不包括增值税一般纳税人的进项税额。

（二）账户设置

材料采购业务的核算，一般应设置在途物资、原材料、应付账款、应交税费、应付票据、预付账款等账户。

1. 在途物资账户

在途物资账户核算资产类账户，该账户核算企业购入但尚未到达或尚未验收入库材料的实际采购成本。借方登记购入材料的买价和采购费用；贷方登记已验收入库材料的实际采购成本；期末余额在借方，反映尚未验收入库材料的实际成本，该账户可按供应单位和材料品种设置明细账户，进行明细分类核算。

2. 原材料账户

原材料账户属于资产类账户，该账户核算企业库存的各种材料的收、发、结存情况。该账户借方登记验收入库材料的实际成本；贷方登记发出材料的实际成本；期末借方余额，反映期末库存材料的实际成本，该账户可按材料品种、规格、型号等设置明细账户，进行明细分类核算。

3. 应付账款账户

应付账款账户属于负债类账户，该账户核算企业因购买材料、商品或接受服务等经营活动而应付给供应单位的款项。该账户贷方登记应付而未付的货款；借方登记偿还的货款；期末贷方余额，表示尚未支付的款项。该账户可按照债权人设置明细账户，进行明细分类核算。

4. 应交税费——应交增值税（进项税额）账户

应交税费——应交增值税（进项税额）账户属于负债类账户，该账户核算企业在购货时向供应单位支付的增值税。企业采购物资时，应按可抵扣的增值税税额，借记本账户；贷方登记转出的进项税额。

5. 应付票据账户

应付票据账户属于负债类账户，该账户用来核算企业因购买的材料、商品和接受劳务供应等开出、承兑的商业汇票（包括商业承兑汇票和银行承兑汇票）。该账户贷方登记企业已开出、承兑的汇票或以承兑汇票抵付的货款；借方登记收到银行付款通知后实际支付的款项；月末贷方余额，表示尚未到期的商业汇票的票面余额。

6. 预付账款账户

预付账款账户属于资产类账户，该账户用来核算企业向供货单位预付的材料、商品采购款、在建工程价款等。该账户借方登记预付的款项及补付的款项；贷方登记收到所购物资时冲销预付款项及收回多付款项；期末如果有余额，一般在借方，表示尚未结算的预付款项，即货款已付，但材料尚未到达。该账户可按照供货单位的名称设置明细账，进行明细分类核算。

（三）核算举例

【例5-17】 2025年4月15日，甲企业从外地购入A材料2 000千克，每千克20元；B材料3 000千克，每千克10元。A、B两种材料的采购价格共计70 000元，增值税9 100元，全部款项 79 100 元已从银行存款账户支付,材料尚未运达企业。

该项经济业务的发生,一方面使企业的材料采购成本和支付的增值税进项税额分别增加了 70 000 元和 9 100 元,另一方面使银行存款减少了 79 100 元。

该笔业务甲企业应编制会计分录如下。

借:在途物资——A 材料　　　　　　　　　　　　　40 000
　　　　　　——B 材料　　　　　　　　　　　　　30 000
　　应交税费——应交增值税(进项税额)　　　　　　 9 100
　　贷:银行存款　　　　　　　　　　　　　　　　　79 100

【例 5-18】　接例 5-17,2025 年 4 月 20 日,上述材料到达甲企业,尚未验收入库。甲企业以银行存款支付 A、B 两种材料的运杂费 3 000 元,并按材料的重量比例进行分配,计入材料成本。

材料的采购成本包含运杂费。该项业务的运杂费按照所购材料的重量比例来分配。运杂费分配率＝3 000÷(2 000+3 000)＝0.6(元/千克),因此,A 材料应分配的运杂费＝2 000×0.6＝1 200(元);B 材料应分配的运杂费＝3 000×0.6＝1 800(元)。该笔业务甲企业应编制会计分录如下。

借:在途物资——A 材料　　　　　　　　　　　　　 1 200
　　　　　　——B 材料　　　　　　　　　　　　　 1 800
　　贷:银行存款　　　　　　　　　　　　　　　　　 3 000

材料的买价应直接计入各种材料的采购成本。运输费、装卸费等各种采购费用能分清负担对象的,应直接计入各种材料的采购成本;不能分清负担对象的,按适当标准在该批材料之间进行分配,以便正确确定各种材料的采购成本。分配标准可选择重量、体积、价格等,在实际工作中应视具体情况选择采用。

$$采购费用分配率＝\frac{采购费用总额}{材料的总重量(或总体积、总买价)}$$

每种材料应负担的采购费用＝该种材料的重量(或体积、买价)×采购费用分配率

【例 5-19】　接例 5-17、例 5-18,2025 年 4 月 30 日,甲企业购入的材料已经验收入库,结转其实际采购成本。

材料验收入库,则"在途物资"账户(资产)减少,记入该账户贷方;而"原材料"账户(资产)增加,记入该账户借方。该笔业务甲企业应编制分录如下。

借:原材料——A 材料　　　　　　　　　　　　　　41 200
　　　　　——B 材料　　　　　　　　　　　　　　31 800
　　贷:在途物资——A 材料　　　　　　　　　　　　41 200
　　　　　　　　——B 材料　　　　　　　　　　　　31 800

【例 5-20】　2025 年 5 月 6 日,甲企业从光明工厂购入 C 材料。增值税专用发票上注明材料数量为 10 吨,单价 1 000 元,金额 10 000 元;增值税税率 13%,增值税税额 1 300 元;价税合计 11 300 元。该材料已验收入库,款项尚未支付。

该项经济业务的发生,一方面使甲企业的材料采购成本和增值税进项税额分别增加了 10 000 元和 1 300 元,另一方面使甲企业的应付账款增加了 11 300 元。该笔业务甲企业应编制会计分录如下。

借:原材料——C 材料   10 000

　　应交税费——应交增值税(进项税额)   1 300

　　贷:应付账款——光明工厂   11 300

【例 5-21】 接例 5-20,2025 年 5 月 9 日,甲企业用银行存款支付了上述应付账款 11 300 元。

该笔业务使甲企业银行存款账户和应付账款账户同时减少了 11 300 元。该笔业务甲企业应编制会计分录如下。

借:应付账款——光明工厂   11 300

　　贷:银行存款   11 300

【例 5-22】 2025 年 5 月 7 日,甲企业以银行存款 120 000 元向大发公司预付购买 A 材料的货款,5 月 10 日甲企业收到大发公司发来的 A 材料 500 千克,单价 200 元,增值税税额 13 000 元,大发公司代垫运费 2 500 元,材料已验收入库。多余款项大发公司返还给甲企业。

5 月 7 日,甲企业预付货款时,银行存款账户减少了 120 000 元,记入银行存款账户的贷方,甲企业的债权也相应地增加了 120 000 元,记入预付账款账户的借方。5 月 10 日,材料验收入库时,甲企业原材料增加了 102 500 元,记入原材料账户的借方;发生的增值税税额 13 000 元,属于可抵扣的增值税进项税额的增加,记入"应交税费——应交增值税(进项税额)"的借方;同时企业的债权相应地减少了 115 500 元,记入预付账款账户的贷方。甲企业收到大发公司返还的多余货款时,冲销预付账款 4 500 元,同时银行存款账户增加 4 500 元。

该笔业务甲企业编制会计分录如下。

(1) 5 月 7 日,预付货款时

借:预付账款——大发公司   120 000

　　贷:银行存款   120 000

(2) 5 月 10 日,材料验收入库时

借:原材料——A 材料   102 500

　　应交税费——应交增值税(进项税额)   13 000

　　贷:预付账款——大发公司   115 500

(3) 收到返还的货款时

借:银行存款   4 500

　　贷:预付账款——大发公司   4 500

5.2 即测即评

5.2 计算题

任务三　生产过程业务的核算

工业企业的主要经济活动是产品的生产和销售。产品的生产过程同时也是生产的耗费过程。在企业产品生产的过程中,发生的能用货币计量的生产耗费叫生产费用,包括材料费、人工费、折旧费等。生产过程业务的核算主要是归集和分配生产费用,计算产品成本,主要涉及材料的领用、薪酬的确认与支付、生产费用的摊销与分配、固定资产的折旧、完工产品成本的计

算与入库等内容。

一、账户设置

为了归集、分配生产费用,计算产品成本,需要设置生产成本、制造费用、应付职工薪酬、累计折旧和库存商品等账户。

1. 生产成本账户

生产成本属于成本类账户,用来核算产品生产过程中所发生的各种生产成本。该账户借方登记产品生产过程中所发生的各种耗费,包括直接计入产品成本的直接费用(直接材料与直接人工),以及期末分配转入产品成本的制造费用;贷方登记完工入库产品的生产成本。期末借方余额表示在产品的成本。该账户可按照产品的品种设置明细账户,进行明细分类核算。

微课:生产业务核算内容及账户设置

2. 制造费用账户

制造费用属成本类账户,用以归集与分配企业生产车间范围内为组织生产和管理生产而发生的各项间接费用。如车间范围内发生的固定资产折旧、车间管理人员薪酬、物料消耗、水电费、停工损失等,可按不同的生产车间、部门和费用项目进行明细核算。该账户借方登记实际发生的各项制造费用,贷方登记分配转入产品成本的制造费用,月末一般无余额。该账户可按生产车间设置明细账户,进行明细分类核算。

月末,企业应将本月累计发生的制造费用在各种产品之间进行分配,并将其转入相应的产品"生产成本"账户中去。制造费用的分配依据一般有产品数量、生产工时、产品体积、产品质量等。

3. 应付职工薪酬账户

应付职工薪酬账户属于负债类账户,该账户核算应付职工薪酬的提取、结算、使用等情况。该科目的贷方登记已分配计入有关成本费用项目的职工薪酬的数额,借方登记实际发放职工薪酬的数额,包括扣还的款项等;该科目期末贷方余额,反映企业应付未付的职工薪酬。应付职工薪酬科目应当按照工资、职工福利、社会保险费、住房公积金、工会经费、职工教育经费、非货币性福利等应付职工薪酬项目设置明细科目,进行明细核算。

4. 累计折旧账户

累计折旧账户属于资产类的备抵调整账户,该账户核算企业固定资产的累计折旧。企业可按固定资产的类别或项目进行明细核算。该账户贷方登记企业按月计提的固定资产的折旧额;借方登记企业处置固定资产(如出售、报废、毁损等)时转出的相应的累计折旧额;期末贷方余额反映企业固定资产的累计折旧额。

5. 库存商品账户

库存商品账户属于资产类账户,该账户核算企业库存商品收入、发出和结存情况。借方登记生产完工入库的产品的成本;贷方登记出库产品的实际成本;期末借方余额表示库存产品的实际成本。该账户可按产品的品种、种类和规格进行明细分类核算。

二、产品生产成本计算的方法

企业或某车间只生产一种产品时,发生的生产费用都属于这一种产品的直接费用,可直接计入该种产品的成本。但如果企业或者某车间生产的产品不止一种时,就需要按照各种产品开设成本明细账,所发生的费用凡是能够直接区分是由

微课:材料费、人工费的核算

哪一种产品所负担的,可直接计入这种产品的生产成本,如不能直接区分由哪种产品成本所负担的费用,就需要采用科学的方法,分配计入各种产品的生产成本。由多种产品共同负担的费用叫作间接费用。间接费用的分配方法有多种,本部分的间接费用按照产品耗用的生产工时比例进行分配。

1. 制造费用的分配与结转

制造费用属于间接费用,不能直接计入生产成本,需要先在制造费用账户归集,然后分配计入相关产品成本。在分配时,应确定分配标准,然后进行分配。制造费用的分配标准通常有生产工时、生产工人工资、机器生产工时、年度计划分配率等多种。

$$制造费用的分配率 = \frac{制造费用总额}{生产工时(或生产工人工资等)}$$

某种产品应分配的制造费用 = 该种产品的实际生产工时(或工资、产量) × 分配率

【例 5-23】 甲企业本期发生的制造费用共计 20 140 元,按照生产 A、B 产品工人的工资分摊。(其中 A 产品工人工资 20 000 元,B 产品工人工资 10 000 元。则 A 产品应负担 13 427 元,B 产品负担 6 713 元)

这项经济业务的发生,一方面使产品的生产成本增加了 20 140 元,其中分配给 A 产品的成本 $= 20\ 000 \times \dfrac{20\ 140}{20\ 000 + 10\ 000} = 13\ 427$(元);分配给 B 产品的成本 $= 10\ 000 \times \dfrac{20\ 140}{20\ 000 + 10\ 000} = 6\ 713$(元)。另一方面使制造费用减少了 20 140 元。生产成本的增加应记入生产成本账户的借方;分配转出的制造费用记入制造费用账户的贷方。甲企业编制会计分录如下。

借:生产成本——A 产品　　　　　　　　　　　　　　　13 427
　　　　　　——B 产品　　　　　　　　　　　　　　　 6 713
　贷:制造费用　　　　　　　　　　　　　　　　　　　　　　20 140

2. 完工产品成本的计算

制造企业的产品生产费用通过前述的费用归集和分配后,都已归集到了生产成本账户。生产成本账户必须将归集到的产品各项费用(包括期初在产品成本和本期发生的费用)在本月完工产品和月末在产品之间进行分配,确定完工产品的制造成本。

若月末没有在产品,生产成本明细账内归集的费用总额就是完工产品的总成本。若月末存在在产品,生产成本明细账内归集的费用总额须按一定方法在完工产品和在产品之间进行分配,以正确计算完工产品成本。

本期完工产品成本 = 期初在产品成本 + 本期增加的生产费用 - 期末在产品成本
本期增加的生产费用 = 本期的直接材料费 + 本期的直接人工费 + 本期的制造费用

3. 结转完工入库产品的实际生产成本

期末按完工产品的实际生产成本,结转入库。

三、核算举例

【例 5-24】 大发公司一车间生产 A 产品领用甲材料一批,材料成本 20 000 元。

该项业务使大发公司的原材料减少 20 000 元,应记入原材料账户的贷方;在产品生产成

本增加 20 000 元,应记入生产成本账户的借方。故大发公司应编制分录如下。

借:生产成本——A 产品   20 000
    贷:原材料——甲材料   20 000

【例 5-25】   大发公司一车间领用生产一般耗料 10 000 元。

该项业务使大发公司原材料减少,应记入原材料账户的贷方;同时,投入车间在产品生产的间接成本增加,应记入制造费用账户的借方。故大发公司应编制分录如下。

借:制造费用   10 000
    贷:原材料——甲材料   10 000

【例 5-26】   大发公司期末计算确认当期应付给生产人员的薪酬为 40 000 元,其中 A 产品直接生产人员薪酬 20 000 元,B 产品直接生产人员薪酬 15 000 元,车间管理人员薪酬 5 000 元。

该业务一方面表明大发公司产品生产费用增加,A 产品生产人员的薪酬应记入 A 产品的生产成本,B 产品生产人员的薪酬应记入 B 产品的生产成本,车间管理人员的薪酬应记入制造费用账户;另一方面表明企业应付给职工的工资增加,应记入应付职工薪酬账户的贷方。故大发公司应编制分录如下。

借:生产成本——A 产品   20 000
              ——B 产品   15 000
    制造费用   5 000
    贷:应付职工薪酬——工资   400 000

【例 5-27】   大发公司以银行存款支付上述生产人员薪酬,同时代扣职工个人所得税 750 元。

该业务一方面引起大发公司银行存款减少,同时减少了企业的应付职工薪酬;另一方面由于企业代扣了职工的个人所得税,故应交税费相应增加。故大发公司应编制分录如下。

借:应付职工薪酬——工资   40 000
    贷:银行存款   39 250
        应交税费——应交个人所得税   750

企业管理部门人员、销售人员的职工薪酬费用,应分别由管理费用、销售费用科目进行核算。

【例 5-28】   大发公司当月计提车间固定资产的折旧,共计 10 000 元。

车间固定资产折旧是在固定资产用于产品生产过程而发生的价值损耗,企业对固定资产计提折旧,一方面企业应承担的间接生产费用增加,另一方面表明固定资产的账面价值在减少。大发公司应编制如下会计分录。

微课:其他
费用的核算

借:制造费用   10 000
    贷:累计折旧   10 000

【例 5-29】   假设大发公司当月累计发生的间接生产费用(由 A 产品和 B 产品共同承担)共计 25 000 元,其中,A 产品应承担 60%,其余由 B 产品承担。月末,企业将上述间接生产费用分配转入 A、B 产品的"生产成本"科目。

将间接生产费用分配转入产品的生产成本,制造费用因分配结转而减少,生产成本账户因转入分配的制造费用而增加。故大发公司应编制如下会计分录。

借:生产成本——A 产品   15 000
              ——B 产品   10 000
    贷:制造费用   25 000

【例 5-30】 月末,大发公司完工 A 产品一批,验收入库,该批完工产品生产成本共计 40 000 元。

产品完工入库,一方面表明库存商品增加,另一方面表明车间的在产品因完工而减少。故大发公司编制分录如下。

借:库存商品——A 产品　　　　　　　　　40 000
　贷:生产成本——A 产品　　　　　　　　　　40 000

【例 5-31】 大发公司 2025 年 4 月生产甲、乙两种产品,甲、乙产品明细账无期初余额,有关经济业务如下。

(1) 本月仓库发出下列材料:甲产品耗用材料 100 000 元,乙产品耗用材料 98 000 元,车间一般消耗材料 2 000 元。

(2) 本月分配工资费用 120 000 元,其中,甲产品生产工人工资 62 000 元,乙产品生产工人工资 42 000 元,车间管理人员工资 16 000 元。

(3) 以银行存款购入车间办公用品及劳保用品 2 500 元。

(4) 月末,计提本月生产车间的折旧费 2 500 元。

(5) 月末将发生的制造费用在甲、乙产品之间按生产工时比例进行分配。甲产品生产工时 500 小时,乙产品生产工时 300 小时。

(6) 月末甲产品全部完工,乙产品全部未完工。

要求:编制上述经济业务的会计分录。

(1) 借:生产成本——甲产品　　　　　　　　100 000
　　　　　　　——乙产品　　　　　　　　　 98 000
　　　制造费用　　　　　　　　　　　　　　 2 000
　　贷:原材料　　　　　　　　　　　　　　　　200 000
(2) 借:生产成本——甲产品　　　　　　　　 62 000
　　　　　　　——乙产品　　　　　　　　　 42 000
　　　制造费用　　　　　　　　　　　　　　 16 000
　　贷:应付职工薪酬——工资　　　　　　　　　120 000
(3) 借:制造费用　　　　　　　　　　　　　　 2 500
　　贷:银行存款　　　　　　　　　　　　　　　　2 500
(4) 借:制造费用　　　　　　　　　　　　　　 2 500
　　贷:累计折旧　　　　　　　　　　　　　　　　2 500
(5) 借:生产成本——甲产品　　　 14 375[23 000×500/(500+300)]
　　　　　　　——乙产品　　　　　 8 625[23 000×300/(500+300)]
　　贷:制造费用　　　　　　 23 000(2 000+16 000+2 500+2 500)
(6) 借:库存商品——甲产品　　 176 375(100 000+62 000+14 375)
　　贷:生产成本——甲产品　　　　　　　　　176 375

5.3 即测即评

5.3 计算题

任务四　销售过程业务的核算

企业产品销售过程是产品价值的实现过程,在这一过程中,企业将产成品销售给购买单位同时按照合同规定收取货款,企业的经营资金从成品资金形态转化为货币资金形态,完成了资金的一次循环。

企业在销售产品的过程中,还会发生其他的相关费用,如包装费、销售人员工资、销售税金、销售运杂费、产品广告费、销售机构的办公费等。

一、产品销售业务核算的内容

工业企业产品销售业务核算的主要内容包括:确认产品销售收入的实现、与购货方办理货款结算、计算并结转产品销售成本、支付相关销售费用、计算和缴纳销售税金及附加、确定产品销售损益等。

制造企业销售业务主要包括产品销售、材料销售、包装物出租、对外提供劳务等业务。销售业务分为主营业务和其他业务。主营业务具有经常性、连续性的特点,在企业经营活动中占主导地位,如企业销售商品、自制半成品、代制品、代修品,提供工业性劳务等,均属于主营业务。主营业务形成的收入叫主营业务收入,相应的成本称为主营业务成本。主营业务以外,所占比重较小、不经常发生的经营业务称为其他业务,例如销售材料、出租包装物或商品、提供非工业性劳务等。其他业务形成的收入叫作其他业务收入,相应的成本叫作其他业务成本。

微课:产品
销售业务
的核算

二、账户设置

为了全面、正确地核算销售业务,需要设置主营业务收入、主营业务成本、其他业务收入、其他业务成本、税金及附加、销售费用、应收账款、应收票据、应交税费——应交增值税(销项税额)、合同负债等账户。

1. 主营业务收入账户

主营业务收入账户属于损益类账户,用来核算企业销售商品、提供服务等主营业务所取得的收入。该账户贷方登记已经确认实现的收入,借方登记销货退回或折让以及期末结转本年利润账户的金额,期末结转本年利润账户后,该账户无余额。该账户可按主营业务的种类进行明细核算。

2. 主营业务成本账户

主营业务成本账户属于损益类账户,用来核算企业经营主要业务而发生的实际成本。该账户借方登记本期企业发生的主营业务成本,贷方登记期末结转本年利润账户的本期销售成本和销货退回,期末结转本年利润账户后,该账户无余额。该账户可按主营业务的种类进行明细核算。

3. 其他业务收入账户

其他业务收入账户属于损益类账户,用来核算企业主营业务以外的其他业务取得的收入,如销售材料、出租包装物和商品、出租固定资产、出租无形资产等收入。该账户贷方登记企业本期实现的其他业务收入,借方登记其他业务收入的减少数和期末转入本年利润账户的数额,期末结转后,该账户无余额。该账户可按其他业务的种类设置明细账,进行明细分类核算。

4. 其他业务成本账户

其他业务成本账户属于损益类账户,用来核算除主营业务以外的其他经营活动所发生的支出,包括销售材料的成本、出租包装物的成本或摊销额、出租固定资产的折旧额、出租无形资产的摊销额等。其借方登记企业发生的其他业务的成本;贷方登记转入本年利润账户的金额,期末结转后,该账户无余额。该账户可按照其他业务的种类设置明细账,进行明细分类核算。

5. 税金及附加账户

税金及附加账户属于损益类账户,该账户用来核算企业经营活动过程中发生的税金及附加,包括消费税、城市维护建设税、资源税、教育费附加、房产税、土地使用税、车船税、印花税等相关税费。该账户借方登记企业按规定计算确定的与经营活动相关的税费,贷方登记期末结转入本年利润账户的金额,期末结转后本账户无余额。

6. 销售费用账户

销售费用账户属于损益类账户,该账户用来核算企业在销售商品、提供劳务过程中发生的各种费用,包括运输费、装卸费、保险费、展览费和广告费、商品维修费以及专设销售机构的经费等。该账户借方登记发生的各种销售费用,贷方登记期末转入本年利润账户的金额,结转后期末无余额。该账户可按费用的项目设置明细账户,进行明细分类核算。

7. 应收账款账户

应收账款账户属于资产类账户,该账户用来核算企业因销售商品、提供劳务等经营活动应向购货单位或接受劳务单位收取的款项。该账户借方登记发生的应收款项,贷方登记收回的应收款项和已确认坏账的应收款项,期末余额在借方,表示应收但尚未收回的款项。该账户可按购货单位设置明细账户,进行明细分类核算。

8. 应收票据账户

应收票据账户属于资产类账户,该账户用来核算因销售商品、提供劳务等经营活动而收到的商业汇票,包括商业承兑汇票和银行承兑汇票。该账户借方登记收到的商业汇票的票面金额,贷方登记商业汇票到期收到的票面金额以及转入应收账款的金额或者经背书转让或贴现的票面金额,期末余额在借方,表示企业持有的商业汇票的票面金额。该账户可按开出、承兑商业汇票的单位进行明细核算。

9. 应交税费——应交增值税(销项税额)账户

应交税费——应交增值税(销项税额)账户属于负债类账户,该账户用来核算企业销售货物或提供应税劳务等所产生的增值税销项税额。该账户贷方用蓝字登记企业销售货物或提供应税劳务等应收取的销项税额,以及用红字登记退回的已销售货物等应冲销的销项税额;借方登记转出的应交增值税销项税额。

10. 合同负债账户

合同负债账户属于负债类账户,该账户用来核算企业已收或应收客户对价而应向客户转让商品的义务。该账户贷方登记企业在向客户转让商品之前,已经收到或已经取得无条件收取合同对价权利的金额;借方登记企业向客户转让商品时冲销的金额;期末贷方余额反映企业在向客户转让商品之前,已经收到的合同对价或已经取得的无条件收取合同对价权利的金额。该账户按合同进行明细核算。

三、核算举例

【例5-32】 2025年5月1日,红星公司向大发公司销售A产品200件,单位售价200元,增值税税率13%,增值税税额5 200元,款项已收并存入银行。

该项经济业务的发生使红星公司的银行存款增加了45 200元,产品销售收入增加了40 000元,增值税的销项税额增加了5 200元。红星公司应编制会计分录如下。

借:银行存款   45 200
  贷:主营业务收入——A产品   40 000
    应交税费——应交增值税(销项税额)   5 200

【例5-33】 2025年5月2日,红星公司向大发公司销售A产品200件,单位售价200元;B产品100件,单位售价300元,增值税税率13%,款项尚未收到。

该项经济业务的发生,使红星公司的应收账款增加了79 100元、产品销售收入和增值税销项税额分别增加了70 000元和9 100元。红星公司应编制会计分录如下。

借:应收账款——大发公司   79 100
  贷:主营业务收入——A产品   40 000
            ——B产品   30 000
    应交税费——应交增值税(销项税额)   9 100

◉ 会 计 启 发 故 事

销货带来的烦恼

三个月前,小明开的玩具厂卖出一批货物,价款和税款共计113万元没有收到。要说货卖出去了,作为老板的小明该高兴才对,但小明却高兴不起来。这批货他投进去的成本70万元暂时收不回来,另外还要找13万元去交税,这样83万元的资金就被占用,无法进行下一轮的周转。第一次派人去催账,花了3 000元的差旅费,第二次派人去催账花了5 000元的差旅费,可款还没要回来,而且发现对方日子实在难过,能要回来一半都不错了,想想都让人烦恼,唉!这100万元的收入都不好意思对人说。

这个故事是想说明,赊销带来的收益的质量不高。

【例5-34】 接例5-33,2025年5月10日,红星公司收到大发公司所欠货款79 100元。

该项经济业务的发生,使红星公司的银行存款增加了79 100元、应收账款减少了79 100元。红星公司应编制会计分录如下。

借:银行存款   79 100
  贷:应收账款——大发公司   79 100

【例5-35】 2025年5月12日,红星公司向大发公司销售A产品40件,单位售价200元,价款8 000元,增值税税额1 040元,红星公司收到大发公司开出的期限为3个月的票面金额为9 040元的商业承兑汇票一张。

该项经济业务的发生,使红星公司的应收票据增加了9 040元、产品销售收入和增值税销项税额分别增加了8 000元和1 040元。红星公司应编制会计分录如下。

借:应收票据   9 040

　　贷：主营业务收入——A产品　　　　　　　　　　8 000
　　　　应交税费——应交增值税(销项税额)　　　　1 040

【例5-36】 接例5-35,2025年8月12日,红星公司持有的上述商业承兑汇票到期,收回票面金额9 040元存入银行。

　　此项业务使红星公司的银行存款增加9 040元、应收票据减少9 040元。红星公司应编制会计分录如下。

　　借：银行存款　　　　　　　　　　　　　　　　9 040
　　　贷：应收票据　　　　　　　　　　　　　　　　9 040

【例5-37】 2025年5月20日,红星公司以银行存款支付产品广告费4 000元。

　　该业务的发生使红星公司的销售费用增加了4 000元,银行存款减少了4 000元。红星公司应编制会计分录如下。

　　借：销售费用　　　　　　　　　　　　　　　　4 000
　　　贷：银行存款　　　　　　　　　　　　　　　　4 000

【例5-38】 2025年5月31日,红星公司结转已售产品的实际生产成本64 000元。其中：A产品440件,每件成本100元,B产品100件,每件成本200元。

　　该项经济业务的发生,使红星公司的库存产成品减少了110 000元、产品销售成本增加了110 000元。红星公司应编制会计分录如下。

　　借：主营业务成本——A产品　　　　　　　　　44 000
　　　　　　　　　　——B产品　　　　　　　　　20 000
　　　贷：库存商品——A产品　　　　　　　　　　44 000
　　　　　　　　　——B产品　　　　　　　　　　20 000

【例5-39】 2025年5月31日,红星公司按税法规定计算出应缴纳的城市维护建设税700元、应缴纳的教育费附加300元。

　　该项经济业务的发生,使红星公司的税金及附加增加了1 000元、应交税费增加了1 000元。红星公司应编制会计分录如下。

　　借：税金及附加　　　　　　　　　　　　　　　1 000
　　　贷：应交税费——应交城市维护建设　　　　　　700
　　　　　　　　　——应交教育费附加　　　　　　　300

【例5-40】 2025年5月31日,红星公司对外出售不需用的丙材料500千克,单价100元,增值税发票上注明的价款50 000元,增值税6 500元,共计56 500元。款项已收存银行。

　　这笔经济业务的发生,使红星公司实现材料的销售收入50 000元、增值税销项税额增加6 500元、银行存款增加56 500元。红星公司应编制会计分录如下。

　　借：银行存款　　　　　　　　　　　　　　　　56 500
　　　贷：其他业务收入——材料销售　　　　　　　50 000
　　　　　应交税费——应交增值税(销项税额)　　　6 500

【例5-41】 假设例5-40中所销售的材料的实际成本为35 000元,并以现金支付销售运费300元,假设不考虑增值税。

　　这笔经济业务的发生,使甲公司库存材料减少35 000元、其他业务成本增加35 000元;另外,红星公司销售费用增加300元,库存现金减少300元。红星公司应编制如下两笔会计分录。

    借:其他业务成本——材料销售   35 000
        贷:原材料   35 000
    借:销售费用   300
        贷:库存现金   300

【例 5-42】 红星公司按合同规定预收大华公司购买 A 产品的货款 11 300 元存入银行。

这笔经济业务的发生,使红星公司银行存款增加 11 300 元,合同负债增加 11 300 元。红星公司应编制会计分录如下。

    借:银行存款   11 300
        贷:合同负债   11 300

【例 5-43】 接例 5-42,红星公司向大发公司发出 A 产品,该批产品售价 10 000 元,生产成本 7 000 元。

这笔经济业务的发生,使红星公司主营业务收入增加了 10 000 元、增值税销项税额增加了 1 300 元,合同负债减少了 11 300 元;同时红星公司的库存商品减少了 7 000 元,主营业务成本增加了 7 000 元。红星公司应编制如下两笔会计分录。

    借:合同负债   11 300
        贷:主营业务收入——A 产品   10 000

5.4 即测即评

            应交税费——应交增值税(销项税额) 1 300
    借:主营业成本   7 000
        贷:库存商品   7 000

5.4 业务题

任务五　财务成果业务的核算

财务成果主要是指企业在一定时期内通过从事生产经营活动而在财务上所取得的成果,就是通常所说的企业的利润或亏损,统称为"盈亏"。财务成果核算的一个重要任务,就是正确计算企业在一定会计期间的盈亏,而正确计算盈亏的关键在于,计算出一个会计期间内的收入和费用,然后通过收入与费用的配比,算出会计期间的盈亏。

利润是指企业一定会计期间的经营成果,企业全部收入减去费用后的结果就是利润(如果是负数,就是亏损)。对利润的核算,可以及时反映企业的投入产出效果和经济效益,有助于企业投资者和债权人据此进行盈利预测,为经济决策提供重要依据。

本任务将主要介绍期间费用、营业外收支、所得税费用、净利润形成与分配的核算原理。对于影响利润的投资收益和其他业务收支的核算原理,将在以后的学习中进行讲述。

一、期间费用的核算

(一)期间费用的相关概念

期间费用是指不能归属于某个特定的产品成本,而应直接计入当期损益的各种费用,包括销售费用、管理费用、财务费用。

1. 销售费用

销售费用是指企业销售商品、材料以及提供服务的过程中发生的各种费用,包括保险费、包装费、展览费和广告费、商品维修费、预计产品质量保证损失、运输费、装卸费等以及为销售本企业商品而专设的销售机构(含销售网点、售后服务网点等)的职工薪酬、业务费、折旧费等经营费用。

2. 管理费用

管理费用是指企业为组织和管理生产经营所发生的各种费用,包括企业在筹建期间内发生的开办费、董事会和行政管理部门在企业的经营管理中发生的或者应由企业统一负担的公司经费(包括行政管理部门职工薪酬、物料消耗、低值易耗品摊销、办公费和差旅费等)、行政管理部门负担的工会经费、董事会费(包括董事会成员津贴、会议费和差旅费等)、聘请中介机构费、咨询费(含顾问费)、诉讼费、业务招待费、技术转让费、研究费用等。

3. 财务费用

财务费用是指企业为筹集生产经营所需资金等而发生的筹资费用,包括利息支出(减利息收入)、汇兑差额以及相关的手续费等。

(二) 账户设置

为了核算期间费用,需设置销售费用、管理费用、财务费用等账户。

1. 销售费用账户

销售费用账户属于损益类账户,用以核算销售费用的发生和结转情况。该账户借方登记发生的各项销售费用,贷方登记期末转入本年利润科目的销售费用,期末结转后该账户无余额。该账户可按销售费用的项目类别进行明细核算。

2. 管理费用账户

管理费用账户属于损益类账户,用以核算管理费用的发生和结转情况。该账户借方登记本期实际发生的管理费用,贷方登记期末转入本年利润科目的管理费用,期末结转后该账户无余额。该科目可按费用项目开设明细账进行明细分类核算。

3. 财务费用账户

财务费用账户属于损益类账户,用以核算财务费用的发生和结转情况。该账户借方登记本期实际发生的财务费用,贷方登记期末转入本年利润科目的财务费用,期末结转后该账户无余额。该账户可按费用项目设置明细账,进行明细分类核算。

(三) 核算举例

假定红星公司 2025 年 5 月发生如下期间费用。

【例 5-44】　本月发生产品广告费 3 500 元,以银行存款支付。

红星公司发生的产品宣传广告费 3 500 元属于期间费用,应作为产品销售费用,记入销售费用账户的借方;同时,企业的银行存款账户也相应减少了 3 500 元,记入银行存款账户的贷方。

红星公司编制会计分录如下。

借:销售费用　　　　　　　　　　　　　　　　　3 500
　　贷:银行存款　　　　　　　　　　　　　　　　3 500

【例 5-45】　计提本月应付企业行政管理部门人员的工资 40 000 元。

本月应付企业行政管理部门人员的工资 40 000 元属于期间费用,应作为管理费用记入管理费用账户的借方;同时企业的负债类账户也相应增加 40 000 元,记入应付职工薪酬——工资的贷方。

红星公司编制会计分录如下。

借:管理费用   40 000
  贷:应付职工薪酬——工资   40 000

【例 5-46】　计提本月企业行政管理部门固定资产的折旧费 1 200 元。

管理部门固定资产的折旧费,属于企业的期间费用。计提的折旧费 1 200 元增加了企业的管理费用,记入管理费用账户的借方;同时使企业的累计折旧账户也相应增加了 1 200 元,记入累计折旧账户的贷方。

红星公司编制会计分录如下。

借:管理费用   1 200
  贷:累计折旧   1 200

【例 5-47】　用现金支付企业行政部门购买办公用品费 180 元。

企业行政管理部门发生的办公费,属于期间费用,该业务的发生使企业的管理费用增加 180 元,记入管理费用账户借方;同时库存现金减少 180 元,记入库存现金账户贷方。

红星公司编制会计分录如下。

借:管理费用   180
  贷:库存现金   180

【例 5-48】　企业计提本月短期借款利息 1 000 元。

计提的短期借款利息,属于期间费用,该业务的发生使企业的财务费用增加 1 000 元,记入财务费用账户的借方,同时应付利息也相应增加 1 000 元,记入应付利息账户的贷方。

红星公司编制会计分录如下。

借:财务费用   1 000
  贷:应付利息   1 000

二、营业外收支的核算

(一)相关概念解释

营业外收支是指与企业日常经营活动没有直接关系的各项利得和损失,包括营业外收入和营业外支出两个要素。

1. 营业外收入

营业外收入是指与企业日常经营活动没有直接关系的各项利得。营业外收入并不是企业经营资金耗费所产生的,不需要企业付出代价,实际上是企业经济利益的净流入,不需要与有关的费用进行配比。营业外收入主要包括非流动资产毁损报废收益、与企业日常活动无关的政府补助、盘盈利得、罚没利得、接受捐赠利得等。

2. 营业外支出

营业外支出账户是指企业发生的与其日常经营活动无直接关系的各项损失,主要包括非流动资产毁损报废损失、捐赠支出、盘亏损失、非常损失、罚款支出等。

(二)账户设置

为了核算营业外收入和支出,应设置营业外收入和营业外支出账户。

1. 营业外收入账户

营业外收入账户为损益类账户,是用以核算营业外收入的取得及结转情况的账户。该账户贷方登记确认的营业外收入,借方登记期末转入本年利润账户的金额,期末结转后该账户无余额。该账户可按营业外收入项目进行明细分类核算。

2. 营业外支出账户

营业外支出账户为损益类账户，是用以核算营业外支出的发生及结转情况的账户。该账户借方登记发生的营业外支出，贷方登记期末转入本年利润账户的金额，期末结转后无余额。该账户可按营业外支出项目进行明细分类核算。

（三）核算举例

【例 5-49】 红星公司收到红十字会捐赠的资金 30 000 元存入银行。

该项经济业务使红星公司银行存款增加 30 000 元，记入银行存款账户的借方，同时营业外收入增加了 3 000 元，记入营业外收入账户的贷方。红星公司应编制会计分录如下。

借：银行存款　　　　　　　　　　　　　　30 000
　贷：营业外收入　　　　　　　　　　　　　　　30 000

【例 5-50】 红星公司通过公益性机构向灾区捐款 20 000 元，以银行存款支付。

该项经济业务使红星公司的银行存款减少了 20 000 元，应记入银行存款账户的贷方，同时营业外支出增加了 20 000 元，记入营业外支出账户的借方。甲企业应编制会计分录如下。

借：营业外支出　　　　　　　　　　　　　20 000
　贷：银行存款　　　　　　　　　　　　　　　20 000

会计启发故事

会计小红去相亲

会计小红去相亲，约定在相亲对象家里见面。媒人指着远处一栋气派小楼对小红说：相亲对象叫小明，这就是他们家。小红和媒人刚被热情地迎进院子里，眼尖的小红就看到院墙边停了一辆豪车，小红心想：这都是固定资产，也许是他爹妈的，靠爹妈可不好，靠自己才是真本事。正暗自寻思呢，小明还真是个实诚的小伙子，他主动开口道：自己开的玩具加工厂这个月的销售额是 70 多万元，小红心想：这是主营业务收入，如果毛利率是 30% 的话，毛利超过 21 万元。刚想到这里，又听小明说：最近他去给人家做技术指导，人家付了他 2 万元的辛苦费。小红心想：这是其他业务收入。小明的妈妈在一旁满脸堆笑说：小明结婚时，我和他爸爸准备把这栋小楼送给他当婚房。小红心想：这是营业外收入，营业外收入是天上掉馅饼，好事不会天天有，靠不住。如果他的销货款不能及时收回、没有现金流的日子也不好过呢！谁知小明好像猜到了她的心思，他爽朗地说：自己的产品很畅销，对方给的都是现款！

小红的相亲像不像在考察一只股票，从而决定要不要投资？

三、所得税费用的核算

所得税是根据企业一定期间的应税利润和所得税税率计算确定的。这里所说的应税利润是根据税法规定确认的收入与费用配比计算的利润数，与税前会计利润可能不同。因为会计利润是根据会计准则的规定计算出来的，而应税利润是根据税法的规定计算出来的。应税利润是对税前会计利润按照税法规定加以纳税调增或调减后得出的。

（一）核算所得税费用的相关公式

核算所得税费用的相关公式如下。

$$应税利润＝税前会计利润＋纳税调整增加额－纳税调整减少额$$
$$当期应交所得税＝应税利润×所得税税率$$
$$所得税费用＝当期所得税＋递延所得税$$

其中,当期所得税是指当期发生的交易或事项按照适用的税法规定计算确定的当期应交所得税,即当期所得税＝当期应交所得税;递延所得税是当期确认的递延所得税资产和递延所得税负债金额或予以转销的金额的综合结果。

(二)账户设置

为了核算企业的所得税费用,需设置所得税费用账户和应交税费——应交所得税账户。

1. 所得税费用账户

所得税费用账户为损益类账户,该账户用以核算企业所得税费用的确认及其结转情况。其借方登记企业计入本期损益的所得税费用,贷方登记期末转入本年利润账户的金额,期末结转后无余额。该账户可按当期所得税费用、递延所得税费用进行明细分类核算。

2. 应交税费——应交所得税账户

所得税费用账户为负债类账户,该账户用以核算企业在一定期间内应向国家缴纳的所得税。其贷方登记企业计算的应交所得税,借方登记转出的上交的所得税额。

(三)核算举例

【例 5-51】　红星公司 2025 年实现的会计利润总额为 2 000 000 元。假定税前会计利润与应税利润一致,无调整项目,按 25％的所得税税率计算当期应缴纳的所得税额为 500 000 元。(假设不考虑递延所得税)

该项经济业务的发生,使甲企业的所得税费用增加了 500 000 元,应记入所得税费用账户的借方,应交税费增加了 500 000 元,应记入应交税费——应交所得税账户的贷方。甲企业编制会计分录如下。

```
借:所得税费用                          500 000
   贷:应交税费——应交所得税              500 000
```

四、财务成果的形成

(一)利润的形成

财务经营成果是指企业在一定会计期间内全部经营收入减去经营费用的结果。收支相减后若为正数,表示盈利;若为负数,表示亏损。企业的利润包括营业利润、利润总额和净利润三个层次,既有通过生产经营活动而获得的,也有通过投资活动而获得的,还包括与生产经营活动无直接关系的事项所形成的。

微课:利润
的形成

企业的财务经营成果的构成,可以用下列计算利润的公式表示。

$$营业利润＝营业收入－营业成本－税金及附加－销售费用－管理费用－研发费用－$$
$$财务费用－资产减值损失＋公允价值变动收益(－公允价值变动损失)＋$$
$$投资收益(－投资损失)＋资产处置收益＋其他收益$$
$$利润总额＝营业利润＋营业外收入－营业外支出$$
$$净利润＝利润总额－所得税费用$$

（二）利润形成的核算

企业应设置本年利润账户,用以核算企业本期实现的净利润(或发生的净亏损)。该账户为所有者权益类账户,其贷方登记期末转入的各项收入,借方登记期末转入的各项费用与支出;平常月份结转后,贷方余额即为本期净利润,如为借方余额则为本期亏损。年度终了,企业应将本年收入和支出相抵后结出的本年实现的利润总额或亏损总额,全部转入"利润分配"账户,结转后该账户应无余额。

企业的利润总额扣除所得税费用后,即为企业的净利润。在会计核算上,只需在期末将各损益类账户的本期发生额转入"本年利润"账户,即可求出净利润。

（三）核算举例

【例 5-52】 红星公司的损益收入类账户与损益支出类账户的本期发生额如表 5-1 所示。

表 5-1　红星公司的损益类账户的本期发生额　　　　　　　　单位:元

科目名称	借方发生额	贷方发生额
主营业务收入		280 000
主营业务成本	100 000	
销售费用	15 000	
税金及附加	2 000	
管理费用	6 500	
财务费用	200	
营业外收入		10 000
营业外支出	5 000	
所得税费用	325	

要求:① 编制结转损益类账户的会计分录;

② 计算本期净利润。

(1) 该企业编制会计分录如下。

将各项收入类账户转入本年利润账户。期末结转各收入类账户时,各收入类账户相应减少,记入收入类账户的借方,同时本年利润账户增加,记入本年利润账户的贷方。红星公司编制会计分录如下。

借:主营业务收入　　　　　　　　　　　　　　280 000

　营业外收入　　　　　　　　　　　　　　　　10 000

　贷:本年利润　　　　　　　　　　　　　　　290 000

将各项费用支出类账户转入本年利润账户。期末结转各费用支出类账户时,各费用支出类账户相应减少,记入费用支出类账户的贷方,同时本年利润账户减少,记入本年利润账户的借方。红星公司编制会计分录如下。

借:本年利润　　　　　　　　　　　　　　　　129 025

　贷:主营业务成本　　　　　　　　　　　　　100 000

　　销售费用　　　　　　　　　　　　　　　15 000

　　税金及附加　　　　　　　　　　　　　　2 000

　　管理费用　　　　　　　　　　　　　　　6 500

财务费用	200
营业外支出	5 000
所得税费用	325

（2）通过结转，即可确定本期实现的净利润为 160 975（290 000－129 025）元。

（四）利润分配的核算

1. 利润分配概述

企业取得净利润后，应根据国家有关规定和投资者的决议进行利润分配，主要按以下顺序进行分配。

（1）提取法定盈余公积。按年末净利润的 10% 比例提取，法定盈余公积累计额已达注册资本的 50% 时可以不再提取。

微课：利润
的分配

（2）提取任意盈余公积。提取法定盈余公积金后，公司制企业可根据股东会或股东大会的决议提取任意盈余公积；非公司制企业经类似权力机构批准，也可以提取任意盈余公积。

（3）向投资者分配利润，包括现金股利和股票股利。公司制企业的盈余公积包括法定盈余公积和任意盈余公积，企业提取的盈余公积经批准可用于弥补亏损、转增资本、发放现金股利或利润等。

会 计 启 发 故 事

藏起来的点心

小花的爸爸从天津出差回来捎回家几盒点心，这下可把小花姐弟俩高兴坏了，两个小家伙盯着桌子上香喷喷的点心直流口水。妈妈怕他俩光吃点心不吃饭影响健康，便说：我先收起来一盒，咱们慢慢吃，别一下子都吃完。于是藏起来一盒。

留下的点心很快吃完了，小花和弟弟天天惦记着那盒藏起来的点心。妈妈藏得再严实也难不倒他们，很快他们便找到了那盒藏起来的点心，时不时去偷吃一些。直到有一天，他俩抱着盒子摇一摇，发现只有一个点心咕噜咕噜地在盒子里直响才罢休。

又过些时日，妈妈忽然想起了这盒点心，她高兴地对姐弟俩说：这一段时间你们表现都很好，现在奖励你们吃点心。当她打开点心盒子一看，哈哈！只有一个圆圆的点心端端正正躺在纸盒里！

请问小花家的点心会因为妈妈藏起来的一盒就少了一盒吗？妈妈藏起来一盒的目的是什么？这像不像会计里计提盈余公积？企业计提盈余公积并不会使企业所有者权益减少，计提盈余公积是为了限制分红、为企业发展留有后劲儿，计提的盈余公积可以转增资本、弥补亏损、扩大生产经营、发放股利等，就像是点心最终还是被吃掉了一样。

2. 账户设置

核算利润分配时，需要设置以下账户。

（1）利润分配账户。该账户属于所有者权益类账户，用以核算企业利润的分配（或亏损的弥补）和历年分配（或弥补）后的余额。该账户借方登记企业提取盈余公积金、应付给投资者的利润等利润分配的数额，或年终时从本年利润账户转入的全年净亏损，贷方登记企业用盈余公积金弥补的亏损数额以及年终时从本年利润账户转入的全年净利润等。年度终了，企业将全年实现的利润总额自本年利润账户的借方转入本账户的贷方,如为亏损,则做相反的会计分录。结转后,若为期末借方余额,表示历年未弥补的亏损;若为期末贷方余额,表示历年积累的未分配利润。该账户应当按照提取法定盈余公积、提取任意盈余公积、应付现金股利或利润、盈余公积补亏、未分配利润等明细账户进行核算。

(2)盈余公积账户。该账户属于所有者权益类账户,用以核算企业从净利润中提取的盈余公积金及其使用情况和结果。该账户贷方登记企业提取的盈余公积金的数额,借方登记企业用盈余公积金弥补亏损或转增资本等的数额。本账户的期末贷方余额为提取的盈余公积金余额。盈余公积账户应按照项目设置明细账,进行明细分类核算。

(3)应付股利账户。该账户属于负债类账户,用以核算企业确定或宣告发放但尚未实际支付的现金股利或利润。该账户贷方登记企业应支付的现金股利或利润,借方登记实际支付的现金股利或利润。本账户的期末贷方余额反映企业应付未付的现金股利或利润。该账户应按投资者设置明细账户,进行明细核算。

3. 核算举例

【例5-53】 红星公司结转2025年实现的净利润100 000元。

该项经济业务的发生使红星公司利润分配的数额增加了100 000元,应记入利润分配——未分配利润账户的贷方,本年净利润由于转入利润分配账户而减少了100 000元。红星公司应编制会计分录如下。

借:本年利润　　　　　　　　　　　　　　100 000
　　贷:利润分配——未分配利润　　　　　　　　100 000

【例5-54】 红星公司本期实现净利润100 000元,按10%和5%分别提取法定盈余公积和任意盈余公积。

这项经济业务的发生使红星公司法定盈余公积金增加了10 000元,记入盈余公积——法定盈余公积账户的贷方,任意盈余公积金增加了5 000元,记入盈余公积——任意盈余公积账户的贷方,利润分配账户减少了15 000元,记入利润分配账户的借方。红星公司应编制会计分录如下。

借:利润分配——提取法定盈余公积　　　　10 000
　　　　　——提取任意盈余公积　　　　　5 000
　　贷:盈余公积——法定盈余公积　　　　　　10 000
　　　　　——任意盈余公积　　　　　　　　5 000

【例5-55】 红星公司经股东会决议按出资比例向投资者分配利润15 000元。

这项经济业务的发生使红星公司利润分配账户减少15 000元,记入利润分配——应付股利账户的借方,同时使甲公司的应付股利增加了15 000元,记入应付股利账户的贷方。红星公司应编制会计分录如下。

借:利润分配——应付股利　　　　　　　　15 000
　　贷:应付股利　　　　　　　　　　　　　　15 000

【例5-56】 红星公司以存款向投资者支付股利15 000元。

该项经济业务的发生使红星公司银行存款减少了15 000元,应记入银行存款账户的贷方,应付股利减少了15 000元,应记入应付股利账户的借方。红星公司应编制会计分录如下。

借:应付股利　　　　　　　　　　　　　　15 000
　　贷:银行存款　　　　　　　　　　　　　　15 000

【例5-57】　年终结转利润分配明细科目。

该项经济业务的发生使红星公司利润分配——未分配利润账户减少了30 000元,应记入利润分配——未分配利润账户的借方,利润分配账户的三个明细账户提取的法定盈余公积、提取任意盈余公积、应付股利从贷方转出,应记入三个明细账户的贷方。红星公司应编制会计分录如下。

借:利润分配——未分配利润　　　　　　　　　　30 000
　贷:利润分配——提取法定盈余公积　　　　　　　10 000
　　　　　　　——提取任意盈余公积　　　　　　　 5 000
　　　　　　　——应付股利　　　　　　　　　　　15 000

当利润分配的明细科目结转到利润分配——未分配利润后,只有未分配利润这个明细科目有余额,利润分配的其他明细科目都没有余额。利润分配之所以这样设置明细科目,就是为了清楚地反映利润分配的来龙去脉。

5.5 即测即评

5.5 业务题

项目五即测即评

项目五业务题

会 计 凭 证

会计凭证是会计信息资料产生的源头,填制和审核会计凭证是会计核算工作的起点,所有的会计业务都要首先通过填制会计凭证来记录、表达。填制和审核会计凭证是会计核算的基本方法之一。本项目阐述会计凭证的概念与作用、种类与内容、填制与审核、传递与保管等内容。

知识目标

- 了解会计凭证的概念和类别。
- 掌握原始凭证的基本内容及填制与审核方法。
- 掌握记账凭证的基本内容及填制与审核方法。
- 了解会计凭证的传递与保管。

能力目标

- 能够熟悉记账凭证的相关处理流程。
- 能够熟练填制记账凭证。
- 能够制定会计凭证的传递和保管流程。

素养目标

- 培养诚实守信的品质,树立良好的职业操守。
- 培养认真、严谨的态度,细致、专注的工作作风。

任务一 会计凭证概述

一、会计凭证的概念和作用

会计凭证,简称凭证,是指记录经济业务、明确经济责任的书面证明,也是登记账簿的依据,是会计核算的重要资料。

不同的会计主体发生的经济业务各不相同,为了区别不同的经济业务,明确经办人员的经济责任,任何一项经济业务,均应由执行或完成该项经济业务的相关部门或人员填制或取得会计凭证。所有的会计凭证都要由会计部门审核无误后,才能作为经济业务的证明和记账依据。

微课:认识原始凭证

填制和审核会计凭证作为会计核算的基础工作,其在经济管理中的作用,主要体现在以下几个方面。

1. 记录经济业务,提供记账依据

通过会计凭证的填制和审核,可以如实反映各项经济业务的具体情况。但是,会计凭证只是对经济业务所做出的初步归类记录,要全面反映经济活动情况,还必须对经济业务在账户中作出进一步归类和系统化的记录。任何单位都不能凭空记账,登记账簿必须以审核无误的会计凭证为依据。

2. 明确经济责任,强化内部控制

由于每一项经济业务都要填制或取得会计凭证,并由有关部门和人员签章,从而明确了有关部门和人员的责任,这必然增强经办人员以及其他有关人员的责任感,同时也有利于之后发现问题时查明责任归属。

3. 监督经济活动,控制经济运行

通过会计凭证的审核,可以检查企业的每一项经济业务是否符合国家有关政策、法律法规和制度等规定,是否符合企业计划和预算进度,是否有违法乱纪、铺张浪费等行为,监督经济活动的真实性、合法性、合理性,从而严肃财经纪律,有效地发挥会计的监督作用。

二、会计凭证的种类

会计凭证在实际生活中多种多样,不同用途、不同行业、不同要求都导致会计凭证的面貌各异,分类标准也多种多样。会计学上主要是按会计凭证的填制程序和用途将会计凭证分为两类:一类是原始凭证;另一类则是记账凭证。两类凭证下面又可以继续分成不同的小类,具体分类如图 6-1 所示。

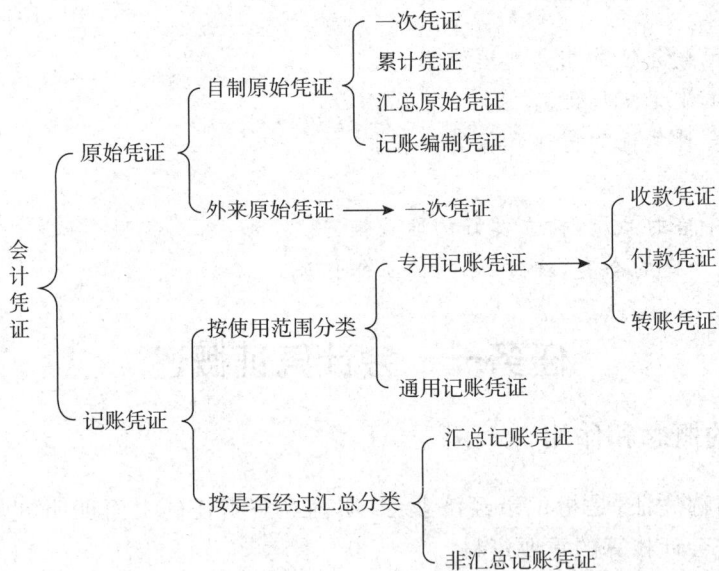

图 6-1　会计凭证分类

▶想一想

原始凭证与记账凭证的区别是什么?

答案解析　6.1 即测即评

任务二 原始凭证的填制和审核

一、原始凭证的种类

（一）原始凭证的概念

原始凭证又称原始单据，是在经济业务发生或完成时取得或填制的，用以记录或证明经济业务的发生或完成情况的原始凭据。原始凭证记载着大量的信息，也是证明经济业务发生的初始文件，具有很强的法律效力。常见的原始凭证有发票、收据、银行结算凭证、收料单、领料单、产品出库单、销售成本计算表、工资表等。不能证明某类经济业务的发生或完成情况的书面文件不能作为原始凭证，如供销合同、生成计划、银行对账单、材料请购单、生产通知单等。

微课：原始
凭证的种类

（二）原始凭证的分类

1. 按来源不同分类

原始凭证按其来源不同，可以分为外来原始凭证和自制原始凭证。

（1）外来原始凭证是在经济业务发生或完成时，从其他单位或个人取得的原始凭证。如购货时取得的购货发票、银行进账单、对外支付款项时取得的收据、缴纳税款时取得的完税凭证等，是经济业务发生时从外部单位如银行、税务部门，以及其他单位得到的，称这类原始凭证为外来原始凭证。图6-2～图6-4为外来原始凭证。

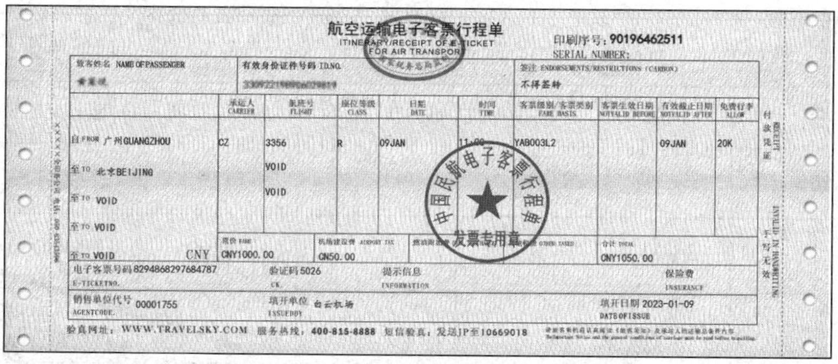

图 6-2　航空电子客票行程单

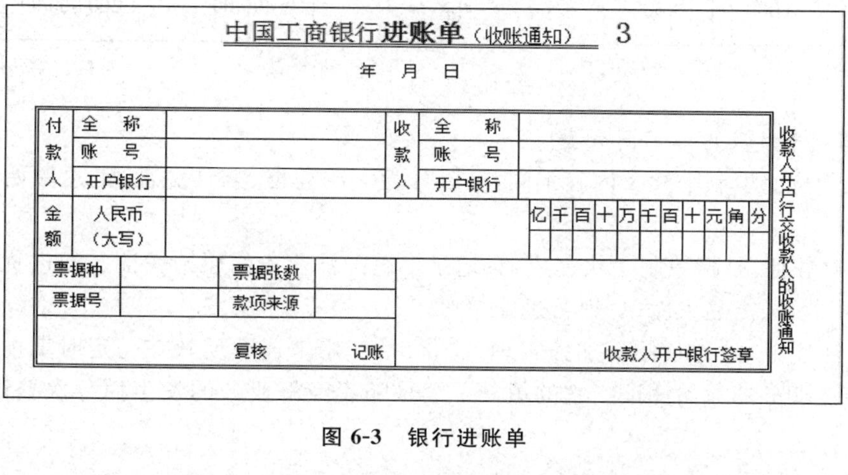

图 6-3　银行进账单

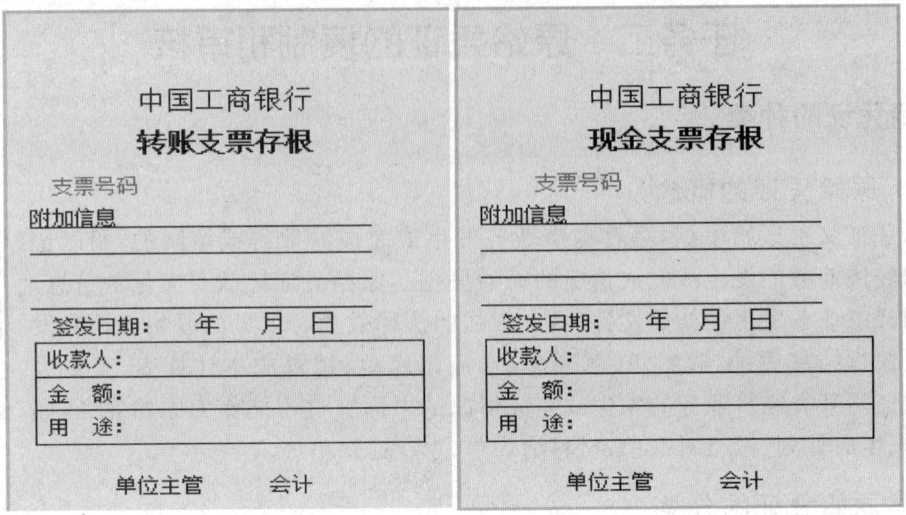
中国工商银行
转账支票存根
支票号码
附加信息
签发日期： 年 月 日
收款人：
金 额：
用 途：
单位主管 会计

中国工商银行
现金支票存根
支票号码
附加信息
签发日期： 年 月 日
收款人：
金 额：
用 途：
单位主管 会计

图 6-4 银行支票存根

（2）相对应地，自制原始凭证是指在经济业务发生或完成时，由本单位内部办理业务的部门和人员自行填制的原始凭证。例如，收料单、领料单、工资表、差旅费报销单等都是自制原始凭证。表 6-1～表 6-3 为自制原始凭证。

表 6-1 领料单

领用单位：原料车间　　　　2025年4月5日　　　　编号：26

项目	材料名称：石灰石		规格型号：			计量单位：千克	
用途	数 量（千克）		计 划 成 本		实 际 成 本		备 注
	请 领	实 领	单位成本	总成本	单位成本	总成本	
生产水泥	3 000	3 000			400.00	1 200 000.00	
合 计	3 000	3 000			400.00	1 200 000.00	

永固水泥股份有限公司 仓库专用章

②此联交财务成本核算

主管：赵晓红　　审核：王力　　领料：张梓萱　　发料：李亦诚

2. 按填制手续及内容不同分类

原始凭证按照填制手续及内容不同，可以分为一次凭证、累计凭证、汇总原始凭证和记账编制凭证。

（1）一次凭证，是指填制一次完成，只记录一笔经济业务的原始凭证。如进货的增值税发票、银行结算凭证、产品入库单、银行进账单等。

（2）累计凭证，是为了便于加强管理、简化手续，用来连续反映在一定时期内多次记录发生的同类经济业务的原始凭证。它的填制手续是随着经济业务的发生而分次登记的，特点是在一张凭证内可以连续记录相同性质的经济业务。如制造企业使用的限额领料单（表 6-4）就是一种累计凭证。

共 <u>1</u> 页
第 <u>1</u> 页

表 6-2 永固水泥股份有限公司差旅费报销单

部门：技术科 　　　　　　　　　　2025年3月18日

姓　名	张运山	出　差事　由	培训学习	出　差时间	自2025年3月3日 至2025年3月17日	共15天

起止时间及地点						车 船 费		住 宿 费		补　　助			其　　他	
月	日	起	月	日	至	类	金额	标准	金额	时间	标准	金额	摘要	金额
3	3	郑州	3	3	上海	火车	237	100	1 500	15天	50	750	培训	2 126
3	1	北京	3	17	郑州	火车	237							
小　　　计							474		1 500			750		2 126.00
总计金额（大写）		零万肆仟捌佰伍拾零元零角零分				预支 ＿＿＿＿＿ 元　　实报 4 850.00 元 退款 ＿＿＿＿＿ 元　或　补付 4 850.00 元								

财务主管：高松峰 　　　部门负责人：马黎明 　　　审核：王丽梅 　　　填报人：张阳

表 6-3 产品入库单

仓库：3号库 　　　　　　　2025 年 5 月 31 日 　　　　　　　单位：元

品名	单位	单价	数量	金额	检验结果	
					合格	不合格
搅拌机	台	10 260.00	20	205 200.00	√	
烘干机	台	4 300.00	40	172 000.00	√	
合计				377 200.00		

负责人：刘豪佳 　　　　　　　　　　　　　　　　经手人：李默然

表 6-4 ××工厂限额领料单

20××年×月×日 　　　　　　　　编号：

领料部门： 　　　　　　　　发料仓库：
产品名称： 　　　　　　　　计划产量：
材料编号： 　　　　　　　　名称规格：
计量单位： 　　　　　　　　领用限额：

日期	请领数量	实发数量	累计实发数量	限额结余	领料人签章

累计实发金额

供应部门负责人： 　　　　　生产部门负责人： 　　　　　仓库管理员：

（3）汇总原始凭证,指对一定时期内反映经济内容相同的若干张原始凭证按照一定标准综合填制的原始凭证。它可以提供经营管理上所需的总量指标,又可以大大简化核算手续。如发出材料汇总表(表6-5)、工资结算汇总表(表6-6)、差旅费报销单等。

表6-5　发出材料汇总表

永固水泥股份有限公司　　　　　　　　　　2025年5月　　　　　　　　　　单位:元

领料部门和用途		原料及主要材料	辅助材料	合计
基本生产车间	32.5#	4 112 000		4 112 000
	42.5#	1 460 800		1 460 800
	52.5#	28 500		28 500
	三种产品共同耗用	485 329.2	498 000	983 329.2
	小计	6 086 629.2	498 000	6 584 629.2
基本生产车间一般耗用			5 000	5 000
辅助生产车间	机修车间		3 000	3 000
	质检车间		5 000	5 000
合　　计		6 086 629.2	511 000	6 597 629.2

表6-6　工资结算汇总表

2025年5月31日　　　　　　　　　　单位:元

科室		人数	应发工资			缺勤扣款	应发合计	代扣项目						实发工资
			基本工资	岗位奖金	补贴津贴			养老	失业	医保	住房	所得税	合计	
车间	工人	190	57 000	33 158	1 900		92 058	4 560	570	1 140	2 850	5.8	9 125.8	82 932.2
	管理	10	8 000	6 100	1 400	20	15 480	640	80	160	400	7.6	1 287.6	14 192.4
办公室		3	2 440	500	360		3 300	195.2	24.4	48.8	122	3.1	393.5	2 906.5
财务科		7	5 860	800	840	50	7 450	468.8	58.6	117.2	293	6.3	943.9	6 506.1
人事科		2	1 860	500	240		2 600	148.8	18.6	37.2	93	3.3	300.9	2 299.1
营销中心		5	3 900	500	600	20	4 980	312	39	78	195	2.4	626.4	4 353.6
合计		217	79 060	41 558	5 340	90	125 868	6 324.8	790.6	1 581.2	3 953	28.5	12 678.1	113 189.9

财务主管:张明　　　　　　　　复核:陈一枚　　　　　　　　制表:何洋洋

（4）记账编制凭证,是指会计人员根据账簿记录加以整理后重新编制的原始凭证。记账编制凭证属于自制原始凭证,如固定资产折旧计算表、制造费用分配表等。记账编制凭证与上述其他原始凭证的主要不同点在于,其他原始凭证一般是依据实际发生的经济业务编制的。而记账编制原始凭证是根据账簿记录进行归类、整理而编制的原始凭证。固定资产折旧计算表和制造费用分配表的格式如表6-7和表6-8所示。

表 6-7 固定资产折旧计算表

单位：甲车间 　2025 年 5 月　 金额单位：元

固定资产类别	月折旧率	上月计提		上月增加		上月减少		本月应提	
		原价	折旧额	原价	折旧额	原价	折旧额	原价	折旧额
房屋	2.5‰	250 000	625	54 000	135	—	—	304 000	760
机器设备	5‰	370 000	1 850	80 000	400	24 000	120	426 000	2 130
合计		620 000	2 475	134 000	535	24 000	120	730 000	2 890

表 6-8 制造费用分配表

年　月

成本计算对象	分配标准	分配率	分配金额
合计			

会计主管（签章）：　　　　　　　复核（签章）：　　　　　　　制表（签章）：

二、原始凭证的基本内容

原始凭证是会计核算的起点和基础，是记账的原始依据。任何一张原始凭证都必须同时具备一些相同的内容，这些内容被称为原始凭证的基本内容或基本要素。由于各种经济业务的内容和经营管理的要求不同，原始凭证的名称、格式和内容是多种多样的。原始凭证填制的依据和填制的人员有三种：以实际发生或完成的经济业务为依据，由经办业务人员直接填制，如"入库单""出库单"等；以账簿记录为依据、由会计人员加工整理计算填制，如各种记账编制凭证；以若干张反映同类经济业务的原始凭证为依据，定期汇总填制汇总原始凭证，填制人员可能是业务经办人，也可能是会计人员。但无论哪种原始凭证，作为记录和证明经济业务的发生或完成情况、明确经办单位和人员的经济责任的原始证据，应具备以下基本内容。

（1）原始凭证的名称。

（2）填制原始凭证的日期。

（3）接受凭证单位名称。

（4）经济业务内容。

（5）数量、单价和金额。

（6）填制凭证单位名称或填制人姓名。

（7）经办人员的签名或盖章。

原始凭证的基本内容如图 6-5 和图 6-6 所示。

原始凭证除应当具备上述内容外，还应当有以下的附加条件。

（1）从外单位取得的原始凭证，应使用统一发票，发票上应印有税务专用章；必须加盖填制单位的公章。

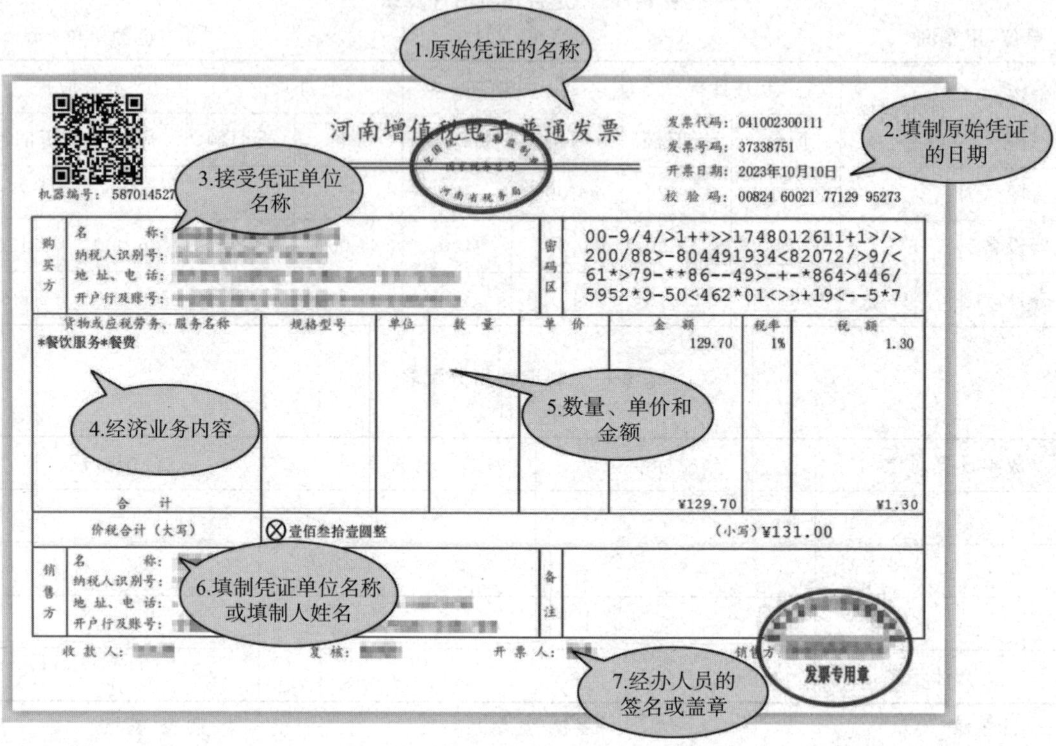

图 6-5 原始凭证的基本内容

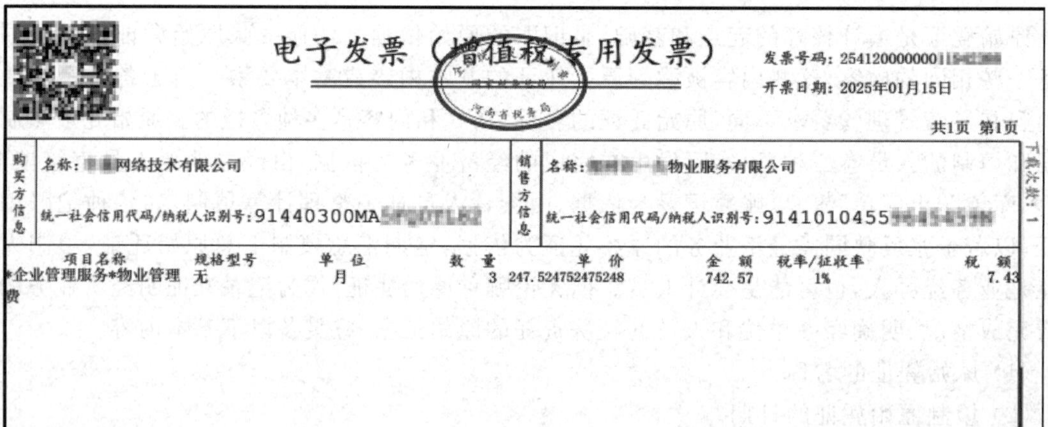

电子发票（增值税专用发票）

发票号码：254120000000

开票日期：2025年01月15日

共1页 第1页

购买方信息	名称：网络技术有限公司 统一社会信用代码/纳税人识别号：91440300MA	销售方信息	名称：物业服务有限公司 统一社会信用代码/纳税人识别号：9141010455

项目名称	规格型号	单位	数量	单价	金额	税率/征收率	税额
*企业管理服务*物业管理费	无	月	3	247.524752475248	742.57	1%	7.43
合计					¥742.57		¥7.43
价税合计（大写）	⊗柒佰伍拾圆整				（小写）¥750.00		
备注	小区 2024.12.1-2025.2.28						

图 6-6 电子发票（增值税专用发票）样本

（2）自制的原始凭证，必须由经办单位负责人或者由单位负责人指定的人员签名或者盖章。

（3）支付款项的原始凭证，必须有收款单位和收款人的收款证明，不能仅以支付款项的有关凭证代替。

（4）购买实物的原始凭证，必须有验收证明。

（5）销售货物发生退货并退还货款时，必须以退货发票、退货验收证明和对方的收款收据作为原始凭证。

（6）职工借款填制的借款凭证，必须附在记账凭证之后。

（7）经上级有关部门批准的经济业务事项，应当将批准文件作为原始凭证的附件。

三、原始凭证的填制要求

由于原始凭证的种类不同，其具体填制方法和填制要求也不尽相同，但就原始凭证应反映经济业务、明确经济责任而言，原始凭证的填制有其一般要求。为了确保会计核算资料的真实、正确并及时反映，应按下列要求填制原始凭证。

微课：原始
凭证填制
要求

（1）记录要真实。原始凭证所填列的经济业务内容和数字，必须真实可靠，符合实际情况。

（2）内容要完整。原始凭证所要求填列的项目必须逐项填列齐全，不得遗漏和省略。

（3）手续要完备。单位自制的原始凭证必须有经办单位领导人或者其他指定的人员签名盖章；对外开出的原始凭证必须加盖本单位公章；从外部取得的原始凭证，必须盖有填制单位的公章；从个人取得的原始凭证，必须有填制人员的签名、盖章。

微课：原始
凭证的填制

（4）书写要清楚、规范。原始凭证要按规定填写，文字要简要，字迹要清楚，易于辨认，不得使用未经国务院公布的简化汉字。填写支票必须使用碳素笔，属于需要套写的凭证，必须一次套写清楚。大小写金额必须相符且填写规范，小写金额用阿拉伯数字逐个书写，不得写连笔字。在金额前要填写人民币符号"￥"。人民币符号"￥"与阿拉伯数字之间不得留有空白。金额数字一律填写到角、分，无角、分的，写"00"或符号"—"；有角无分的，分位写"0"，不得用符号"—"。大写金额用汉字壹、贰、叁、肆、伍、陆、柒、捌、玖、拾、佰、仟、万、亿、元、角、分、零、整等，一律用正楷或行书字书写。大写金额前未印有"人民币"字样的，应加写"人民币"三个字，"人民币"字样和大写金额之间不得留有空白。大写金额到元或角为止的，后面要写"整"或"正"字；有分的，不写"整"或"正"字。如小写金额为￥1 008.00，大写金额应写成"壹仟零捌元整"。

阿拉伯金额数字中间有"0"时，汉字大写金额要写"零"字，如￥105.50，汉字大写金额应写成人民币壹佰零伍圆伍角整。阿拉伯金额数字中间连续有几个"0"时，汉字大写金额中可以只写一个"零"字，如￥1 005.52，汉字大写金额应写成人民币壹仟零伍圆伍角贰分。阿拉伯金额数字元位是"0"或数字中间连续有几个"0"，元位也是"0"，但角位不是"0"时，汉字大写金额可只写一个"零"字，也可不写"零"字，如￥1 670.52，汉字大写金额应写成人民币壹仟陆佰柒拾圆零伍角贰分，或人民币壹仟叁佰伍拾圆伍角贰分。

（5）编号要连续。填制的凭证要连续编号，不得断号；如果原始凭证已预先印定编号，在填写出现错误时，应加盖"作废"戳记，并单独保管，不得撕毁。

（6）不得涂改、刮擦、挖补。原始凭证有错误的，应当由出具单位重开或更正，更正处应当加盖出具单位印章。原始凭证金额有错误的，应当由出具单位重开，不得在原始凭证上更正。

（7）填制要及时。原始凭证应在经济业务发生或完成时及时填制，并按规定的程序和手续传递至有关业务部门和会计部门，以便及时办理后续业务，及时地进行审核和记账。

会计启发故事

小李的电影票

小李终于有空去看新上映的电影了。小李下班后来到电影院，售票员说可以买单次的票，买一次看一部电影，电影票只能用一次就作废了；也可以买套票卡，一个套票卡可以看10部电影，看一次就在套票卡上划个钩记录一次，套票卡记录10次才作废，比较之下套票卡价格低，划算得多。小李决定犒劳一下自己，买了一张套票卡。小李买完票入场时，服务员在套票卡上记录了一次。

过了些时日，小李又让自己的好朋友小王拿着套票卡去看了场电影，套票卡上又多了一次记录。以后小李隔三岔五去看场电影，套票卡上记录的次数逐渐增多，小李不由得想：要是买这个套票卡的钱有人报销，这个套票卡就是会计老师刚讲过的安安的累计原始凭证。

▶ 练一练

（单选题）下列各项中，属于原始凭证的是（   ）。

A. 收款凭证   B. 领料单

C. 付款凭证   D. 银行存款余额调节表

四、原始凭证的审核

在会计核算工作中，原始凭证只有经过审核无误后，才能作为填制记账凭证和记账的依据。

（一）原始凭证审核的内容

一是原始凭证的真实性。真实性审核是对凭证日期是否真实、业务内容是否真实、数据是否真实等内容的审查。对外来原始凭证，应有填制单位签章和填制人员签章；对自制原始凭证，必须有经办部门和经办人员的签名或盖章。此外，对通用原始凭证，还应审核凭证本身的真实性，以防用假冒的原始凭证记账。

二是原始凭证的合法性。审核原始凭证所记录的经济业务是否有违反国家法律、法规的情况，是否符合规定的审核权限，是否履行了规定的凭证传递和审核程序，是否有贪污腐化等行为。

三是原始凭证的合理性。审核原始凭证所记录的经济业务是否符合企业生产经营活动的需要、是否符合有关的计划和预算等。

四是原始凭证的完整性。审核原始凭证各项基本要素是否齐全，是否有漏项情况，日期是否完整，数字是否清晰，文字是否工整，有关人员签章是否齐全，凭证联次是否正确等。

五是原始凭证的正确性。审核原始凭证上的金额及数量的计算及填写是否正确，大小写金额是否相符。

六是原始凭证的及时性。审核原始凭证是否属于财务上规定的日期。一般在会计处理上，原始凭证都要求以当前会计年度为限，超出上述日期的凭证原则上禁止受理。

（二）原始凭证审核后的处理

原始凭证经会计机构、会计人员审核后，对于核对无误的，可以作为编制记账凭证的依据；对于审核中发现的问题，采取以下方法进行处理。

对于不真实、不合法的原始凭证有权不予接受，并应当报告单位负责人，要求查明原因，作出处理。

对于记载不准确、不完整的原始凭证予以退回，并要求有关经济业务事项的经办人员按国家统一会计制度的规定更正、补充，待内容补充完整、手续完备后，再予以办理。

原始凭证的审核工作是一项严肃细致的重要工作，为了做好这项工作，审核人员必须熟悉国家有关的方针、政策、法令、规定和制度以及本单位的有关规定，并掌握本单位内部各部门的工作情况。另外，审核人员做好宣传解释工作，因原始凭证所证明的经济业务需要由有关的领导和职工去经办，只有对他们做好宣传解释工作，才能避免违法乱纪经济业务的发生。

会计启发故事

"冰棍会计"

新来的会计小王是个马大哈。下午对账时，发现账目差了 100 元，急得团团转。他翻遍所有凭证，甚至趴在地上找遍了办公室的每个角落。最后，会计老张实在看不下去了，提醒他："小王啊，你早上是不是在楼下买冰棍了？"小王一拍脑门："对啊！厂长让我给大伙买冰棍，忘记记账了！"老张无奈摇头："不是这个，是你把买冰棍的发票夹在账簿里当书签了！发票可是重要的原始凭证，原始凭证审核无误后，才能作为填制记账凭证和记账的依据，可要妥善保管，及时登记入账哦，要不就对不上账了。"从此，小王得了个外号叫"冰棍会计"。

6.2 即测即评

任务三　记账凭证的填制和审核

记账凭证是指会计人员根据审核无误的原始凭证，按照会计制度规定的核算方法，对经济业务进行分类汇总后，编制会计分录形成的会计凭证。记账凭证是登记账簿的直接依据。记账凭证的编制过程是一个化繁为简的过程，原始凭证往往数量庞大，内容丰富，表现的经济业务多种多样，如果根据原始凭证记账，极其复杂而且容易发生差错。编制记账凭证，就是把复杂的原始凭证用简单的数字及摘要来记录的过程。编制记账凭证时，原始凭证只是作为附件附在记账凭证后面。在这里，会发现这是一个类似编制索引过程，当要了解某项经济业务时，只需要知道金额及主要内容，就能方便地找到原始凭证。同时，为财务上进行分析、汇总提供了前提，也可以减少记账错误，便于核对和查账，保证记账工作的质量。

微课：会计凭证填制与审核职业道德

一、记账凭证的种类

记账凭证有多种分类方法，可以按适用的经济业务的内容分类、按凭证的填制方式分类等。

微课：记账凭证的概念和内容

记账凭证按照适用的经济业务不同可以分为专用记账凭证和通用记账凭证。

1. 专用记账凭证

专用记账凭证是专门用于记录某一类经济业务的记账凭证。专用记账凭证一般又分为收款凭证、付款凭证和转账凭证。在实际工作中,为了使工作方便,各种专用记账凭证通常印刷成不同颜色。

(1) 收款凭证。收款凭证是用来记录货币资金收款业务的凭证,它是由出纳人员根据审核无误的现金收入和银行存款收入业务的原始凭证填制的,如表 6-9 所示。收款凭证又可以分为现金收款凭证与银行存款收款凭证。收款凭证是登记现金日记账和银行存款日记账以及有关明细账和总分类账的依据,也是出纳人员收入款项的依据。

表 6-9　收款凭证

借方科目:银行存款　　　　2025 年 5 月 12 日　　　　(银)收字第 23 号

摘要	贷方科目		金额										
	一级科目	二级或明细科目	亿	千	百	十	万	千	百	十	元	角	分
收回大发水泥股份有限公司前欠货款	应收账款	大发水泥股份有限公司						6	5	0	0	0	0
合　计							¥	6	5	0	0	0	0

附件 1 张

会计主管:刘大明　　审核:王红　　记账:刘兰兰　　出纳:李锐　　制单:张小静

(2) 付款凭证。付款凭证是指专门用以记录现金和银行存款付出业务的记账凭证,是根据现金或银行存款付出业务的原始凭证填制的,如表 6-10 所示。付款凭证又可以分为现金付款凭证和银行存款付款凭证。付款凭证是登记现金日记账与银行存款日记账以及有关明细账和总分类账的依据,也是出纳人员付出款项的依据。

表 6-10　付款凭证

贷方科目:银行存款　　　　2025 年 5 月 16 日　　　　(银)付字第 18 号

摘要	借方科目		金额										
	一级科目	二级或明细科目	亿	千	百	十	万	千	百	十	元	角	分
提备用金	库存现金							2	5	0	0	0	0
合　计							¥	2	5	0	0	0	0

附件 1 张

会计主管:刘大明　　审核:王红　　记账:刘兰兰　　出纳:李锐　　制单:张小静

(3) 转账凭证。转账凭证是指专门用来记载不涉及现金和银行存款收付的其他各项经济业务的记账凭证,如表 6-11 所示。凡是不涉及现金、银行存款增加或减少的凭证,均为转账凭证。它是登记总分类账和有关明细账的依据。

表 6-11　转账凭证

2025 年 6 月 10 日 　　　　　　　　　　　　　　　　　　转字第 21 号

摘要	一级科目	二级或明细科目	借方金额											贷方金额											
			亿	千	百	十	万	千	百	十	元	角	分	亿	千	百	十	万	千	百	十	元	角	分
购入甲材料	原材料	甲材料				1	2	0	0	0	0	0	0											
	应付账款	东方公司															1	2	0	0	0	0	0	0
合　计			¥	1	2	0	0	0	0	0	0	0		¥	1	2	0	0	0	0	0	0	0	

附件 3 张

会计主管:刘大明　　　审核:王红　　　记账:刘兰兰　　　出纳:李锐　　　制单:张小静

▶**想一想**

对于借贷方同时涉及库存现金和银行存款的收付业务是编制收款凭证还是付款凭证?

答案解析

2. 通用记账凭证

通用记账凭证是指用来反映所有经济业务的记账凭证,为各种经济业务所共同使用,因此也称标准凭证。其格式一般与转账凭证的格式相同,如表 6-12 所示。对于经济业务简单或收付款业务不多的单位适合使用这种通用格式的记账凭证。

表 6-12　记账凭证

年　月　日 　　　　　　　　　　　　　　　　　　字第　号

摘要	一级科目	二级或明细科目	借方金额											贷方金额											
			亿	千	百	十	万	千	百	十	元	角	分	亿	千	百	十	万	千	百	十	元	角	分
合　计																								

附件 张

会计主管:　　　审核:　　　记账:　　　出纳:　　　制单:

二、记账凭证的基本内容

在登记账簿前,必须根据原始凭证编制记账凭证。为了保证账簿记录的正确性,明确经济内容,记账凭证必须具备以下基本内容。

(1)填制单位的名称。

（2）记账凭证的名称，如收款凭证等。

（3）凭证的日期，通常为编制凭证的当天。

（4）记账凭证的编号。

（5）经济业务内容摘要，总的原则是既不能太过于冗长，又要足够简明扼要地表达出经济业务的本质内容。

（6）应借、应贷科目的名称及金额。

（7）所附原始凭证的张数。

（8）有关经办人员的签章。制单、复核、记账、会计负责人、主管等，都应该有签名盖章。

三、记账凭证的填制要求

1. 记账凭证填制的基本要求

记账凭证是登记账簿的依据，正确填制记账凭证，是保证账簿记录正确的基础。填制记账凭证应符合以下基本要求。

（1）审核无误。即在对原始凭证审核无误的基础上填制记账凭证。这是内部控制制度的一个重要环节。

微课：填制和审核记账凭证

（2）内容完整。即记账凭证应该包括的内容都要具备。应该注意的是：记账凭证的日期，一般为编制记账凭证当天的日期，按权责发生制原则计算收益、分配费用、结转成本利润等调整分录和结账分录的记账凭证，虽然需要到下个月才能编制，仍应填写当月月末的日期，以便在当月的账内进行登记。

（3）分类正确。即根据经济业务的内容，正确区别不同类型的原始凭证，正确应用会计科目。在此基础上，记账凭证可以根据每一张原始凭证填制，或者根据若干张同类原始凭证汇总编制，也可以根据原始凭证汇总表填制，但不能将不同内容和类别的原始凭证汇总填制在一张记账凭证上。

（4）连续编号。即记账凭证应连续编号。这有利于分清会计事项处理的先后，便于记账凭证与会计账簿之间的核对，确保记账凭证的完整。

2. 记账凭证填制的具体要求

（1）除结账和更正错误的记账凭证外，一般都要附有原始凭证，并要注明原始凭证的张数（一般以自然张数为准）。如果附有原始凭证汇总表，应将其一并计入附件张数。但报销差旅费的零散票据，可粘贴在一张纸上，作为一张原始凭证。

（2）一张原始凭证所列的支出需要由两个以上的单位共同负担时，应当由保存该原始凭证的单位开给其他应负担单位原始凭证分割单。

（3）记账凭证必须连续、规范地进行编号。一般记账凭证以一个月为一个周期从小到大编号，如果为分类记账凭证，则分成"现收字第×号""现付字第×号""银收字第×号""银付字第×号""转字第×号"几种来顺序编号。如果是使用通用记账凭证，则可以将所有凭证统一编为"总第×号"。一笔复合会计分录，需要编制多张记账凭证的，可采用"分数编号法"，例如，一笔经济业务需要编制三张转账凭证的，可分别编号为1/3、2/3、3/3。

（4）摘要填写应简明扼要。在记账凭证的"摘要"栏，应使用简练、明确的文字说明经济业务的内容，以便查阅凭证和登记账簿。应与原始凭证内容一致，能正确反映经济业务的主要内容，表述简单精练。

（5）正确编制会计分录并保证借贷平衡。记账凭证的主要内容是确定经济业务应借、应

贷的会计科目名称和金额,即确定会计分录。填制记账凭证时,必须按照会计制度规定的会计科目及其核算内容,正确编制会计分录,确保科目的准确运用。为了明确经济业务的来龙去脉和账户对应关系,在一张记账凭证上,只能反映一项经济业务或若干项同类经济业务,而不能把不同类的经济业务合并填制一张记账凭证。

(6) 只涉及现金和银行存款之间收入或付出的经济业务,应以付款业务为主,只填制付款凭证,不填制收款凭证,以免重复。"金额"栏填写要规范,记账凭证的金额必须与原始凭证的金额相符;阿拉伯数字应书写规范,并填至分位;相应的数字应平行对准相应的借贷栏次和会计科目的栏次,防止错栏串行;合计行填写金额时,应在金额最高位置数前填写人民币"¥"字符号,以示金额封顶,防止窜改。

(7) 记账凭证填制完成经济业务事项后,如有空行,应当自金额栏最后一笔金额数字下的空行处至合计数上的空行处划线注销。

(8) 填制记账凭证时若发生错误,应当重新填制。

(9) 实行会计信息化的单位,其机制记账凭证应当符合对记账凭证的一般要求,并应认真审核,做到会计科目使用正确,数字准确无误。打印出来的机制记账凭证上,要加盖制单人员、审核人员、记账人员和会计主管人员印章或者签字,以明确责任。

▶**想一想**

什么情况下应编制两种记账凭证?

答案解析

▶**练一练**

(多选题)下列业务中,需要编制付款凭证的有(　　　　)。

A. 从银行提取现金　　　　　　　　　B. 将现金存入银行

C. 用现金购买办公用品　　　　　　　D. 收回前欠款项

四、记账凭证的填制方法

1. 收款凭证和付款凭证的填制

收款凭证是根据有关现金和银行存款收款业务的原始凭证填制的。凡是引起现金、银行存款增加的业务,都要根据原始凭证编制收款凭证,收款凭证的左上角"借方科目",应填写"库存现金"或"银行存款"科目;右上角应填写凭证的编号;"摘要"栏应填写所记录的经济业务的简要内容;"贷方科目"栏应填写与现金收入或银行存款收入相对应的一级科目和二级科目或明细科目;"金额"栏应填写现金与银行存款的收入金额;入账后要在"过账"栏打"√"或注明登记入账的页数,以防止重复记账或漏账;"附件张数"栏记录记账凭证所附的原始凭证张数。

凡是引起现金、银行存款减少的业务,都要根据原始凭证编制付款凭证。付款凭证是根据有关现金和银行存款付款业务的原始凭证填制的。付款凭证的填制方法与收款凭证基本相同。不同的是凭证左上角应填列相应的贷方科目;"借方科目"栏应填写与现金付出或银行存款付出相应的一级科目和二级科目或明细科目。对于现金和银行存款之间的相互划转,一般只编制付款凭证,而不再编制收款凭证,以避免重复记账。

2. 转账凭证的填制

转账凭证是根据转账业务的原始凭证填制的。它不设主体科目栏,某项业务涉及的会计科目全部填在会计科目栏内,用借方金额和贷方金额来确定科目的对应关系。

当一笔经济业务同时包括收款业务、付款业务和转账业务,应分别编制收款凭证、付款凭证和转账凭证。

3. 通用记账凭证的填制

上述收款凭证、付款凭证和转账凭证,称为专用记账凭证。收付款业务不多的单位,可以使用一种通用格式的记账凭证。这种记账凭证既可以用于收付款业务,也可以用于转账业务,其格式与转账凭证相似,称为通用记账凭证。

▶**练一练**

（多选题）企业购入材料一批,货款支付,材料验收入库,应编制的会计凭证是（　　　　）。

A. 收料单　　　　　　　　　　　B. 收款凭证

C. 付款凭证　　　　　　　　　　D. 转账凭证

4. 记账凭证汇总表（科目汇总表）的填制

记账凭证汇总表又称科目汇总表,通常是按每个科目借方发生额和贷方发生额归类汇总,定期（一般 5 天、10 天或 15 天或者 1 个月）填写一张,每月编制 1 至数张,按每张的科目发生额汇总数登记总分类账。如果企业经济业务量大,根据记账凭证逐笔登记总分类账工作量大,可以先填制科目汇总表,根据科目汇总表登记总账,以减少登账的工作量。

根据收、付、转凭证或通用记账凭证,按照相同的会计科目归类,定期汇总每一个会计科目的借方发生额和贷方发生额,并将发生额填入科目汇总表的相应栏内。科目汇总表的编制时间,应根据各单位业务量的大小确定。

五、记账凭证的审核

记账凭证填制以后,必须经过专人认真审核,才能登记账簿。记账凭证的审核主要包括以下内容。

（1）记账凭证是否附有原始凭证,所附原始凭证的内容和张数是否与记账凭证相符。

（2）记账凭证所确定的应借、应贷会计科目（包括二级或明细科目）是否正确,对应关系是否清楚,金额是否正确。

（3）记账凭证中的有关项目是否填列齐全,有无错误,有关人员是否签名或者盖章。

▶**想一想**

什么样的记账凭证可以不附原始凭证?

答案解析　6.3 即测即评

任务四　会计凭证的传递与保管

一、会计凭证的传递

会计凭证传递是指会计凭证从填制到归档保管整个过程中,在单位内部各有关部门和人员之间的传递程序和传递时间。会计凭证的传递是指从原始凭证的填制或取得时开始,经过填制、稽核、整理、记账、装订直到归档保管为止,在本单位内部有关职能部门和人员之间的传递路线、传递时间和处理程序。会计凭证应当及时传递,不得积压。

经济业务不同,各种会计凭证所记载的内容也不同。因此,企业应当为各种会计凭证规定一个合理、科学的传递程序,即每张会计凭证填制后应先交到哪个部门、哪个岗位,由谁接办业务手续,应在多长时间内办理完毕等。如凭证有一式数联的,还应规定每一联传到哪几个部门、什么用途等。这样既能够及时、真实地反映监督各项经济业务的发生和完成情况,为经济管理提供可靠的经济信息;又便于有关部门和个人分工协作,相互牵制,加强岗位责任制,实行会计监督。

正确组织会计凭证的传递,对于提高会计核算资料的及时性,正确组织经济活动,加强经济责任,加强会计监督,都具有重要意义。

组织会计凭证的传递,应注意以下几点基本要求。

(1)明确传递程序。各单位应根据经济业务的特点、机构设置和人员分工情况,明确会计凭证填制的联数和传递程序,既要保证会计凭证经过必要的环节进行处理和审核,又要避免会计凭证在不必要的环节停留,使有关部门和人员及时了解情况,掌握资料并按规定手续进行工作。

(2)规定会计凭证的传递时间。应考虑各部门和有关人员的工作内容和工作量在正常情况下完成的时间,明确规定各种凭证在各个环节上停留的最长时间,不能拖延和积压会计凭证,以免影响会计工作的正常秩序。一切会计凭证的传递和处理,都应在报告期内完成,不允许跨期,否则,将影响会计核算的准确性和及时性。

(3)办理严密的会计凭证传递的衔接手续。首先,应建立科学、严密的交接手续的程序,力求做到既完备、严密,又简便易行。其次,凭证的收发、交接都应按一定的手续制度办理,以保证会计凭证的安全和完整,使凭证传递工作有条不紊,迅速有效地进行。

二、会计凭证的保管

会计凭证的保管,是指会计凭证在登记入账后整理、装订、分类和归档存查。众所周知,会计凭证是记录经济业务、明确经济责任的证明文件,又是登记账簿的依据,所以,它是重要的经济档案和历史资料。各单位在完成经济业务手续和记账之后,必须按规定加以妥善保管,形成会计档案资料,以便日后随时查阅,不得丢失或任意销毁。保管会计凭证应做好以下几个方面工作。

1. 进行科学的分类、编号和装订

会计凭证在记账后,应定期(每天、每旬或每月)进行分类整理,并将各种记账凭证按照编号顺序,连同所附原始凭证折叠整齐,加具封面、封底装订成册,并在装订线上加贴封签。在封面上应写明单位名称、年、月份、凭证的起讫日期,记账凭证的种类、起讫号码,以及记账凭证和原始凭证的张数,并在封签处加盖会计主管的骑缝图章。如果采用单式记账凭证,在整理装订时,必须保持会计分录的完整,并按凭证号的顺序装订成册。

2. 重要的会计凭证应单独装订

各种经济合同、存出保证金收据及涉外文件等重要的原始单据,以及各种需要随时查阅和退回的单据,应另编目录,单独登记保管,并在有关记账凭证和原始凭证上相互注明日期和编号。如果某些记账凭证所附的原始凭证过多,可以单独装订保管,在封面注明所属记账凭证的日期、编号、种类,同时在有关的记账凭证上注明"附件另订"和原始凭证的名称和编号,以便查找。

3. 凭证遗失应正确处理

从外单位取得的原始凭证如有遗失，应当取得原开出单位盖有公章的证明，并注明原来凭证的号码、金额和内容等，经财会负责人、单位负责人批准后，才能代作原始凭证。如果确实无法取得证明的，如火车、轮船、飞机票等凭证，由当事人写出详细情况，由经办单位会计机构负责人、会计主管人员和单位领导人批准后，代作原始凭证。

4. 明确保管责任人

凭证装订成册后，应指定专人保管，年度终了后，可暂由会计机构保管一年，期满之后，由会计机构编制移交清册，移交本单位档案室登记归档。单位未设立档案室的，应当在会计机构内部指定专人保管，出纳人员不得兼管会计档案。会计人员必须做好会计凭证的保管工作，严格防止会计凭证错乱不全或丢失损坏。

5. 会计档案不得借出

其他单位因特殊原因需要借阅原始凭证时，应持有单位正式介绍信，经会计主管人员或单位领导人批准后，方可查阅。必要时，可以提供复印件。向外单位提供原始凭证复件时，应当专设登记簿登记，同时应由提供人员和收取人员共同签名盖章。

6. 严格执行会计凭证的保管期限

应按有关会计制度的规定，制定会计凭证的保管期限：银行存款余额调节表保管期限为5年；一般会计凭证和会计移交清册，保管期限为15年；对重要的会计凭证，如涉外业务和重要业务的有关资料等要长期保存。

企业和其他组织会计档案保管期限如表6-13所示。

表6-13 会计档案保管期限

档案名称	保管期限	档案名称	保管期限
一、会计凭证		四、其他类	
原始凭证	30年	银行存款余额调节表	10年
记账凭证	30年	银行对账单	10年
二、会计账簿		纳税申报表	10年
总账	30年	会计档案移交清册	30年
明细账	30年	会计档案保管清册	永久
日记账	30年	会计档案销毁清册	永久
固定资产卡片	报废清理后5年	会计档案鉴定意见书	永久
其他辅助性账簿	30年		
三、财务报告			
月、季度、半年度财务会计报告	10年		
年度财务会计报告	永久		

7. 严肃办理会计凭证销毁手续

保管期满需要销毁的会计凭证，应严格按照《会计档案管理办法》的有关规定执行。保管期满后，必须开列清单，履行规定的审批手续后，才能销毁。未到规定保管期限的会计凭证，任何人不得随意销毁。

会计史话

以义制利日升昌

日升昌票号成立于清道光三年(1823 年),是由山西省平遥县西达蒲村富商李大全出资与总经理雷履泰共同创办的我国第一家私人金融机构,开中国银行业之先河。日升昌票号之所以能以"汇通天下"而闻名于世,除完善用人及资金管理安全外,其成功的核心是注重口碑、遵守诚信。清末的一天,日升昌接待了一位衣着破烂的老妇,她拿着一张泛黄的汇票要兑现银两。这是一张 30 多年前日升昌张家口分号签发的汇票,数额为 1 200 两白银。伙计反复检查后确认汇票是真的,但却早已过了兑现期限。老妇解释道,当年丈夫去张家口做皮货生意,返家途中不幸暴病身亡。为了安葬丈夫,她花光了所有积蓄,现在只能靠乞讨度日。无意中,她发现了丈夫留下的这张银票。大掌柜招呼伙计搬出 30 多年前的老账簿,果然查到了记录,当即如数兑付了现银。消息传开,日升昌的信誉迅速上升,"以义制利"的经营之道成为当年晋商的杰出代表。

6.4 即测即评	项目六即测即评	项目六业务题

项目七

会计账簿

会计账簿就是依据经济业务编制了记账凭证之后,还需要将经济业务记入适当的账户中进行分类反映和核算的一种工具。在整个会计核算体系中,登记账簿是处于填制和审核会计凭证和编制财务报告之间的一个中间环节,起着承前启后的作用。通过本项目的学习可以了解账簿的种类、每种账簿设置的基本原理、设置和登记各种会计账簿的方法,能够更正账簿记录的错误、进行对账和结账的工作。

知识目标
- 了解会计账簿的概念、种类、登记方法。
- 掌握错账更正、结账、对账的方法。
- 了解会计账簿的更换与保管方法。

能力目标
- 能正确设置和登记各类会计账簿。
- 能进行错账的更正。

素养目标
- 培养细心、严谨的工作作风,形成奉公守法的职业品格。
- 提高自觉遵守规章制度的意识。

任务一 会计账簿概述

一、会计账簿的概念

会计账簿,简称账簿,是指由一定格式的账页组成,以经过审核的会计凭证为依据,全面、系统、连续地记录各项经济业务的簿籍。

二、会计账簿的意义

设置和登记账簿是会计核算工作的一个重要环节。填制会计凭证后,之所以还要设置和登记账簿,是由于两者具有的作用不同。在会计核算中,对每一项经济业务都必须取得和填制会计凭证,因而会计凭证数量很多,又很分散,而且每张凭证只能记载个别经济业务的内容,所提供的资料是零星的,不能全面、连续、系统地反映和监督一个经济单位在一定时期内某一类和全部经济业务活动情况,且不便于日后查阅,因此,为了提供系统的会计核算资料,必须在填制凭证的基础上设置和登记账簿,把分散在会计凭证上的大量核算资料,加以集中和归类整理,使其系统化、条理化、连续化,以便能给经济管理提供系统、全面的会计信息。

设置和登记账簿是会计核算方法之一,是编制财务报表的基础,科学地设置账簿并正确地登记账簿,对于全面、系统地反映经济活动情况,充分发挥会计的作用,具有十分重要的意义,具体表现在以下几个方面。

1. 可以为经济管理提供全面、系统的会计信息

通过账簿的设置和登记,可以全面、系统地反映企业经济业务的发生和完成情况。将企业经营活动情况,财物的购置、使用和保管情况,收入的构成和支出情况都全面、系统地反映出来,满足企业经营管理的需要。

2. 可以为编制财务报表提供依据

通过账簿的分类核算,可以反映一定时期内企业的资产、负债、所有者权益的增减变化及结存情况,以及收入、费用、成本及利润等的发生情况,使会计主体在一定时期的会计资料得以积累和整理,为正确编制财务报表提供依据。

3. 有利于监管企业的经济活动

通过账簿记录,可以检查和监督企业经济活动的合法性、合理性及会计核算是否正确、是否完整,可以促使企业建立健全各项财产物资的使用、保管制度,保证财产物资的安全完整。账簿记录提供的各项指标是考核企业成本、利润计划的完成情况、评价企业财务状况和经营成果的重要依据。同时,通过账簿记录可以实施会计分析和检查,借以发现企业管理中存在的问题,促使企业总结经验教训,加强经营管理。

4. 有利于经济档案的保管

账簿是会计档案的主要资料,也是经济档案的重要组成部分。通过设置和登记账簿有利于会计核算资料的保存,同时也有利于日后查阅使用。

三、会计账簿的种类

会计核算中应用的账簿很多,不同的账簿,其用途、格式、登记方式也各不相同,要正确设置和登记账簿,就需要了解账簿的分类。账簿按不同的标准可以分成不同的类别。

(一)账簿按其用途分类

账簿按其用途的不同,可以分为序时账簿、分类账簿和备查账簿三种。

1. 序时账簿

序时账簿,也称日记账,是按照经济业务发生的时间先后顺序,逐日逐笔登记经济业务的账簿。日记账按其记录内容的不同又分为普通日记账和特种日记账。

微课:
账簿分类

普通日记账,也称通用日记账、分录簿,是用来逐日逐笔登记企业所发生的全部经济业务的日记账。

特种日记账是用来专门逐日逐笔记录某一特定类型的经济业务发生情况的日记账。我国要求企业必须设置的特种日记账是现金日记账和银行存款日记账。现金日记账和银行存款日记账账页格式如图 7-1 和图 7-2 所示。

现 金 日 记 账

年		凭证号数	摘　要	对方科目	借　方										√	贷　方										√	余　额									
月	日				百	十	万	千	百	十	元	角	分			百	十	万	千	百	十	元	角	分			百	十	万	千	百	十	元	角	分

图 7-1　现金日记账账页

银 行 存 款 日 记 账（　　　银行）

年		凭证号数	结算方式		摘　要	借　方											√	贷　方											√	余　额										
月	日		类	号码		亿	千	百	十	万	千	百	十	元	角	分		亿	千	百	十	万	千	百	十	元	角	分		亿	千	百	十	万	千	百	十	元	角	分

图 7-2　银行存款日记账账页

会计启发故事

小李的成绩单

　　新学期开学的第一天,小李的爸爸便叮嘱小李:这个学期可要努力哦,可不能像上个学期一样好几门功课都挂科了,学期末我可是要检查你的成绩单的。

　　学期结束了,小李拿到成绩单时傻眼了:唉! 比上学期挂科的门数还多,看来这个假期又别想出去疯玩了。为了不被关起来补习功课,小李绞尽了脑汁,忽然想到了一个"好"办法,他伪造了一张成绩单,还托在工美系读书的好朋友在成绩单上画了个足以以假乱真的红章。谁知,爸爸早就托在小李学校工作的表姑从学校教务处拿到了小李的成绩单! 两份成绩单一对比,小李伪造成绩单的事便露馅了,被爸爸狠狠批评了一顿。

　　企业既然已经在总账里开设库存现金和银行存款账户由会计登记了,为什么还要再设置现金日记账和银行存款日记账由出纳人员登记呢? 读了这个故事,其答案是不是不言自明了?

2. 分类账簿

分类账簿是指对全部经济业务按照总分类账户和明细分类账户进行分类登记的账簿。分类账簿是会计账簿的主体。按照总分类账户进行分类登记的账簿叫作总分类账,简称总账;按照明细分类账户进行分类登记的账簿叫作明细分类账,简称明细账。总账是用来反映经济业务的总括内容的,而明细账则是用来反映经济业务的详细内容的,总账中某账户的金额与其有关的明细账的金额之和相等。总分类账账页和三栏式明细分类账账页格式如图 7-3 和图 7-4 所示。

总 分 类 账

科目 _____

年		记账凭证号数	摘　要	对方科目	借　方										贷　方										借或贷	余　额									
月	日				千	百	十	万	千	百	十	元	角	分	千	百	十	万	千	百	十	元	角	分		千	百	十	万	千	百	十	元	角	分

图 7-3　总分类账账页

明 细 分 类 账

科目 _____

年		记账凭证号数	摘　要	对方科目	借　方										贷　方										借或贷	余　额									
月	日				千	百	十	万	千	百	十	元	角	分	千	百	十	万	千	百	十	元	角	分		千	百	十	万	千	百	十	元	角	分

图 7-4　三栏式明细分类账账页

3. 备查账簿

备查账簿又称辅助账簿,是指对一些在序时账簿和分类账簿中不能记载或记载不全的经济业务进行补充登记的账簿,对序时账簿和分类账簿起补充作用,如委托加工材料登记簿、租入固定资产登记簿（图 7-5）等。并不是每个企业都要设置备查账簿，但是有的科目必须设置备查账簿，如应收票据、应付票据等。备查账簿不是正式账簿，只是对其他账簿记录的一种补充，它的记录不列入本单位的会计报告，与其他账簿之间不存在严密的依存和钩稽关系。备查账簿根据企业的实际需要设置，没有固定的格式要求。

租入固定资产登记簿

科目 _____

租入日期	固定资产名称及规格	合同号	出租单位	月租金	使用部门		归还日期	备注
					日期	单位		

图 7-5　租入固定资产登记簿账页格式

会 计 启 发 故 事

王老师的密码本

　　随着年龄的增长，王老师的记忆力日渐下降。前几天她去银行自动取款机上取款，就因为连续输错密码，银行卡也被取款机给吞进去了。唉！王老师不得不准备了一个密码本，把各种密码、重要的事项都记到上面，这下可放心多了。

　　上完课，王老师刚准备在网络平台上发布作业，谁知前段时间新换的网络平台上的账号密码又给忘记了，好在随身携带的密码本解了她的燃眉之急。因此，每次有学生问她是不是每个企业都要设置备查账簿时，她都会反问同学：你们每个同学一定要设置一个密码本吗？即使设置了，交作业时需要连密码本一起上交吗？

（二）账簿按其外表形式分类

　　各种账簿都具有一定的外表形式，按其外表形式的不同可分为订本式账簿、活页式账簿和卡片式账簿。

　　1. 订本式账簿

　　订本式账簿又称订本账，是指在启用前就将许多张账页装订成册并连续编号的账簿。它的优点是能够避免账页散失和人为的抽换账页，保证账簿记录资料的安全性；缺点是必须事先估计每个账户所需要的账页张数，预留账页过多，会造成浪费，而预留太少又会影响账户的连续登记。

　　一般情况下，带有统驭和控制作用的账簿及重要的账簿选用订本式账簿，如总账、现金日记账和银行存款日记账等。

2. 活页式账簿

活页式账簿又称活页账,是指平时使用零散账页记录经济业务,将已使用的账页用账夹夹起来,年末将本年所登记的账页装订成册并连续编号的账簿。这种账簿的优点是可以根据需要增添或重新排列账页,便于记账分工,节省账页,且登记方便;缺点是账页容易散失和被人为抽换。采用活页账,已经登记的账页要及时编号,并在会计期末装订成册。一般情况下,这种账簿比较适宜于记录经济业务发生频繁的明细账。

▶想一想
　　现金日记账和银行存款日记账可以使用活页式账簿吗?为什么?

答案解析

3. 卡片式账簿

卡片式账簿又称卡片账,是指用印有记账格式的卡片登记经济业务的账簿。这种账簿一般放于卡片箱保管,可以随取随放。卡片账是一种特殊的活页式账簿,对某些可以跨年度使用,无须经常更换的明细账,如固定资产明细账(图7-6),可以使用卡片账。

固 定 资 产 卡 片(正面)

单位名称:								
卡片编号:								
资产类别:	□电子产品及通讯设备		□计算机类	□家具用具		□车辆	□仪器设备	□其他
资产名称:				使用状态:				
资产编号:				存放地点:				
品牌型号:				预计使用年限:				
生产厂商:				启用日期:				
计量单位:				资产原值:				
采购人员:				折旧年限:				
售后服务电话:				月折旧额:				
购入日期:				净残值:				
使用记录					维修记录			
使用部门	使用人员	保管人员	领用日期	移交日期	维修时间		维修状况	

复核人:　　　　　　　　　　　　　　　　制表人:

固 定 资 产 卡 片(反面)

停用记录			出售或报废记录
停用原因	停用日期	启用日期	
备注:			

粘贴资产照片

复核人:　　　　　　　　　　　　　　　　制表人:

图 7-6 固定资产卡片

（三）账簿按账页格式分类

账簿按账页格式的不同,可以分为三栏式账簿、多栏式账簿和数量金额式账簿等。

1. 三栏式账簿

三栏式账簿是将账页中登记金额的部分分为三个栏目,即借方、贷方和余额三栏。这种格式适用于只提供价值核算信息,不需要提供数量核算信息的账簿,如总分类账、现金日记账、银行存款日记账、债权债务类明细账等。三栏式总分类账账页格式如图 7-7 所示。

总 分 类 账

科目 _____

年		凭证号数	摘　　要	对方科目	借　　方									贷　　方									借或贷	余　　额								
月	日				千	百	十	万	千	百	十	元	角	分	千	百	十	万	千	百	十	元	角	分		千	百	十	万	千	百	十	元	角	分

图 7-7　三栏式总分类账账页

2. 多栏式账簿

多栏式账簿在借方和贷方的某一方或两方下面分设若干栏目,详细反映借贷方金额的组成情况。这种格式适用于核算项目较多,且管理上要求提供各核算项目详细信息的账簿,如成本、费用等明细账。多栏式明细账账页格式如图 7-8 所示。

明 细 账

明细科目 _____

年	凭证号	摘要	借方	贷方	借或贷	余额	（　）方金额分析
月 日			千百十万千百十元角分	千百十万千百十元角分		千百十万千百十元角分	百十万千百十元角分 百十万千百十元角分 百十万千百十元角分 百十万千百十元角分 百十万千百十元角分

图 7-8　多栏式明细账账页

▶ 想一想

为什么费用成本类账户要开设在多栏式账簿上?

答案解析

▶**练一练**

（单选题）下列适合采用多栏式明细账格式核算的是（　　　）。

A. 原材料　　　　　　　　　　　　B. 库存商品

C. 制造费用　　　　　　　　　　　D. 应付账款

3. **数量金额式账簿**

数量金额式账簿是在借方、贷方和余额栏下分别设三个栏目，用以登记财产物资的数量、单价和总金额。这种格式适用于既需要提供价值信息，又需要提供数量信息的账簿。如材料明细账和库存商品明细账等。数量金额式明细账账页格式如图7-9所示。

最高储存量 _____　　　　　　　　　**明细分类账**　　　　　　本账页数 _____

最低储存量 _____　　　　　　　　　　　　　　　　　　　　　本户页数 _____

编号 _____　规格 _____　　　　　　　　　　　单位 _____　名称 _____

年		凭证		摘　要	借　　　　方			贷　　　　方			借或贷	结　　　存		
月	日	种类	号数		数量	单价	百十万千百十元角分	数量	单价	百十万千百十元角分		数量	单价	百十万千百十元角分

图7-9　数量金额式明细账账页

会 计 史 话

中国现代会计之父——潘序伦

潘序伦（1893—1985），江苏宜兴人，中国现代杰出的会计学家和著名会计教育家、会计实务专家和会计实业家，是发展我国会计事业和培养我国会计人才的先驱，被誉为"中国现代会计之父"。

会计史话：中国现代会计之父——潘序伦

1893年，潘序伦出生在江苏宜兴县蜀山镇，曾祖父和伯父都是清代举人。1919年，潘序伦破格进入上海圣约翰大学，提前毕业，获得文学士学位。1923年，他获得哈佛大学企业管理硕士学位，翌年，又获得哥伦比亚大学经济博士学位。1924年，潘序伦学成回国，任上海商科大学教务主任兼会计主任等职。1927年1月，他辞去教授职务，在上海爱多亚路（现延安东路）创办了"潘序伦会计师事务所"，并编译出版会计丛书和创办会计学校。后借用《论语》中"民无信不立"之意，将"潘序伦会计师事务所"更名为"立信会计师事务所"。之后，潘序伦与事务所同仁创办立信会计专科学校，为我国输送了大批的会计人才。1941年，潘序伦与生活书店合作成立了"立信会计图书用品社"，专门出版立信会计丛书和印制发行会计账册报表。

立信会计学校的品牌一直延续至今，发展成为今天的"上海立信会计金融学院"。时至今日，立信会计已有近百年历史，在国内外声名远扬，对此潘序伦先生功不可没。

7.1 即测即评

任务二　会计账簿的设置、登记规则和保管

一、会计账簿的基本构成及内容

　　账簿作为记录经济业务发生情况的簿籍,需要反映的经济信息很多,各企事业单位由于管理要求不同,所设置的账簿也不同。各种会计账簿所记录的经纪业务不同,账簿的格式也多种多样,但一般应具备封面、扉页、账页等基本内容。

　　1. 封面

　　封面用来标明企业名称、账簿的名称及所属会计年度。账簿的名称如总分类账、库存现金日记账、原材料明细账等。

　　2. 扉页

　　扉页一般用来标明账簿的使用信息,主要包括账簿启用及经管人员一览表(表 7-1)及账户目录表(表 7-2),主要内容为启用日期、截止日期、页数、册数、经管账簿人员、会计主管人员签章、账户目录等。

表 7-1　账簿启用及经管人员一览表

单位名称			公　章						
账簿名称									
账簿编号									
账簿页数	本账簿共　　页								
启用日期	年　　月　　日								
经管人员	负责人		会计主管		复核		记账		
	姓名	签章	姓名	签章	姓名	签章	姓名	签章	
交接记录	监　交		接　管			移　交			备注
	姓名	签章	年	月	日	签章	年	月	日	签章	

表 7-2　账户目录(科目索引)

科目代码	总账科目	明细科目	账页起页	科目代码	总账科目	明细科目	账页起页

3. 账页

账页是账簿的主体,一本账簿一般由几十到几百个账页联结而成,每个账页都有统一的格式,用来记录各项经济业务。因为记录的经济业务内容不同,账页的格式会有所不同,但基本内容都包括以下几项。

(1) 账户的名称(总账科目、二级或三级明细科目)。

(2) 登账日期栏(记录经济业务发生日期)。

(3) 记账凭证的种类和编号栏。

(4) 摘要栏,用于记录经济业务内容的简要说明。

(5) 金额栏,用于记录经济业务的增减变动情况。

(6) 总页数和分户页次等。

▶练一练

(多选题)会计账簿的基本内容有( )。

A.封面 B.扉页 C.账页 D.标签

二、会计账簿的设置要求

一个会计主体需要设置哪些账簿,应当根据其经济业务的特点和管理上的需要来确定。设置账簿一般应当符合以下要求。

(1) 账簿的设置应该能够保证系统、全面地反映和监督会计主体的经济活动情况,满足经济管理的需要。

(2) 账簿的设置应组织严密、分工明确,应考虑人力物力的节约,避免重复和遗漏。

(3) 账簿的格式应简便适用,便于登记、查找、更正错账和保管。

三、会计账簿的启用、交接与登记规则

虽然账簿的形式种类各种各样,不同单位的账簿体系设置也不尽相同,但账簿启用、交接与登记的规则基本相同。为了正确地使用账簿,做好记账工作,提高会计信息质量,就必须遵循账簿启用、交接与登记的一般规则。

1. 会计账簿的启用规则

在账簿启用时,应在账簿启用及经管人员一览表中详细记载:单位名称、账簿编号、账簿册数、账簿页数、启用日期、加盖单位公章、经管人员(包括企业负责人、主管会计、复核和记账人员等均应登记姓名并加盖印章)。

2. 会计人员交接规则

记账人员或会计主管人员调动工作或因故离职时,必须与接管人员办理交接手续,在交接记录栏内填写交接日期、交接人员和监交人员姓名,并由交接双方签字并盖章。一般会计人员办理交接手续,由会计机构负责人监交,而会计机构负责人办理交接手续,由单位负责人监交,必要时主管单位可以派人会同监交。

四、会计账簿的记账规则

账簿是编制会计报表、进行会计分析与检查的重要依据。为了保证账簿记录的正确性,必

须根据审核无误的凭证登记。会计人员在登记账簿时,必须严格遵守下列规则。

（1）登记账簿必须用蓝、黑色墨水钢笔书写,不许用铅笔或圆珠笔（复写账除外）记账。这是因为各种账簿归档保管时间一般都在一年以上,有些关系到重要经济资料的账簿,则要长期保管,因此要求账簿记录保持清晰、耐久,以便长期查核使用,防止涂改。

（2）登记会计账簿时,应当将会计凭证的日期、编号、业务内容摘要、金额和其他有关资料逐项记入账内。登记完毕后,记账人员要在记账凭证上签名或盖章,并注明已经登账的标记（如打√等）。表示已经登记入账,以避免重记或漏记。

（3）各种账簿应按账户页次顺序连续登记,不得跳行、隔页。如果发生跳行、隔页现象,应在空行、空页处用红色墨水划对角线注销,注明"此行空白"或"此页空白"字样,并由记账人员签章。

（4）账簿中书写的文字或数字不能顶格书写,一般只应占格距的 1/2 或 2/3,以便留有改错的空间。

（5）一般而言,下列情况可以使用红色墨水。

① 按照红字冲账的记账凭证,冲销错误记录。

② 在不设借贷等栏的多栏式账页中,登记减少数。

③ 在三栏式账户的余额栏前,如未印明余额方向的,在余额栏内登记负数余额。

④ 期末结账时划红线。

⑤ 在账簿登记发生跳行、隔页时,用红笔划斜线或对角线,注销空行或空页。

⑥ 根据国家统一会计制度的规定可以用红色登记的其他会计分录。

（6）对于登错的记录,不得刮擦、挖补、涂改或用药水消除字迹等手段更正错误,也不允许重抄,应采用正确的错账更正方法进行更正。

（7）各账户在一张账页登记完毕结转下页时,应当结出本页合计数和余额,写在本页最后一行和下页第一行有关栏内,并在本页最后一行的"摘要"栏内注明"过次页"字样,在下一页第一行的"摘要"栏内注明"承前页"字样。对"过次页"的本页合计数如何计算,一般分三种情况。

① 需要结出本月发生额的账户,结计"过次页"的本页合计数应当为自本月初起至本页末止的发生额合计数,如采用"账结法"下的各损益类账户。

② 需要结计本年累计发生额的账户,结计"过次页"的本页合计数应当为自年初起至本页末止的累计数,如"本年利润"账户和采用"表结法"下的各损益类账户。

③ 既不需要结计本月发生额也不需要结计本年累计发生额的账户,可以只将每页末的余额结转次页。如债权、债务结算类账户、"实收资本"等资本类账户和"原材料"等财产物资类账户。

（8）凡需要结出余额的账户,结出余额后,应在余额方向栏内写明"借"或"贷"字样。没有余额的账户,应在余额方向栏中写"平"字,并在"余额"栏元位上用"0"表示。库存现金和银行存款日记账必须逐日结出余额。

五、会计账簿的更换与保管

（一）账簿的更换

账簿的更换,是指在年度结账完毕后,以新账代替旧账。总分类账、日记账和大部分明细分类账都需要每年更换一次,只有少部分明细分类账不必每年更换,如固定资产明细账,可以下一年继续使用。更换账簿时需要注意以下几点。

（1）更换新账时，要注明各账户的年份，然后在第一行日期栏内写明1月1日；在摘要栏内注明"上年结转"或"上年余额"字样；最后根据上年账簿的账户余额直接写在"余额"栏内。在此基础之上再登记新年度所发生的相关会计事项。

（2）总账应根据各账户经济业务的多少，合理估计各账户在新账中所需要的账页，并填写账户目录，然后据以设立账户。

（3）对于有些有余额的明细账，如应收账款、应付账款、其他应收款、其他应付款等明细账，必须将各明细账户的余额，按照上述的方法，详细填写在新建明细账相同的明细账户下，以备清查和查阅；对于采用借贷方多栏式的应交增值税明细账，应按照有关明细项目的余额采用正确的结转方法予以结转。

（二）账簿的保管

账簿同会计凭证一样，都是重要的会计档案，应按照规定妥善保管。对会计账簿的管理包括日常管理和归档保管。

1. 会计账簿的日常管理

（1）各种账簿要分工明确，并指定专人管理，一般是谁负责登记，谁负责管理。

（2）会计账簿未经本单位领导或会计部门负责人允许，非经管人员不得翻阅查看会计账簿。

（3）会计账簿除需要与外单位核对账目外，一般不准携带外出。对需要携带外出的账簿，必须经本单位领导和会计部门负责人批准，并指定专人负责。

（4）会计账簿不得随意交给其他人员管理，以保证账簿安全和防止任意涂改、毁坏账簿等现象的发生。

2. 会计账簿的归档保管

年度结账后，对更换下来的旧账簿会计机构可保管1年，期满后应装订成册或封扎，加封面后统一编号，并由会计主管和经办人员签章，交档案室统一由专人保管。会计账簿同会计凭证一样，都是重要的经济档案，必须按照制度规定的保存年限妥善保管，不得丢失和任意销毁。保管期满后，按照规定的审批程序报经批准后才能予以销毁。

7.2 即测即评

任务三　会计账簿的设置和登记

一、特种日记账的设置和登记

按照会计相关法规规定，企事业单位应设置总账、日记账、明细账等账簿。日记账按其记录内容的不同分为普通日记账和特种日记账。普通日记账相当于流水账单，一般只在私人或个体户记账时使用，我国用会计凭证代替了普通日记账。特种日记账是我国目前应用比较广泛的序时账簿，如现金日记账和银行存款日记账。

微课：
账簿登录（1）

1. 特种日记账的设置

库存现金日记账和银行存款日记账是用来连续记录库存现金和银行存款收入来源、支出方向和每日结存金额的序时账簿，每个单位都要设置。两种日记账虽然用途有异，但都必须使用订本式账簿。从账页格式来看，库存现金和银行存款日记账又多属于三栏式账簿。现就库

存现金和银行存款日记账的登记作一介绍。

2. 现金日记账的登记

现金日记账由出纳人员根据现金收、付款凭证及涉及现金业务的银行付款凭证，逐日逐笔顺序登记。登记时，应填明日期、凭证字号、摘要、对方科目以及借、贷、余金额。现金日记账的格式及登记见表 7-3。

表 7-3　现金日记账

2025 年		凭证		摘　　要	对方科目	借　方	贷　方	余　额
月	日	字	号					
3	1			上月结存				2 000
	1	付	1	提取现金	银行存款	6 000		
	1	付	2	购买办公用品	管理费用		1 000	
	1			本日合计		6 000	1 000	7 000
⋮	⋮	⋮	⋮	⋮	⋮	⋮	⋮	⋮
	31			本月合计		12 100	9 800	4 300

现金日记账必须逐日结出余额，并将账面结存数与库存现金实有数进行核对，以检查每日现金的收入、支付和结存情况，做到账实相符。如果账实不符，应查明原因，并记录备案。

3. 银行存款日记账的登记

银行存款日记账是出纳人员根据银行存款收、付款凭证或现金付款凭证，逐日逐笔顺序登记。登记时，应填明日期、凭证字号、摘要、结算凭证号数、对方科目以及借、贷、余金额。其中，借方根据银行存款收款凭证登记，贷方根据银行存款付款凭证登记。

银行存款日记账的格式及登记见表 7-4。

表 7-4　银行存款日记账的格式及登记

2025 年		凭证		摘　要	结算凭证		对方科目	借　方	贷　方	余　额
月	日	字	号		种类	号数				
3	1			上月结存						500 000
	1	付	1	提取现金	现金支票	211	库存现金		6 000	
	1	付	2	购买材料	转账支票	300	在途物资		7 500	
	1	收	1	收到货款	转账支票	568	应收账款	15 000		
	1			本日合计				15 000	13 500	501 500
⋮	⋮	⋮	⋮	⋮	⋮	⋮	⋮	⋮	⋮	⋮
	31			本月合计				260 000	110 000	650 000

二、明细分类账的设置与登记

根据有关会计制度的规定和企业管理的需要，各单位应在总分类账的基础上设置必要的明细分类账，如原材料明细账、应收应付款明细账、成本费用明细账、

微课：
账簿登录（2）

资本明细账和利润分配明细账等。根据经济管理的需要和各明细分类账记录内容的不同,明细分类账一般可以采用三栏式、数量金额式和多栏式三种格式。

(一)三栏式明细分类账的设置和登记

三栏式明细分类账在账页中只设有借方、贷方和余额三个金额栏。它适用于只需要提供价值信息而无须提供数量变化情况的账户,如应收账款明细账、应付账款明细账等结算类明细账和资本类明细账都可采用三栏式。为区别总分类账中的三栏式,在实际工作中,将明细账中的三栏式称为"甲式账",其格式见表 7-5。

表 7-5 应付账款明细分类账

二级或明细科目:××公司 第 页

2025 年		凭 证		摘 要	借 方	贷 方	借或贷	余 额
月	日	种类	编号					
3	1			期初余额			贷	50 000
	8	银付	18	偿还货款	25 000		贷	25 000
	15	转	42	购进材料未付款		22 000	贷	47 000
	⋮				⋮	⋮	⋮	⋮
	31			本月合计	45 000	58 000	贷	63 000

三栏式明细分类账是由会计人员根据审核后的记账凭证,按经济业务发生的时间先后顺序逐日逐笔进行登记的。日期栏登记经济业务发生的具体时间,与记账凭证的日期一致;凭证字、号栏登记原始凭证或记账凭证的种类和编号;摘要栏登记业务的简要内容,通常也和记账凭证中的摘要内容是一致的;借方、贷方金额栏登记账户的借方、贷方发生额;借或贷栏登记余额的方向;余额栏登记每笔业务发生后该账户的余额。

(二)数量金额式明细分类账的设置和登记

数量金额式明细分类账的账页,设有入库、出库和结存三大栏次,并在每一大栏下设有数量、单价和金额三个小栏目,这种格式适用于既要进行数量核算,又要进行金额核算的各种财产物资类账户。如"原材料""库存商品"等账户的明细分类核算。由于在明细账中有了"甲式账",在实际工作中将数量金额式明细分类账称为"乙式账",其格式见表 7-6。

表 7-6 原材料明细分类账

类 别:圆钢 计量单位:千克
品名规格:20mm 存放地点:2 号仓库
编 号:1568 储存定额:10 000 千克

2025 年		凭 证		摘 要	收 入			发 出			结 存		
月	日	种类	编号		数量	单价	金额	数量	单价	金额	数量	单价	金额
3	1			期初余额							200	7	1 400
	5	转	12	购入	500	7	3 500				700	7	4 900
	15	转	20	发出				260	7	1 820	440	7	3 080
	⋮				⋮	⋮	⋮	⋮	⋮	⋮	⋮	⋮	⋮
	31			本月合计	900	7	6 300	690	7	4 830	410	7	2 870

数量金额式明细分类账既可以由会计人员根据会计凭证按照经济业务发生的时间先后顺序逐日逐笔进行登记,也可以由仓库保管员根据会计凭证按照时间先后顺序逐日逐笔进行登记。数量金额式明细分类账的具体登记方法如下。

(1)日期栏登记经济业务发生的具体日期,应与原始凭证的日期一致。

(2)凭证字、号栏根据审核无误的记账凭证及其所附的原始凭证进行登记,一般情况下,原材料增减业务的原始凭证叫收料单(简称"收"字)、领料单(简称"领"字)和限额领料单(简称"限领"字),产成品增减业务的原始凭证叫入库单(简称"入"字)、出库单(简称"出"字)。

(3)摘要栏登记业务的简要内容,文字力求简练,但要能说明问题。

(4)入库、出库栏中的数量栏登记实际入、出库的财产物资的数量;入库单价栏和金额栏按照所入库材料的单位成本登记;出库栏和结存栏中的单价栏和金额栏,登记时间及登记金额取决于企业所采用的期末存货计价方法,在采用月末一次加权平均法下,出库单价栏和金额栏一个月只在月末登记一次。

(三)多栏式明细分类账的设置和登记

多栏式明细分类账,又称分析式明细账,设置该类明细账的目的是便于加强对经济业务的分析,它是在三栏式账页的基础上,根据经济业务的特点和经营管理的需要,在账户的借方、贷方分设若干专栏,以集中反映各有关明细账户的增减变化情况的账簿。按照明细分类账登记的经济业务的特点不同,多栏式明细分类账账页又可分为借方多栏式、贷方多栏式和借贷方多栏式三种格式。

1. 借方多栏式明细分类账的设置与登记

借方多栏式明细账,在账页中设有借方、贷方和余额三个金额栏,并在借方按照明细项目分设若干栏目,或者单独开设借方金额分析栏。这种格式的账页适用于借方需要设置多个明细项目的成本或费用类账户,如"材料采购"明细账、"生产成本"明细账、"管理费用"明细账、"制造费用"明细账等。其格式如表7-7所示。

对于借方多栏式明细账,由于只在借方设多栏,平时在借方登记费用、成本的发生额,贷方登记月末将借方发生额一次转出的数额,所以平时如发生贷方发生额,应该用红数字在借方多栏中登记。

表7-7　管理费用明细分类账

2025年		凭证		摘要	借方					贷方	余额
月	日	种类	编号		工资及福利费	折旧费	办公费	差旅费	合计		
3	2	银付	3	购买办公用品			1 500		1 500		1 500
	6	转	12	分配工资	35 800				35 800		37 300
	6	转	13	计提福利费	5 012				5 012		42 312
	15	转	26	张云报差旅费				1 100	1 100		43 412
	31	转	37	计提折旧		1 000			1 000		44 412
	31	转	38	结转						44 412	0
	31			本月合计	40 812	1 000	1 500	1 100	44 412	44 412	0

2. 贷方多栏式明细分类账的设置与登记

贷方多栏式明细分类账是在账页中设有借方、贷方和余额三个金额栏,并在贷方按照明细项目分设若干栏目,或者单独开设贷方金额分析栏。它适用于贷方需要设多个明细项目进行登记的账户,如"营业外收入"明细账和"主营业务收入"明细账等,其格式见表7-8。

对于贷方多栏式明细账,由于只在贷方设多栏,平时在贷方登记业务的发生额,借方登记月末将贷方发生额一次转出的数额,所以平时如发生借方发生额,应该用红数字在贷方多栏中登记。

表 7-8 主营业务收入明细分类账

2025 年		凭 证		摘　要	借　方	贷　方			余　额
月	日	种类	编号			A 产品销售收入	B 产品销售收入	合计	
3	3	银收	8	销售 A 产品		35 000		35 000	35 000
	11	转	30	销售 A 产品		55 000		55 000	90 000
	15	转	42	销售 B 产品			6 000	6 000	96 000
	21	银付	27	A 产品销售退货		5 000		5 000	91 000
	31	转	63	结转	91 000				0
	31			本月合计	91 000	85 000	6 000	91 000	0

3. 借贷方多栏式明细分类账(特种明细账)的设置与登记

借贷方多栏式明细分类账是在账页中设有借方、贷方和余额三个金额栏,并同时在借方和贷方栏下设置若干个明细科目或明细项目进行登记的账簿。它适用于借贷方均需要设置多个栏目进行登记的账户,如"本年利润"明细账、"应交税费—应交增值税"明细账、"材料成本差异"明细账等,其格式见表7-9。

表 7-9 本年利润明细分类账

年		凭 证		摘要	借　方				贷　方				借或贷	余额
月	日	种类	编号		主营业务成本	其他业务成本	……	合计	主营业务收入	其他业务收入	……	合计		

▶**想一想**

会计账簿设置的原则是什么?

答案解析

三、总分类账的设置与登记

在总分类账中,应按照总账会计科目的编码顺序分别开设账户。由于总分类账一般采用订本式账簿,应事先为每一个账户预留若干账页,以登记一定时期内涉及该账户的所有经济业务及其发生的增减变动。由于总分类账簿能够全面、系统地反映全部经济活动情况,并为编制会计报表提供资料,每个单位都必须设置总分类账。总分类账簿的格式一般采用三栏式,在账页中设有借方、贷方和余额三个金额栏,其格式见表 7-10。

表 7-10　总分类账

会计科目:短期借款　　　　　　　　　　　　　　　　　　　　　第　页

2025 年		凭　　证		摘　　要	借　方	贷　方	借或贷	余　额
月	日	种类	编号					
3	1			期初余额			贷	520 000
	5	银付	12	归还借款	50 000		贷	470 000
	15	银收	35	向银行借款		70 000	贷	540 000
	⋮				⋮	⋮	⋮	⋮
	31			本月合计	110 000	70 000	贷	480 000

　　总分类账可以根据记账凭证逐日逐笔登记;也可以将一定时期的记账凭证汇总编制成“汇总记账凭证”或“科目汇总表”,再据以登记总账;还可以直接根据多栏式现金和银行存款日记账登记总账。采用哪种方法登记总账,取决于企业所采用的会计核算组织形式。

　　总分类账账页中各栏目的登记方法如下。

　　(1) 日期栏。在逐日逐笔登记总账的方式下,填写业务发生的具体日期,即记账凭证的日期;在汇总登记总账的方式下,填写汇总凭证的日期。

　　(2) 凭证字、号栏。填写登记总账所依据的凭证的字和号。在依据记账凭证登记总账情况下,填写记账凭证的字、号;在依据科目汇总表情况下,填写“科汇”字及其编号;在依据汇总记账凭证登记总账的情况下,填写“现(银)汇收”字及其编号、“现(银)汇付”字及其编号和“汇转”字及其编号;在依据多栏式日记账登记总账的情况下,可填写日记账的简称,如现金收入日记账可缩写为“现收账”,现金支出日记账可缩写为“现支账”,银行存款多栏式日记账的缩写方法同现金多栏式日记账的缩写方法相同。

　　(3) 摘要栏。填写所依据的凭证的简要内容。对于依据记账凭证登记总账的单位,应与记账凭证中的摘要内容一致;对于依据科目汇总表登记总账的单位,应填写“某月科目汇总表”或“某月某日的科目汇总表”字样;对于依据汇总记账凭证登记总账的单位,应填写每一张汇总记账凭证的汇总依据,即是依据第几号记账凭证至第几号记账凭证而来的;对于依据多栏式日记账登记总账的单位,应填写日记账的详细名称。

　　(4) 借、贷方金额栏。填写所依据的凭证上记载的各总账账户的借方或贷方发生额。

　　(5) 借或贷栏。登记余额的方向,如余额在借方,则写“借”字;如余额在贷方,则写“贷”字。如果期末余额为零,则在“借或贷”栏写“平”字,并在“余额”栏的中间划“—”符号。

▶**想一想**
　　什么情况下可以使用红色墨水记账?

答案解析

四、总分类账与明细分类账的平行登记

　　1. 总分类账与明细分类账的关系

　　总分类账和明细分类账是既有内在联系,又有区别的两类账户。

(1) 总分类账与明细分类账的内在联系主要表现在两个方面:一是两者所反映的经济业务内容相同。如"原材料"总账账户与其所属的"甲材料""乙材料"等明细分类账户都是用来反映原材料的收发及结存业务的;二是登账的原始依据相同。登记总分类账与登记其所属明细分类账的记账凭证或原始凭证是相同的。

(2) 总分类账与明细分类账的区别主要表现在两个方面:一是反映经济内容的详细程度不同。总分类账反映总账科目核算内容增减变化的总括情况,提供总括性资料;明细分类账反映明细科目核算内容增减变化的详细情况,提供具体资料;二是作用不同。总分类账提供的经济指标,是明细分类账资料的综合,对所属明细分类账起着统驭、控制的作用;明细分类账提供的具体资料,是对有关总分类账的补充,起着详细说明的作用。

2. 总分类账与明细分类账的平行登记

在会计实务工作中,对于同一个账户,有时需要同时设置总分类账和明细分类账,以提供总括会计资料和明细会计资料。为了实现总分类账和明细分类账之间的相互钩稽及核对,需要对总分类账和明细分类账进行平行登记。

平行登记,就是一项经济业务发生后,会计人员依据会计凭证,一方面要登记总分类账户,另一方面登记总分类账户所属明细分类账户的一种登记方法。

具体来说,平行登记包括以下三个要点。

(1) 方向相同。同一账户不同类型的账簿登记,明细账记入借方,总账也必然记入借方,反之亦然。

(2) 期间一致。对于同一项经济业务,应当在同一会计期间登记总分类账户和其所属的明细分类账户,不能在一个会计期间仅登记总分类账户,而在另一个会计期间仅登记该总分类账户所属的明细分类账户。

(3) 金额相等。每项经济业务记入总分类账的金额和记入所属各有关明细分类账的金额之和相等。一般来说,平行登记的结果如下。

总分类账户的本期发生额＝所属明细分类账户的本期发生额合计

总分类账的期末余额＝所属明细分类账户的期末余额合计

7.3 即测即评

任务四 对账与结账

一、对账

为确保会计账簿的真实、正确和完整,各单位在期末结账之前必须对账簿进行核对,这种将会计账簿记录的有关数据与库存实物、货币资金、往来账项及有关凭证、账簿进行核对的工作即称为对账。对账的内容和方法主要有以下三种。

1. 账证核对

账证核对是指将各种账簿记录与会计凭证进行核对。该工作主要在日常登记会计账簿时逐笔核对,包括业务时间、凭证字号、业务内容、涉及金额、记账方向等内容。账证核对是对账各项工作中的基础环节。

2. 账账核对

账账核对是指各种会计账簿之间的有关数据的相互核对。包括总账与明细账之间的核对;总账与日记账的核对等。

如果账账核对后没有发现金额不一致的情况,是否就意味着记录的会计业务没有错误?

答案解析

3. 账实核对

账实核对是指将各种财产物资账面余额与财产物资、货币资金等实存数额相互核对。包括现金日记账账面余额与现金实际库存数的核对;银行存款日记账账面余额与银行对账单的核对;财产物资明细账账面余额与财产物资实存数的核对;各种应收、应付款项的明细账账面余额与有关往来单位的核对。

二、结账

结账是指在将一定时期(月度、季度、年度)内所发生的全部经济业务登记入账的基础上,对账簿记录所做的结束工作。企事业单位的经济活动总是在持续不断地进行的,会计需要将持续不断的经济活动按照会计期间进行分期总结和报告,以提供会计信息,因此,每个单位必须定期结账。结账时间可以是月末、季末和年末,也就是所说的月结、季结和年结。结账的内容包括两个方面:一是结算各资产、负债、所有者权益账户,据以计算本期发生额和期末余额,并将余额转至下期;二是结清各种损益类账户,并据以计算本期利润。结账是会计核算工作的重要环节,并为编制财务报表做好准备。

微课:
账簿结账

1. 结账的程序

(1)将本期发生的经济业务全部登记入账,并保证其正确性。如发现漏账、错账等账簿记录错误,应及时按规定予以更正。不允许提前结账,也不得将本期发生的经济业务延至下期登记。

(2)根据权责发生制的要求,结合财产清查,编制有关账项调整的记账凭证,并据以登记入账,以正确确定本期的收入和费用。例如,应由本期负担的需要摊销的费用,应按规定的标准予以摊配;应由本期负担的需要预先提取的费用,应按标准予以提取;将属于本期的预收收益和应收收益予以确认,计入本期收入等。对于需要在月末办理的其他有关的转账业务,如本期已售产品、商品成本的结转业务及税金的计算登记业务等,均应编制记账凭证,并据以登记入账。

(3)将本期实现的各项收入与其应负担的成本费用,编制记账凭证,分别从各项收入账户、费用账户转入"本年利润"账户的贷方和借方,实现本期收入与其相关成本费用的正确配比,确定本期的经营成果。

(4)在本期全部业务登记入账的基础上,结算出所有账户的本期发生额和期末余额,并认真进行对账工作,做到账证相符、账账相符、账实相符,保证账簿记录真实、可靠,为编制报表提供正确的核算资料。

2. 结账的方法

结账前必须确保已将本期发生的经济业务全部登记入账,并且完成了对账工作。结账的方法主要包括月结、季结和年结。年度结账日为公历每年的 12 月 31 日,季结为公历季度的最后一天,月结为公历每月的最后一天。

(1)月结。结出当月发生额和月末余额,在摘要栏内注明"本月发生额及余额"或"本月合计",并在下面通栏划单红线以示月份结账完毕。对于需要逐月结算本年累计发生额的账簿,在结算本月发生额及月末余额后,应在下一行摘要栏内填写"本年累计发生额"或"本年累计"字样,然后在下面划一条通栏单红线。对于本月未发生金额变化的账户,可不进行月结。

(2)季结。季度终了,将结算出的本季度三个月的发生额合计数写在本季最后一个月月结数的下一行内,并在摘要栏内注明"×季度季结",同时在下面划一条通栏单红线以示季度结账完毕。

(3)年结。年度终了,应在12月月结下面,结算填列全年12个月的发生额合计数,并在摘要栏内注明"本年发生额及年末余额"或"本年累计"字样,同时在年结数字下面划通栏双红线表示"封账"。结账后,将各账户余额结转到下年,并在摘要栏注明"结转下年"。在下一年度新账第一行余额栏内填写上年结转的余额,并在摘要栏注明"上年结转"。

现以"应收账款"账户为例说明结账方法,如表7-11所示。

表7-11 总分类账

会计科目:应收账款 　　　　　第 页

2025年		凭证		摘要	借方	贷方	借或贷	余额	
月	日	种类	编号						
3	1	(略)	(略)	上年结转			借	8 000	
	10				3 200	5 000	借	6 200	
	20				9 000	10 800	借	4 400	
	31				6 000	7 400	借	3 000	
	31			本月合计	18 200	23 200	借	3 000	
				⋮	⋮	⋮	⋮	⋮	(单红线)
12	31			本年累计	210 900	209 300	借	9 600	(双红线)
	31			上年结转	8 000				
	31			结转下年		9 600			
	31			本年合计	218 900	218 900	平	—	(双红线)

年度结账后,总分类账和日记账应更换新账。明细分类账一般也应更换新账,但有些明细分类账可以跨年使用,如固定资产明细账(卡)等。对于那些跨年使用的账簿,在下一年使用时,直接在上年终了的双红线下面记账。

▶想一想

哪些账簿可以跨年度使用?为什么?

任务五 错账更正

会计账簿记录应做到完整、整洁,记账应力求全面、正确。在对会计账簿进行对账过程中,如果发现账簿记录确实存在错误,不能涂改、挖补、刮擦或者用药水消除字迹,也不能采用重新抄写的方式,而应该按规定的方法进行更正。

微课:
错账更正

一、错账的基本类型

为了正确使用错账的更正方法,首先应了解错账的基本类型。引起错账的原因是多方面的,从填制记账凭证和登记账簿两个环节考察,错账的类型主要有以下几种。

1. 记账凭证正确,但在登记账簿时发生错误

记账凭证正确主要是指在凭证上编制的会计分录正确,无论是会计科目,还是登记方向和金额等都不存在问题。在记账过程中,登记的账户以及账户的登记方向也没有问题,只是将登记的金额写错,由此而产生了错账。

2. 记账凭证错误,引发账簿登记错误

记账凭证错误,引发账簿登记错误,具体又分为以下三种情况。

(1)记账凭证上会计科目用错而引发的错账。即在记账凭证上编制会计分录时,搞错了账户之间的对应关系,编制了与实际发生的交易或事项不相符的会计分录并已登记入账,从而形成错账。

(2)在记账凭证上将金额写多而引发的错账。即在记账凭证上编制会计分录时,账户的对应关系是正确的,只是金额多于实际发生数并已登记入账。根据这样的会计分录登记账簿,有关账户中登记的金额就会大于应当登记的金额而形成错账。

(3)在记账凭证上将金额写少而引发的错账。即在记账凭证上编制会计分录时,会计科目的对应关系是正确的,只是填写的金额小于实际发生数。根据这样的会计分录登记账簿,有关账簿中登记的金额就会小于应当登记的金额,也会形成错账。

二、更正错账的具体方法

更正错账的方法主要有划线更正法、红字更正法和补充登记法三种,分别适用于不同类型的错账更正。

1. 划线更正法

如果记账凭证正确,只是由于过账时发生差错,而使账簿记录出现错误,应采用划线更正法进行更正,具体更正的方法如下。

(1)将错误的数字或文字用一条红色横线划去,表示注销。

(2)在划线的上方用蓝色或黑色字迹写上正确的文字或数字,并在划线处加盖更正人员名章,以明确责任。

采用划线更正法更正错账时,应注意在划线时,文字错误可以只划去错误的字,如果是数字错误,不要只划销错误的数字,而是要划销整个数字,而且要保证被注销的原有数字清晰可辨,以便审查。

2. 红字更正法

红字更正法也称红字冲销法,一般有以下两种做法。

(1) 全部冲销。如果记账凭证中的科目错误或是借贷方向错误,并已过账,应采用红字更正法全部冲销。具体做法如下。

先填制一张与错误记账凭证内容相同的红字金额记账凭证并据以入账,注意入账时是用红字入账,以冲销原记录。在红字金额凭证的摘要栏注明"注销×年×月×日第×号凭证"。

然后用蓝字填制一张正确的记账凭证并据以入账,更正错账记录。在蓝字更正凭证的摘要栏注明"重填×年×月×日第×号凭证"。冲销和订正的记账凭证后面可不附原始凭证。

【例7-1】 某企业修理行政部门办公设备,用银行存款支付修理费用 1 500 元。编制记账凭证时,将借方科目误写为"制造费用",并已登记入账。错误分录如下。

　　借:制造费用　　　　　　　　　　　　　　　　　　1 500
　　　贷:银行存款　　　　　　　　　　　　　　　　　　　　　1 500

更正分录:先用红字金额填制一张与原来错误记账凭证内容完全相同的记账凭证,冲销错误记录。

　　借:制造费用　　　　　　　　　　　　　　　　　　| 1 500 |
　　　贷:银行存款　　　　　　　　　　　　　　　　　　　　　| 1 500 |

再用蓝字填制一张正确的记账凭证,并据此登记账簿。

　　借:管理费用　　　　　　　　　　　　　　　　　　1 500
　　　贷:银行存款　　　　　　　　　　　　　　　　　　　　　1 500

(2) 部分冲销。如果记账凭证中的科目、方向都没有错误,只是错误金额大于应记金额并已过账,应采用红字更正法进行部分冲销。

具体做法是:填制一张科目和方向与错误凭证相同,但金额是多记差额的红字金额凭证并据以入账,冲销多记的金额。在部分冲销凭证的摘要栏注明"注销×年×月×日第×号凭证多记金额"。

【例7-2】 从银行提取现金备用,提取金额 6 900 元。编制记账凭证时,将金额误写为 9 600 元,并已经登记入账。错误分录如下。

　　借:库存现金　　　　　　　　　　　　　　　　　　9 600
　　　贷:银行存款　　　　　　　　　　　　　　　　　　　　　9 600

更正分录如下。

　　借:库存现金　　　　　　　　　　　　　　　　　　| 2 700 |
　　　贷:银行存款　　　　　　　　　　　　　　　　　　　　　| 2 700 |

将以上更正分录过账以后,有关账户实际入账金额为 6900 元。

3. 补充登记法

如果记账凭证中的科目、方向没有错误,只是错误金额小于应记金额并已过账,应采用补充登记法进行更正。

具体做法是:填制一张科目和方向与错误凭证相同,但金额是少记差额的蓝字金额凭证并据以入账,补记少记的金额。在补充登记凭证的摘要栏注明"补记×年×月×日第×号凭证少记金额。"

【例 7-3】　某企业通过银行划转方式收回应收账款 90 000 元,在填制记账凭证时,误记为 60 000 元,会计科目、借贷方向均没有错误,也据此登记入账了。其错误分录登记如下。

借:银行存款　　　　　　　　　　　　　　　　60 000
　贷:应收账款　　　　　　　　　　　　　　　　　60 000

更正分录如下。

借:银行存款　　　　　　　　　　　　　　　　30 000
　贷:应收账款　　　　　　　　　　　　　　　　　30 000

将以上更正分录过账后,有关账户实际入账金额为 90 000 元。

7.5 即测即评　　　　　项目七即测即评

财产清查

在实际工作中,由于自然或人为因素的影响,财产物资的账存数额与实存数额可能存在差异,即账实不符。为了正确掌握各项财产物资的真实情况,保证账实相符以及账簿记录的正确性,必须进行财产清查,查明账实不符的情况和原因,以便明确责任、调整账簿记录,做到账实相符,从而使财务报表的编制依据真实可靠。

学习目标

知识目标
- 了解财产清查的意义和种类。
- 理解永续盘存制和实地盘存制。
- 掌握各类财产清查的具体方法。
- 能够熟练掌握财产清查结果的账务处理。

能力目标
- 能正确编制银行存款余额调节表。
- 能够进行财产清查结果的账务处理。

素养目标
- 培养事实求是、客观公正的工作作风。
- 培养严谨细致的科学态度和崇尚真理的意识。

任务一 财产清查的意义和种类

一、财产清查的意义

1. 财产清查的基本含义

财产清查就是通过对货币资金、实物资产和往来款项等财产物资进行盘点或核对,确定其实存数、查明账存数与实存数是否相符的一种专门方法。财产清查既是会计核算的一种专门方法,又是一项重要的内部控制制度。

日常经济业务发生后,企业通常会及时填制和审核会计凭证、登记账簿、编制报表,以便会计信息使用者根据企业提供的会计报表进行各项决策。只有会计信息真实可靠、内容完整,才能起到会计核算应有的作用。为了保证账簿记录的真实性与可靠性,应进行账证核对、账账核对、账实核对,其中的账实核对就是财产

微课:财产清查的相关概念与盘存制度

清查的主要内容。但是,只是账簿记录正确,还不足以说明账簿记录是真实可靠的。由于种种主客观原因会导致某些财产物资实存数与账存数产生差异,造成账实不符,具体原因主要有以下几个方面。

(1) 在收、发各项财产物资过程中,由于计量、检验不准确而发生品种、数量或质量上的差错。

(2) 在财产物资发生增减变动时,没有填制凭证而登记入账,或者在填制凭证、登账时,发生计算上或登记上的差错。

(3) 在财产物资的运输、保管、收发过程中,受到气候等自然因素影响而发生的数量和质量上的变化。

(4) 由于保管不善或工作人员失职发生的财产残损、变质与短缺,以及货币资金、债权债务的差错。

(5) 由于不法分子营私舞弊,贪污盗窃等而造成的财产物资损失。

(6) 因未达账项或拒付而引起单位之间账实不符等。

2. 财产清查的意义

及时、有效地开展财产清查工作,具有非常重要的现时意义,具体表现在以下几个方面。

(1) 通过财产清查,可查明各项财产的实存数与账存数的差异,以及发生差异的原因及责任,及时按照规定把账存数调整为实存数,从而达到账实相符,保证会计资料的准确可靠。

(2) 通过财产清查,可查明各种财产的结存和利用情况,可发现有无储备不足、积压、闲置等情况,以便采取措施,充分挖掘物资潜力,合理有效地利用企业的各项资源。

(3) 通过财产清查,可查明各项财产有无短缺、毁损、变质、贪污盗窃等情况。对发现的问题应及时分析原因,追查责任,同时要吸取教训,改进管理工作,切实保证各项财产物资的安全与完整。

二、财产物资的盘存制度

在会计核算中,确定实物资产账面结存数量的盘存制度有两种,分别是实地盘存制与永续盘存制。

(一) 实地盘存制

1. 实地盘存制的定义

实地盘存制又称以存计耗制或以存计销制,是指在期末通过盘点实物,来确定实物资产的实有数量,并据以计算出实物资产的期末结存额和本期减少额的一种方法。

采用实地盘存制,平时只根据会计凭证在账簿中登记财产的增加数,不登记减少数,期末对各项财产进行盘点,倒挤出本期各项财产的减少数。

本期减少数量＝账面期初结存数量＋本期增加数量－期末实际结存数量
期末存货成本＝库存数量(实地盘点数)×单位成本
本期销售(耗用)成本＝期初存货成本＋本期购货成本－期末存货成本

2. 实地盘存制的优点

平时对财产发出和结存数量可以不作详细记录,从而简化了财产的明细分类核算工作。

3. 实地盘存制的缺点

（1）平时对各项财产的收入、发出和结存没有严密的手续，不能及时提供各种财产收、发、结存的动态信息，不利于进行日常管理和监督。

（2）由于期末倒挤计算财产减少数，使财产减少数中的成分复杂化，除正常耗用或销售的以外把可能存在的贪污、盗窃、差错、非正常损耗等隐含在本期耗用或销售成本中，这既不利于财产的管理，又影响了成本计算的正确性。

（3）由于不能及时反映财产的耗用或销售成本，从而影响成本结转的及时性。一般它只适用于一些价值低、品种杂、进出频繁的商品。

（二）永续盘存制

1. 永续盘存制的定义

永续盘制又称账面盘存制，是指通过设置财产明细账，逐日逐笔地登记财产物资收入和发出数，并随时结出账面余额的一种方法。

采用这种盘存方法，平时增加或减少某种财产物资时，都要根据会计凭证逐日逐笔在该财产物资明细账上作连续登记，并随时结出账面余额。企业在永续盘存制下计算存货本期销售或耗用成本和期末存货成本时，应按下列公式计算：

$$本期销售（耗用）成本＝本期销售（耗用）数量×单位成本$$
$$账面期末余额＝账面期初余额＋本期增加额－本期减少额$$

2. 永续盘存制的优点

（1）在财产明细账中，可随时掌握财产收入、发出和结存的情况，并进行数量和金额的双重控制，从而可加强对财产的日常管理。

（2）财产明细账的结存数量与实际盘点数进行核对，可及时发现短缺或溢余。

（3）财产明细账上的结存数，随时与预定的最高和最低限额进行比较，可及时取得财产积压或不足的信息。

3. 永续盘存制的主要缺点

永续盘存制的主要缺点是财产明细分类核算工作量较大，如果月末一次结转销售（耗用）成本，计算工作过于集中。

▶想一想

既然永续盘存制手续严密，是不是就不需要实地盘点了呢？

答案解析

三、财产清查的种类

财产清查可以按照不同的标准进行分类，主要有以下两种。

（一）全面清查和局部清查

财产清查按照清查的对象和范围不同，可分为全面清查和局部清查。

1. 全面清查

全面清查是指对企业所有的财产进行全面的清查、盘点与核对。清查的内容主要是各种财产物资、货币资金和债权债务。具体包括以下各项。

（1）固定资产、原材料、在产品、库存商品、在途物资、委托其他单位加工、保管的物资、受托代保管物资等。

（2）库存现金、银行存款、在途货币资金、股票、债券等。

（3）应收账款、应付账款、其他应收款、其他应付款、各种银行借款等。

全部清查的范围广、时间长，需要参与的部门和人员多，费时费力，一般是在年终决算前、股份制改制前、单位撤销、合并或改变隶属关系、联营和清产核资时以及单位主要领导调离工作前等进行，目的是保证会计报表信息的真实和准确。

2. 局部清查

局部清查也称重点清查，是指对一部分财产物资进行清查的财产清查方法。具体清查对象应根据管理需要确定。

局部清查一般限于流动性较大又易于损耗的物资和比较贵重的财产，如企业的原材料、在产品、库存商品等，除年终全部清查外，还应在年内轮流盘点或重点抽查。各种贵重财产每月至少都要清查一次；库存现金由出纳人员每日终了清查一次；银行存款至少每月同银行核对一次；债权债务每年至少要核对一至两次。

（二）定期清查和不定期清查

财产清查按照清查的时间不同，可分为定期清查和不定期清查。

1. 定期清查

定期清查是指按计划在规定的时间内对财产进行的清查。一般是在年末、季末、月末、每日结账时进行。

2. 不定期清查

不定期清查也称临时清查，是指事前不规定清查日期，而是根据实际需要临时进行的财产清查。

不定期清查一般在以下几种情况下进行。

（1）更换财产物资和现金保管人时，要对有关人员所保管的财产物资和现金进行清查，以分清经济责任。

（2）财产发生非常灾害或意外损失时，要对受灾损失的有关财产物资进行清查，以查明损失情况。

（3）有关单位对企业进行审计查账时，要对企业相关财产物资进行清查，以便进行会计检查。

（4）企业关、停、并、转、清产核资、破产清算时，应对本单位的各项财产物资、货币资金、债权债务进行清查，以摸清家底。

定期清查和不定期清查的范围视具体情况而定，既可以是全部清查，也可以是局部清查。

会 计 启 发 故 事

瑞蚨祥与新中国第一面五星红旗

1949 年 9 月 27 日，中国人民政治协商会议第一届全体会议代表举手表决，确定了中华人民共和国的国旗图案。1949 年 10 月 1 日，伴随着天安门广场上冉冉升起的五星红旗，中华人民共和国成立了！很少人知道，这面见证共和国诞生、现存于中国国家博物馆的国旗，是由百年老字号瑞蚨祥绸布店提供的面料制作而成的。

1949 年 9 月 29 日上午,国营永茂实业公司接到指示,要求他们赶制一面五星红旗,10 月 1 日前必须送到开国典礼筹备处,这将是毛泽东主席在开国大典上亲手升起的国旗!这时距离开国大典只剩两天时间,时间紧迫,负责这项任务的宋树信业务员在北京王府井、东单和西单的布店遍寻无果后,最终在前门大栅栏的著名老字号绸布店——瑞蚨祥找到了所需的红色丝绸和黄色缎面。由于黄缎尺寸不足以制作最大的五角星,制作团队经过多次裁剪和拼接,最终在大五角星的一个角接了一个尖,制作出了中国第一面五星红旗。

当时,瑞蚨祥绸布店为完成这项光荣的任务连夜盘点库存,这次盘点库存就属于局部清查、不定期清查。

8.1 即测即评

任务二 财产清查的方法

财产清查是一项涉及面广、工作量大的工作,为了保证财产清查工作的质量,提高工作效率,达到财产清查的目的,在进行财产清查时应采用不同的方法。

一、货币资金的清查方法

(一)库存现金的清查

库存现金清查的主要方法是采用实地盘点的方法确定库存现金的实存数,然后与现金日记账的账面余额核对,以查明账实是否相符。现金清查包括以下两种情况。

(1)由出纳人员在每日业务结束时自行清点库存现金实有数,并与现金日记账的账面余额相核对。在实行严格的内部牵制制度的情况下,这种方法是比较省时、省力,且确有成效的清查方法。

(2)由于现金的收支业务十分频繁,容易出错,在管理岗位责任制不严格的情况下,只采用上述的日常盘点的清查方法不够严密,在实际工作中,还应由清查小组对库存现金进行定期或不定期清查。

盘点现金时,为明确责任,出纳人员必须在场亲自盘点,清查人员从旁监督。在清查过程中,清查人员要认真审核现金收付凭证和有关账簿,检查账务处理是否合理合法、记录有无错误,从而确定账存数与实存数是否相符。还要特别注意是否有以白条抵库或超过库存限额等违反现金管理制度的情况,防止挪用公款等舞弊行为的发生。清查结束后,应编制"库存现金盘点报告表",并由负责盘点人员和出纳员共同签字或盖章,若账实不符,需要查明盈亏原因并提出处理意见。作为重要的原始凭证,"库存现金盘点报告表"兼有"盘存单"和"实存账存对比表"的作用,其格式如表 8-1 所示。

清查库存现金时,还应清查有价证券,如股票、国库券、公司债券等,其清查方法与库存现金的清查方法相同。另外,还应检查有关印鉴、支票等重要凭证的保管工作。

(二)银行存款的清查

银行存款清查也称银行对账,采用账单核对法进行。将银行对账单与本单位银行存款日记账的账面发生额及余额逐笔核对,以查明账实是否相符。

微课:银行存款的清查

表 8-1　库存现金盘点报告表

单位名称：　　　　　　　　　　　　年　　月　　日

摘要	账存金额	实存金额	对比结果		备　　注
			盘盈	盘亏	
主币 辅币 ⋮					

　　盘点人签章：　　　　　　　　　　　　　　　　出纳员签章：

　　在同银行核对账目以前，首先要详细检查企业银行存款账目的正确性和完整性，做到账证相符、账账相符。银行对账的工作通常在月末，由会计人员将银行存款的账面余额与开户银行转来的对账单的余额进行核对。如果由清查人员进行清查，则事前要取得银行存款的对账单，并把本单位银行存款账面结清，再将二者逐笔核对，查明账实是否相符及其差异原因。

　　银行对账结果不相符的原因主要有两个方面：一是双方记账出现了差错，如错记、漏记、重记或串户等。属于银行对账单的差错，由银行检查更正；属于企业的差错，由企业及时更正。二是在银行与企业双方的记账均无差错的情况下，未达账项的存在造成双方银行存款余额不一致。

　　未达账项是指对同一笔经济业务，由于办理结算手续和凭证传递的原因，导致企业与银行的记账时间不一致，造成一方已经记账，而另一方尚未记账的会计事项。未达账项主要有以下四种情况。

　　(1) 企业已收款入账，而银行尚未收到的款项(简述为"企业已收，银行未收")，如企业送存银行的托收票据。

　　(2) 企业已付款入账，而银行尚未支付的款项(简述为"企业已付，银行未付")，如企业已开出的支票，收款人尚未到银行提款或办理转账。

　　(3) 银行已收款入账，而企业尚未收到的款项(简述为"银行已收，企业未收")，如银行存款利息。

　　(4) 银行已付款入账，而企业尚未支付的款项(简述为"银行已付，企业未付")，如企业委托银行代付的款项，银行已付款入账，而企业尚未收到银行通知，还未入账。

　　以上任何一种情况的存在，都会使企业单位与银行双方银行存款账面余额不相等。所以，企业单位在接到银行转来的对账单时，应尽快与银行存款日记账核对，找出未达账项，并据以编制"银行存款余额调节表"，清除未达账项影响，以便检查双方记账有无差错，并确定企业银行存款实有数。

　　"银行存款余额调节表"的编制方法主要是采用余额调节法进行调整，是以银行对账单的余额和企业单位银行存款日记账余额为基础，各自分别加上对方收款入账而自方尚未入账的数额，减去对方已付款入账而自方尚未入账的数额，而后核对双方余额是否一致。

　　【例 8-1】　红星公司 2025 年 12 月 31 日银行存款日记账的余额为 96 000 元，银行转来的对账单的余额为 85 000 元，经过逐笔核对，发现以下几笔未达账项。

　　(1) 红星公司在 12 月末从其他单位收到转账支票 5 000 元，红星公司已入账，而银行尚未入账。

　　(2) 红星公司于 12 月末开出的现金支票 1 000 元购买办公用品，红星公司已入账，而银行尚未入账。

（3）银行已拨入存款利息 500 元,银行已入账,而红星公司尚未入账。

（4）银行代企业支付水电费 7 500 元,银行已入账,而企业尚未入账。

根据以上资料,用补记式余额调节法编制"银行存款余额调节表",如表 8-2 所示。补记式余额调节法即将双方余额各自加减未达账项,使双方余额平衡的一种方法,其调节公式如下:

$$\frac{企业银行存款}{日记账余额}+\frac{银行已收}{企业未收}-\frac{银行已付}{企业未付}=\frac{银行对账单}{余额}+\frac{企业已收}{银行未收}-\frac{企业已付}{银行未付}$$

表 8-2　　银行存款余额调节表

单位名称:红星公司　　　　　　　2025 年 12 月 31 日　　　　　　　单位:元

项　目	金额	项　目	金额
企业银行存款日记账余额	96 000	银行对账单余额	85 000
加:银行已收,企业未收	500	加:企业已收,银行未收	5 000
减:银行已付,企业未付	7 500	减:企业已付,银行未付	1 000
调整后的存款余额	89 000	调整后的存款余额	89 000

银行存款调整后的余额,既不等于月末企业账面的存款余额,也不等于月末银行账面的存款余额,而是月终时根据双方的未达账项,对双方账面余额进行调整而重新求得的余额,这个余额是企业银行存款的真正实有数。消除未达账项的影响后,双方的账面余额必定相等,否则应继续清查。

需要注意的是,编制"银行存款余额调节表"并不需要更改账簿记录,对于未达账项,也并不立即作账务处理,而是在其原始凭证到达后进行。"银行存款余额调节表"只是清查的一种方式,不能作为账务处理的原始依据,通常将其作为清查资料与银行对账单一并附在当月银行存款日记账后保存。对于长期悬置的未达账项,应及时查明原因,与银行联系,处理解决。

▶**想一想**

银行存款余额调节表能作为调账的依据吗? 为什么?

答案解析

二、实物资产的清查方法

实物资产是指具有实物形态的各种财产,主要包括固定资产、存货等。其中存货包括原材料、在产品、产成品、低值易耗品、包装物、委托加工物资等。实物资产的清查就是对实物资产数量和质量进行的清查。针对财产物资品种规格多、数量大、储备状态复杂、计量单位不统一、价值大小不均匀等特点,对不同的清查对象应选择不同的清查方法。实物资产的清查方法通常有以下几种。

1. 实地盘点法

实地盘点法是指在财产物资存放现场,逐一清点数量或用计量仪器确定其实存数量的一种方法。这种方法数字准确可靠,但工作量较大,适用于机器设备、原材料、包装物、产成品和库存商品等能够逐一清点的实物资产。

2. 技术推算法

技术推算法是指对那些大量成堆、难以逐一点清的物品,采用丈量、目测、按体积推算等技术手段来确定其实存量的方法。例如煤炭、矿砂以及散装的化肥、饲料、皮棉等,可以先测算其总体积,再测算其单位重量和单位体积,然后换算成总重量。

3. 外调核对法

外调核对法是指对于委托外单位加工、保管的材料、物品可以去函、去人调查,并与本单位账存数相核对的方法。

至于财产物资的质量检验,可以根据不同的物理、化学性质,采取不同的技术方法,并依据其质量情况,按照成本价值计价的原则,对其价值做出如实的清查记录。

在实物盘点时,为明确经济责任和便于查询,实物保管人员必须在场。盘点的结果要如实地登记在财产物资清查盘存单中。财产物资清查盘存单是记录实物盘点后财产物资实存数的原始凭证,也是反映盘点结果的书面文件(表 8-3)。该文件要由盘点人员和实物保管人员共同签字或盖章,一式两联,一联交实物保管人员保存,另一联交财务部门与账面记录核对。

表 8-3   财产物资清查盘存单

单位名称: 盘存时间:

财产类别: 存放地点: 第   页

编号	名称	规格型号	计量单位	盘存数量	单价	金额	备注

盘点人签章: 实物保管人签章:

为了查明实存数与账存数是否一致,确定盘盈或盘亏情况,填写财产物资清查盘存单后,要根据盘存单所示各种财产物资的盘点实存数与会计账簿账面结存数,编制实存账存对比表。实存账存对比表也称财产清查盈亏明细表,它是调整账簿记录的原始凭证,也是分析账实差异原因、查明责任并提出处理意见的依据,其格式如表 8-4 所示。为了简化编表工作,通常只编列账实不符的财产物资。

表 8-4   实存账存对比表

单位名称: 年   月   日

编号	名称	规格型号	计量单位	单价	实存		账存		对比结果				备注
					数量	金额	数量	金额	盘盈		盘亏		
									数量	金额	数量	金额	

编制: 复核:

三、往来款项的清查方法

往来款项的清查是指对各项应收、应付、预收、预付、其他应收和其他应付款项的清查。企业应当定期或者至少于每年年度终了时,对往来款项进行全面清查。各种往来结算款项的清查,一般是采用发函询证的方式与对方单位核对账目的方法进行的。清查时,应在检查本单位各项结算款项账目正确完整的基础上,编制往来款项对账单,并送交对方单位进行核对。往来款项对账单通常一式两联,一联由对方企业留存,另一联作为回单。对方单位如核对相符,应在对账单上签章退回;如不符,应在对账单上注明不符情况或另抄对账单退回,以便进一步核对。往来款项对账单的参考格式如表 8-5 所示。

表 8-5　往来款项对账单

单位名称:　　　　　　　　　　　年　　月　　日

本企业入账时间	发票或凭证号数	摘要	应收(或付)金额	收(或付)款方式	已收(或付)金额	结欠金额	贵企业入账时间	备注

(盖章)　　　　　　　　　　　　　　　　　　　　　　　　年　　月　　日

收到对方的回单后,企业应填制"往来款项清查表",其格式如表 8-6 所示。该表不能作为调整往来款项账面记录的原始依据。

表 8-6　往来款项清查表

单位名称:　　　　　　　　　　　年　　月　　日

总分类账		明细分类账		清查结果		核对不符的原因分析			备注
户名	账面余额	户名	账面余额	核对相符金额	核对不符金额	有争议款项金额	无法收回或偿还款项	其他原因	

清查人员:　　　　　　　　　　　　　　　　　会计人员:

在清查过程中,如发现未达账项,双方均应比照银行存款余额调节表的方法,核对往来款项是否正确。

经过往来款项的清查,若发现记录上的错误,对错误的账目应及时查明原因,应按规定手续予以更正。对于双方有争议的款项和呆账等,应及时采取措施,避免或减少坏账损失。

会计史话

简牍中的会计

简牍是纸张出现以前的书写载体之一,自 20 世纪以来,我国出土简牍众多,这些简牍中大量与会计、经济、财税有关的记载,是会计学研究的重要史料。根据里耶秦简记载,秦代会计文书分为"券""簿""计""课"四类,分别承担凭证、账目、统计与考核的功能。

一枚里耶秦简记载:"廿六年三月壬午朔癸卯,左公田丁敢言之:佐州里烦故为公田吏,徒属。事苔不备,分负各十五石少半斗,直钱三百一十四"等。这是一份上行债务券书,所欠十五石少半斗债务,经核实价值三百一十四钱,此数并经迁陵复核,双方账目相符。有些简的侧面还带有刻齿,刻齿的数量金额与简文中一致,用于监督校对,有效地保证了交易的公平和账目的严谨。秦简中还记载粮仓管理需多人经手、分权制衡,若有差错,相关官吏需连带赔偿,甚至"赀一甲"(罚一副铠甲),是不是已蕴含现代内部控制的雏形?秦简中有一枚"服劳役人员情况统计表",秦简中多次提到服劳役"捕羽","捕羽"应该是把捕到的鸟的羽毛拔下来,然后用羽毛作"羽箭"或填充缝制衣被,一如现在的"羽绒服""羽绒被"。

一枚睡虎地秦简记载"稻后禾熟,计稻后年……到十月牒书数,上内史"。即"稻"如在"禾"之后成熟,应把稻计算在下一年的账上……到十月用牍写明数量,上报内史。是不是已有会计分期的概念?

8.2 即测即评

一枚三国吴简记录了佃农租地的情况,具体内容一式两份书写在木简上,在上面大书一个"同"字,然后,从中间一剖为二,一份留在官府备案,另一份交给租佃田地的农民,就如今天的两联单。官府要核对时,农民拿出自己的那份核对顶端的"同"字能否吻合。这也是今天"合同"一词的来历。

8.2 业务题

注:本文主要依据里耶秦简、睡虎地秦简、三国吴简及相关研究文献整理得出。

任务三　财产清查结果的处理

一、财产清查结果的业务处理

通过财产清查发现的财产物资管理与核算方面存在的问题,应认真分析研究,遵照有关政策制度的规定,按一定程序及时进行处理。

微课:财产清查结果的处理

1. 分析查明原因,确定处理方法

财产清查结束后,一般会出现盘盈、盘亏和毁损等问题。对于上述实存数与账存数不符的情况,应区别不同的性质,分析查明财产清查中所发现的差异及其原因,以明确经济责任。一般而言,对于定额内的损耗,多属自然原因,非人为因素,可以根据有关规定进行处理。对于超定额损耗,应认真分析产生的原因,分别进行处理,属于一般性工作失职且金额不大者,应给予严肃的批评教育、行政处分,或要求作一定的经济赔偿;属于玩忽职守或贪污盗窃者,则应追缴赃款赃物和处以罚金,直至追究刑事责任。

2. 总结经验教训,建立健全制度

财产清查后,针对发现的问题和缺点,在查明和分析其性质和发生原因的基础上,要充分发动群众,认真总结经验,表彰财产物资管理方面的好人好事,巩固成绩,发扬优点。对于发现的问题,则要吸取造成损失浪费的教训,并针对问题和缺点,提出改进工作的措施。积极处理超储积压物资、呆滞商品以及多余存货,做到物尽所用;清理长期拖欠不清的债权债务,指定专人负责,限时清偿。找出管理上的薄弱环节,建立健全相应的财产物资管理制度,特别是岗位责任制和内部控制制度,以利于财产物资的有效使用,保证财产物资的安全完整。

3. 调整账簿记录,做到账实相符

财产清查中所发现的各种财产物资的差异以及对差异的处理,都应当在账簿上予以反映,及时调整账簿记录,以保证账实相符。调整账簿记录的工作一般分为两步进行:第一步,将已查明的盘盈、盘亏和毁损情况,根据清查中的原始凭证(如账存实存对比表等),编制记账凭证,并据以登记入账,调整各项财产物资的账面结存数,实现账实相符;第二步,根据上级的批复意见,编制记账凭证,对差异进行结转,即对财产清查结果进行批准后的账务处理,登记有关账簿。

二、财产清查结果的账务处理

为了全面反映财产清查的结果及其处理情况,企业应设置待处理财产损溢账户,用来核算企业在财产清查过程中发现的各项财产物资的盘盈、盘亏和毁损价值,以及经批准后的转销金额。待处理财产损溢是资产类账户,其借方登记待处理财产的盘亏或毁损金额以及经批准后的盘盈转销数,贷方登记待处理财产的盘盈金额以及经批准后的盘亏转销数。

对于财产清查产生的损溢,企业应在期末前查明原因,并根据企业的管理权限,经股东大会或董事会或类似机构批准后,在期末结账前处理完毕。如果在期末结账前尚未得到批准,在对外提供财务报表时,先按相关规定进行相应账务处理,并在报表附注中加以说明,若其后批准的金额与已处理的金额有差额,应按其差额调整财务报表相关项目的期初数。

待处理财产损溢是一个过渡性账户,只用于反映货币资金和财产物资的清查结果,往来款项的清查结果不通过该账户核算。

(一)固定资产盘盈、盘亏和毁损的账务处理

1. 固定资产盘盈的账务处理

当发现固定资产盘盈时,经查明,确实属于本企业所有,应根据盘存凭证填制固定资产交接凭证,经有关人员签章后送交会计部门,填写固定资产卡片,并按重置成本确定其入账价值。固定资产盘盈应作为重要的前期差错记入"以前年度损益调整"账户。

【例8-2】 红星公司在财产清查中发现账外设备一台,其重置成本为 80 000 元,已将上述情况报请有关部门批准,假定不考虑相关税费及其他因素的影响。

(1)批准处理前,红星公司应编制如下会计分录。

借:固定资产　　　　　　　　　　　　　　　　　　　80 000
　贷:以前年度损益调整　　　　　　　　　　　　　　　　　80 000

(2)批准处理后,红星公司应编制如下会计分录。

借:以前年度损益调整　　　　　　　　　　　　　　　　80 000
　贷:利润分配——未分配利润　　　　　　　　　　　　　　80 000

▶**想一想**
盘盈的固定资产为什么不能作为企业的营业外收入?

答案解析

2. 固定资产盘亏和毁损的账务处理

当发现固定资产盘亏和毁损时,按固定资产账面价值借记待处理财产损溢账户,按已计提的累计折旧借记累计折旧账户,按固定资产的原价,贷记固定资产账户。

报经批准后,按过失人及保险公司的应赔偿款,借记其他应收款账户,按应记入营业外支出的金额,借记营业外支出账户,贷记待处理财产损溢账户。

【例8-3】 红星公司在财产清查中发现短缺机床一台,原值为 90 000 元,已提折旧为 30 000 元。已将上述情况报请领导批准,假定不考虑相关税费及其他因素的影响。

(1)批准处理前,红星公司根据实存账存对比表编制会计分录如下。

借:待处理财产损溢　　　　　　　　　　　　　　　　60 000
　　累计折旧　　　　　　　　　　　　　　　　　　　30 000
　　贷:固定资产　　　　　　　　　　　　　　　　　　　90 000

(2)批准处理后,红星公司编制会计分录如下。

借:营业外支出　　　　　　　　　　　　　　　　　　60 000
　贷:待处理财产损溢　　　　　　　　　　　　　　　　　60 000

（二）流动资产盘盈、盘亏和毁损的账务处理

1. 流动资产盘盈的处理

当发现材料、半成品、产成品等流动资产盘盈时，应根据实存账存对比表，将盘盈流动资产的价值记入存货类账户的借方，同时记入待处理财产损溢账户的贷方；报经批准后，冲减管理费用，记入管理费用账户的贷方。现金的盘盈，属于应支付给有关人员的，记入其他应付款账户，属于无法查明原因的，记入营业外收入账户。

【例 8-4】 红星公司在财产清查中盘盈 A 材料 20 千克，该材料单价为 40 元，上述情况业已报请有关部门批准。

（1）批准处理前，红星公司根据实存账存对比表编制会计分录如下。

借：原材料——A 材料   800

  贷：待处理财产损溢   800

（2）批准处理后，红星公司编制会计分录如下。

借：待处理财产损溢   920

  贷：管理费用   920

【例 8-5】 红星公司在财产清查中盘盈现金 300 元，经查，其中的 100 元应付给业务员李某，另外 200 元无法查明原因，报请有关部门批准，作为营业外收入处理。

（1）批准处理前，红星公司根据库存现金盘点报告表编制会计分录如下。

借：库存现金   300

  贷：待处理财产损溢   300

（2）批准处理后，红星公司编制会计分录如下。

借：待处理财产损溢   300

  贷：其他应付款——李某   100

    营业外收入   200

2. 流动资产盘亏的处理

企业发生流动资产盘亏和毁损时，应借记待处理财产损溢账户，同时贷记存货类账户。待有关部门批准后，应根据不同的盘亏和毁损原因作出不同的处理。能够收取的残料记入存货类账户、银行存款账户的借方；能够收到的保险公司和过失人的赔款记入其他应收款账户的借方；盘亏和毁损总额扣除以上几部分后的净损失，若属于非常损失，记入营业外支出账户的借方，若属于一般经营损失，记入管理费用账户的借方，同时记入待处理财产损溢账户的贷方。

【例 8-6】 红星公司在财产清查中，盘亏 A 材料 3 000 元，经查属于计量误差所致；盘亏 B 材料 2 000 元，经查属于保管员李某失职所致，责令其赔偿；毁损 C 材料 5 000 元，属于非常损失，该损失保险公司同意赔偿 4 000 元。上述情况已经报请有关部门批准。假定不考虑相关税费及其他因素的影响。

（1）批准处理前，红星公司根据实存账存对比表编制会计分录如下。

借：待处理财产损溢   10 000

  贷：原材料——A 材料   3 000

     ——B 材料   2 000

     ——C 材料   5 000

（2）批准处理后，红星公司编制会计分录如下。

借：管理费用 3 000

其他应收款——李某 2 000

——×保险公司 4 000

营业外支出——非常损失 1 000

贷：待处理财产损溢 10 000

【例 8-7】　红星公司在财产清查中，盘亏现金 500 元，经查其中 300 元属于出纳员张某失职所致，责令其赔偿；另外 200 元无法查明原因。

（1）批准处理前，红星公司根据库存现金盘点报告表编制会计分录如下。

借：待处理财产损溢 500

贷：库存现金 500

（2）批准处理后，红星公司编制会计分录如下。

借：管理费用 200

其他应收款——张某 300

贷：待处理财产损溢 500

（三）往来款项清查结果的账务处理

▶ 想一想

坏账的核算方法有几种？

答案解析

在财产清查中发现长期不能结清的往来款项，应及时进行处理。对于确实无法收回的应收款项以及无法支付的应付款项，不通过待处理财产损溢账户核算，而是在原来账面记录的基础上，经有关部门批准后直接予以核销。无法收回的应收账款叫作坏账，由于发生坏账而造成的损失叫作坏账损失。对于无法收回的应收款项，可在报经批准后直接冲减坏账准备金，而确实无法支付的应付款项可直接确认为企业的营业外收入。

【例 8-8】　红星公司在财产清查中查明应收光明公司的货款 5 000 元，因光明公司破产无法收回。红星公司采取备抵法核算坏账。报经批准后，冲销已提取的坏账准备金，编制会计分录如下。

借：坏账准备 5 000

贷：应收账款——光明公司 5 000

【例 8-9】　红星公司在财产清查中查明应付大华公司的货款 8 000 元，因大华公司已注销，确实无法支付。报经批准后，确认为营业外收入，编制会计分录如下。

借：应付账款——大华公司 8 000

贷：营业外收入 8 000

8.3 即测即评

8.3 业务题

项目八即测即评

项目八业务题

财务报告

在日常会计核算中,企事业单位把在一定会计期间发生的各项经济业务按照一定的会计程序,在有关账簿中进行连续、系统、全面的记录,但这些会计信息是分散地反映在各会计账户中的,并不能集中地、相互联系地反映其经济活动和财务收支全貌,为此,有必要定期地对日常会计核算资料加以总结,按照一定的形式编制财务报告,为有关方面进行经济管理和决策提供科学准确的会计信息。财务报告是会计核算的重要组成部分,也是会计核算工作的主要成果。本项目重点介绍财务报告的基本概念、编制要求、具体编制方法及财务会计信息披露要求。

知识目标

- 了解财务会计报告的概念、种类及编制要求。
- 理解资产负债表和利润表的概念、结构原理。
- 掌握资产负债表和利润表的编制方法。
- 了解现金流量表和所有者权益变动表的概念、结构及编制方法。

能力目标

- 能够根据企业相关会计业务编制资产负债表。
- 能够根据企业相关会计业务编制利润表。
- 能够运用报表的编制依据来检查报表是否有编制错误。

素养目标

- 牢固树立准则意识,理解如实报告会计信息对社会经济发展和会计信息使用者的重要意义。
- 具备求真务实、严谨细致的职业品质;深刻理解并自觉践行会计人员职业道德和社会责任。

任务一 财务报告概述

一、财务报告的概念与构成

(一) 财务报告的概念

财务报告是指企业对外提供的反映企业某一特定日期的财务状况和某一会计期间的经营成果、现金流量等会计信息的文件。财务报告是企业财务会计确认与计量的最终结果体现,是向财务报告使用者提供决策有用信息的媒介和渠道。

微课:编好人生的会计报表

财务报告包括财务报表和其他应当在财务报告中披露的相关信息和资料。财务报表又称财务会计报表,是对企业财务状况、经营成果和现金流量的结构性表述,是财务报告的主体和核心内容,其他应当在财务报告中披露的相关信息和资料是对财务报表的补充和说明,共同构成财务报告体系。

(二)财务报表的构成

一套完整的财务报表至少应当包括资产负债表、利润表、现金流量表、所有者权益(或股东权益)变动表以及附注。

1. 资产负债表

资产负债表是反映企业在某一特定日期的财务状况的财务报表,是对企业特定日期的资产、负债和所有者权益的结构性表述。它反映企业在某一特定日期所拥有或控制的经济资源、所承担的现时义务和所有者对净资产的要求权。

2. 利润表

利润表是反映企业在一定会计期间的经营成果的财务报表。

3. 现金流量表

现金流量表是反映企业在一定会计期间的现金和现金等价物流入和流出的财务报表。

4. 所有者权益(或股东权益)变动表

所有者权益变动表是反映构成所有者权益的各个组成部分当期的增减变动的财务报表。

5. 附注

附注是对在资产负债表、利润表、现金流量表和所有者权益变动表等报表中列示的文字描述或明细资料,以及对未来能在这些报表中列示项目的说明等。

财务报表上述组成部分具有同等的重要程度,它们既自成体系,又相互联系、互相补充。

▶想一想

会计凭证、会计账簿与会计报表之间的关系是什么?

答案解析

 **会 计 史 话**

财务报表的演进

西周时期《周礼》一书记载司会之职是“以参互考日成,以月要考月成,以岁会考岁成”。意思是说:掌管财政及考察群臣政绩的官员(即司会)通知下属要定期上报日报表(即参互),月底要报月报表(即月要),年终要报年报表(即岁会)。这一记载说明我国古代已有会计报表雏形,且在当时居世界领先地位。

近代会计发展过程中,财务报表的演进经历了单一表式、两表式、三表式、四表一注式四个时期。

在单一报表时期,资产负债表是最早出现的财务报表。1531年,德国公布了世界上最早的资产负债表格式。1844年,英国颁布了《合股公司法》,要求公司必须向股东公布已审计的资产负债表,这一要求促使英国公司开始采用一种更加结构化和分析性的财务报告方式;1856年的公司法进一步明确了资产负债表的标准格式。1985 年,我国施行中外合资会计制度,第一次引入资产负债表,但直到 1993 年我国会计制度改革,资产负债表才全面取代 1952 年施行的资金平衡表。

在两表式时期,继资产负债表之后,出现了利润表。利润表的产生最早可追溯到 17 世纪的损益证明书,到 20 世纪中叶,西方的财务报告逐步定型为资产负债表和损益表的两表体系。我国 1949 年前将收益表称为损益表,后来改称利润表,1993 年改为损益表,后来历经几次会计制度改革,又将其改称为利润表。

在三表式时期,随着企业筹资手段的日益多样化、复杂化,现金流量表应运而生。它最早出现于美国。我国于 1998 年 3 月发布《企业会计准则——现金流量表》,取代 1985 年引进的财务状况变动表。

在四表一注式时期,随着经济社会对会计信息披露要求的提高,财务报表在前述三种报表的基础上,又增加了所有者权益变动表和附注,发展为现行的四表一注模式。

二、财务报表的分类

(一) 按编报期间不同分类

按编报期间的不同,财务报表可以分为中期财务报表和年度财务报表。

1. 中期财务报表

中期财务报表是以短于一个完整会计年度的报告期间为基础编制的财务报表,包括月报、季报和半年报等。中期财务报表至少包括资产负债表、利润表、现金流量表和附注,其中,中期资产负债表、利润表和现金流量表应当是完整报表,其格式和内容应当与年度财务报表相一致。与年度财务报表相比,中期财务报表中的附注披露可适当简略。

2. 年度财务报表

年度财务报表是指以一个完整的会计年度为基础编制的财务报表。一套完整的年报至少应当包括"四表一注",即资产负债表、利润表、现金流量表、所有者权益(股东权益)变动表和附注。

(二) 按编报主体不同分类

按编报主体不同,财务报表可分为个别财务报表和合并财务报表。

1. 个别财务报表

个别财务报表是由企业在自身会计核算基础上对账簿记录进行加工而编制的财务报表,它主要是用以反映企业自身的财产状况、经营成果和现金流量情况。

2. 合并财务报表

合并财务报表是以母公司和子公司组成的企业集团为会计主体,根据母公司和所属子公司的财务报表,由母公司编制的综合反映企业集团财务状况、经营成果及现金流量的财务报表。

三、财务报表编制的基本要求

财务报表是按照一定的格式和一定的指标体系,对日常会计核算资料进行加工整理而编制出来的,它对国家宏观经济管理、企业内部管理决策以及投资人、债权人对企业经营管理进行考察都有重要的意义。企业在编制财务报表时应遵循以下基本要求。

1. 以持续经营为基础编制

企业应当以持续经营为基础,根据实际发生的交易和事项,按照《企业会计准则——基本准则》和其他各项会计准则的规定进行确认和计量,在此基础上编制财务报表。企业不应以附注披露代替确认和计量。在编制财务报告的过程中,企业管理层应当利用所有可获得的信息来评价企业自报告期起至少12个月的持续经营能力。评价时需要考虑宏观政策风险、市场经营风险、企业目前或长期的盈利能力、偿债能力以及企业管理层改变经营政策的意向等因素。评价结果表明对持续经营能力产生重大怀疑的,企业应当在附注中披露导致对持续经营能力产生重大怀疑的因素以及企业拟采取的改善措施。

2. 采用正确的会计基础编制

除现金流量表以收付实现制为基础编制外,其他财务报表应当以权责发生制为基础编制。

3. 会计期间

企业至少应当按年编制财务报表。年度财务报表涵盖的期间短于一年的,应当披露年度财务报表的涵盖期间短于一年的原因以及报表数据不具可比性的事实。

4. 可比性

财务报表项目的列报应当在各个会计期间保持一致,不得随意变更。当期财务报表的列报,至少应当提供所有列报项目上一个可比会计期间的比较数据,以及与理解当期财务报表相关的说明。

5. 项目列报遵守重要性原则

在合理预期下,财务报表某项目的省略或错误会影响使用者据此作出经济决策的,就说明该项目具有重要性。重要性应当根据企业所处的具体环境,从项目的性质和金额两方面予以判断,应当考虑该项目在性质上是否属于企业日常活动、是否显著影响企业的财务状况、经营成果和现金流量等因素;判断项目金额大小的重要性,应当考虑该项目金额占资产总额、负债总额、所有者权益总额、营业收入总额、营业成本总额、净利润等直接相关项目金额的比重或所属报表单列项目金额的比重。

性质或功能不同的项目,应当在财务报表中单独列报。例如,长期股权投资、固定资产、无形资产等,应当在财务报告中单独列报,但不具有重要性的项目除外。性质或功能类似的项目,其所属类别具有重要性的,应当按其类别在财务报表中单独列报,如原材料、库存商品、材料采购、周转材料等合并为"存货"项目列报。某些项目的重要性程度不足以在报表中单独列示,但对附注却具有重要性,则应当在附注中单独披露。

6. 保持各个会计期间财务报表项目列报的一致性

财务报表项目的列报应当在各个会计期间保持一致,除会计准则要求改变财务报表项目的列报或企业经营业务的性质发生重大变化后,变更财务报表项目的列报,能够提供更可靠、更相关的会计信息外,不得随意变更。

7. 各项目之间的金额不得相互抵销

财务报表中的资产项目和负债项目的金额、收入项目和费用项目的金额、直接计入当期利润的利得项目和损失项目的金额不得相互抵销,但其他会计准则另有规定的除外。以下两种情况不属于抵销,可按净额列示。

(1)资产项目按扣除减值准备后的净额列示,不属于抵销。如企业对应收账款计提坏账准备,表明资产价值已经发生减损,按扣除减值准备后的净额列示,才能够反映资产给企业带来的真实经济利益,这不属于抵销。

（2）企业非日常活动产生的损益以收入扣减费用后的净额列示,不属于抵销。非日常活动产生的利得和损失,以同一交易形成的收益扣减相关费用后的净额列示更能反映交易实质的,不属于抵销。

8. 应当披露企业名称等重要信息

企业应当在财务报表中的显著位置（如表首）至少披露下列各项。

（1）编报企业的名称。

（2）资产负债表日或财务报表涵盖的会计期间。

（3）人民币金额单位。

（4）财务报表是合并财务报表的,应当予以明标。

▶练一练

（多选题）符合财务报表编制基本要求的有（　　　）。

A. 至少应当提供所有列报项目上一个可比会计期间的比较数据

B. 除现金流量表按照收付实现制原则编制外,企业应当按照权责发生制原则编制其他财务报表

C. 资产项目按扣除减值准备后的净额列示,不属于抵销

D. 各项目之间的金额不得相互抵销

四、编制报表的一般要求

企业财务报表应当根据记录完整、审核无误的账簿记录和其他有关资料编制,做到数字真实、内容完整、便于理解、报送及时。

1. 数字真实

财务报表中的各项数据必须根据调整、核实相符后的账簿记录为依据填列,不得使用估计或推算数字,更不得弄虚作假,以保证报表数字的真实性与客观性。

2. 内容完整

在不同时期报送的各种财务报表必须按规定的要求编制齐全,每种报表本身包括的各个项目及补充资料必须详细填列齐全。无论是表内项目还是表外项目在填列时,都不能遗漏。这既包括该编报的会计报表必须全部编报,也包括该填列的项目必须全部填列,而对于企业某些重要会计事项,不仅应当单独列报,还应当在会计报表附注中加以说明。

3. 便于理解

企业对外提供财务会计报告是为会计信息使用者提供企业过去、现在和未来的有关资料,为企业现有的或潜在的投资者和债权人提供决策所需要的会计信息资料。所以,编制的财务报告应当清晰明了,便于理解和使用。

4. 报送及时

企业财务报告所提供的信息资料具有很强的时效性。企业要按规定的时间和程序编制和报送财务报表,保证报表信息的及时性。

五、财务报表编制前的准备工作

在编制财务报表前,需要完成以下工作。

(1)严格审核会计账簿的记录和有关资料。

(2)进行全面财产清查、核实债务,发现有关问题,应及时查明原因,并按照规定程序报批后进行相应的会计处理。

(3)按规定的结账日结账,结出有关会计账簿的余额和发生额,并核对各会计账簿之间的余额。

(4)检查相关的会计核算是否按照国家统一会计制度的规定进行。

(5)检查是否存在因会计差错、会计政策变更等原因需要调整前期或本期相关项目的情况等。

9.1 即测即评

任务二 资产负债表

一、资产负债表的概念和作用

资产负债表是反映企业在某一特定日期(如月末、季末、年末)财务状况的财务报表。它是根据“资产=负债+所有者权益”这一静态平衡公式,将某一特定日期的资产、负债、所有者权益的具体项目予以适当地排列编制而成。

资产负债表就像是给企业的财务状况拍了一张照片,是一张静态报表,反映的是某一单位特定时点钱从哪里来,用到哪里去。所以,它的编制日期一定是截止到某年某月某日,而不能是某个月份或某个年度。

资产负债表的核心是向会计报表的使用者展示企业的财务状况。所谓财务状况是指一个企业的资产、负债、所有者权益结构及其相互关系。使用者可以通过资产负债表了解企业所掌握的经济资源及其分布情况、分析企业目前与未来需要支付的债务数额,了解企业现有的投资者在企业资产总额中所占的份额。

动画:资产负债表

微课:认识资产负债表

▶ **练一练**

(单选题)编制会计报表时,以“资产=负债+所有者权益”这一会计等式作为编制依据的会计报表有(   )

　　A.利润表　　　　B.所有者权益变动表　　　　C.现金流量表　　　　D.资产负债表

二、资产负债表的格式

资产负债表一般由表首、正表和表尾三部分组成。表首部分应列明报表名称、编制单位名称、资产负债表日、报表编号、货币名称、计量单位等;正表部分是资产负债表的主体和核心,列示资产、负债和所有者权益各项目的年初余额与期末余额;表尾列明单位负责人、财务负责人及制表人等信息。

资产负债表的格式有报告式和账户式两种格式。报告式资产负债表是上下结构,上半部分列示资产各项目,下半部分列示负债和所有者权益各项目。账户式资产负债表是左右结构,左边列示资产各项目,右边列示负债和所有者权益各项目。我国相关制度规定企业编制资产负债表应当采用账户式。

账户式资产负债表左边列示的资产项目,按资产的流动性强弱排列;右边列示的负债和所有者权益项目,按要求清偿时间的先后顺序排列。资产各项目的合计等于负债和所有者权益各项目的合计,即资产负债表左右两边平衡。通过账户式资产负债表,可以反映资产、负债、所有者权益之间的内在关系,即"资产=负债+所有者权益"的恒等关系。我国资产负债表的格式见表 9-1。

表 9-1 资产负债表

会企 01 表

编制单位:　　　　　　　　　　年　月　日　　　　　　　　　　单位:元

资　　产	期末余额	上年年末余额	负债和所有者权益(或股东权益)	期末余额	上年年末余额
流动资产:			流动负债:		
货币资金			短期借款		
交易性金融资产			交易性金融负债		
衍生金融资产			衍生金融负债		
应收票据			应付票据		
应收账款			应付账款		
应收款项融资			预收款项		
预付款项			合同负债		
其他应收款			应付职工薪酬		
存货			应交税费		
合同资产			其他应付款		
持有待售资产			持有待售负债		
一年内到期的非流动资产			一年内到期的非流动负债		
其他流动资产			其他流动负债		
流动资产合计			流动负债合计		
非流动资产:			非流动负债:		
债权投资			长期借款		
其他债权投资			应付债券		
长期应收款			其中:优先股		
长期股权投资			永续债		
其他权益工具投资			租赁负债		
其他非流动金融资产			长期应付款		
投资性房地产			预计负债		
固定资产			递延收益		
在建工程			递延所得税负债		
生产性生物资产			其他非流动负债		

续表

资　　产	期末余额	上年年末余额	负债和所有者权益（或股东权益）	期末余额	上年年末余额
油气资产			非流动负债合计		
使用权资产			负债合计		
无形资产			所有者权益（或股东权益）：		
开发支出			实收资本（或股本）		
商誉			其他权益工具		
长期待摊费用			其中：优先股		
递延所得税资产			永续债		
其他非流动资产			资本公积		
非流动资产合计			减：库存股		
			其他综合收益		
			专项储备		
			盈余公积		
			未分配利润		
			所有者权益（或股东权益）合计		
资产总计			负债和所有者权益（或股东权益）总计		

单位负责人：　　　　　　财务负责人：　　　　　　制表人：

▶练一练

1.（单选题）下列各项中,不属于资产负债表中流动项目的是（　　　）。

A. 应收账款

B. 以公允价值计量且其变动计入当期损益的金融资产

C. 无形资产

D. 预付账款

2.（单选题）下列各项中,属于资产负债表中非流动资产项目的是（　　　）。

A. 交易性金融资产　　　　　　　　B. 长期股权投资

C. 其他应收款　　　　　　　　　　D. 预付账款

3.（多选题）下列各项中,属于资产负债表中流动负债项目的是（　　　）。

A. 应收客户的购货款项　　　　　　B. 本期从银行借入的三年期借款

C. 赊购材料应支付的货款　　　　　D. 销售应税消费品应缴纳的消费税

三、资产负债表编制的基本方法

（一）"年初余额"栏的填列方法

资产负债表的"年初余额"栏的各项数字,通常根据上年年末有关项目的"期末余额"栏内所列数字填列,且与上年年末资产负债表"期末余额"栏数字一致。

微课：资产
负债表的
编制方法

如果企业上年度资产负债表规定的项目名称和内容与本年度不一致,应当对上年年末资产负债表相关项目的名称和数字按照本年度的规定进行调整,填入"年初余额"栏内。

(二)"期末余额"栏的填列方法

资产负债的"期末余额"栏主要有以下几种填列方法。

1. 根据一个或几个总账账户的期末余额填列

资产负债表中的有些项目可直接根据有关总账账户的期末余额填列。如"短期借款""实收资本(或股本)""资本公积""盈余公积"等项目,应当根据其相关总账账户的余额直接填列。有些项目则需根据几个总账账户的期末余额计算填列,如"货币资金"项目,需根据"库存现金""银行存款""其他货币资金"三个总账账户的期末余额的合计数填列。

▶ 练一练

1.(单选题)下列各项中,应根据相关总账科目的余额直接在资产负债表中填列的是(   )。

  A. 无形资产   B. 固定资产   C. 长期应付款   D. 短期借款

2.(单选题)某服装公司 2025 年结账后,"库存现金""银行存款""其他货币资金"三个总账账户的期末余额分别为 3 000 元、40 000 元和 5 000 元,则该公司 2025 年 12 月 31 日资产负债表中的"其他货币资金"项目应填列的金额为(   )元。

  A. 3 000   B. 40 000   C. 5 000   D. 48 000

2. 根据有关明细账账户的余额计算填列

资产负债表中的有些项目需要依据明细账户的期末余额填列。如"应付账款"项目,应根据"应付账款"和"预付账款"两个账户所属明细账户的期末贷方余额合计数填列;"开发支出"项目,需要根据"研发支出"账户所属的"资本化支出"明细账户期末余额计算填列;"未分配利润"项目,应根据"利润分配"账户所属的"未分配利润"明细账户期末余额填列;"一年内到期的非流动资产""一年内到期的非流动负债"项目,需要根据相关非流动资产和非流动负债项目的明细账户余额计算填列。

⊕ 会 计 启 发 故 事

王阿姨编报表

王阿姨在社区经营一家"甜蜜时光"蛋糕店,老顾客张先生拿走了一个价值 800 元的蛋糕,但不巧忘带钱了,说是过两天就给送过来,王阿姨记在了"应收账款——张先生"账户的借方。张先生刚走,李小姐就来了,她上次订了一个婚礼蛋糕,今天是来取蛋糕的。王阿姨把账本翻开,看到"应收账款——李小姐"账户显示应收李小姐的账款是借方余额 300 元。李小姐说再订购一个蛋糕,一并支付 800 元,多出的 500 元是定金。王阿姨在"应收账款——李小姐"账户的贷方记上了 800 元。这样一来,"应收账款——李小姐账户"的余额便成了贷方余额 500 元。月末编报表时,王阿姨将"应收账款——张先生"账户的借方余额 800 元和"应收账款——李小姐"账户的贷方余额 500 元一抵销,准备在资产负债表里填上应收账款余额 300 元。这一幕刚巧被在一旁帮忙的侄女小红看到了,她可是某高校会计系的高才生,她连忙阻止了王阿姨的做法:"这样编出来的报表不能反映真正的资产和负债!"

通过小红的讲解,王阿姨这才明白,原来编制报表时,应收账款明细账的借方余额和贷方余额要像"鸳鸯火锅"那样分开填列:应收账款明细账户的借方余额就像清汤锅,是资产,填在资产项下的应收账款项目里;而应收账款明细账户的贷方余额就像红油锅,它跟清汤锅可是井水不犯河水,那可是负债,要填在负债项下的预收款项里。

但有一点王阿姨还是没有弄清楚:抵销填列并不会影响报表平衡啊,为什么一定要分开填列呢?通过小红的进一步解释,王阿姨终于明白了:原来编制资产负债表的基本原则是报表的项目名称与其内容必须完全一致,不允许混合交叉使用,而账户是可以混合交叉使用的,也就是说"应收账款——李小姐"账户可以记应收李小姐的钱也可以记预收李小姐的钱,但编报表时应将应收款项和预收款项分开列报。

王阿姨晃着记账本说,"哦!我终于明白了,原来每个客户都是个小宇宙,必须得用'显微镜'逐个分析呀!"

这个故事告诉人们:应收账款出现贷方余额时,实质是预收账款;预收账款出现借方余额时,实质是应收账款,应分开列报。

▶练一练

(判断题)资产负债表中"应收账款"项目,应根据"应收账款"科目所属各明细科目的期末借方余额合计填列。如"预付账款"科目所属有关明细科目有借方余额的,也应包括在本项目内。( )

3. 根据总账账户和明细账账户余额分析计算填列

资产负债表中的有些项目需要依据总账账户和有关明细账户的期末余额填列。如"长期借款"项目,应根据"长期借款"总账账户期末余额扣除"长期借款"账户所属的明细账户中将在资产负债表日起一年内(含一年)到期且企业不能自主地将清偿义务展期的长期借款后的金额计算填列。

【例9-1】 某服装公司2025年12月31日长期借款有关资料见表9-2。

表9-2 长期借款明细

借款起始日	借款期限/年	金额/万元
2025年1月1日起	3	420
2022年1月1日起	5	800
2022年4月1日起	4	220

要求:根据上述资料,计算该公司2025年12月31日资产负债表中下列项目的金额。

(1)"长期借款"。

(2)长期借款中应列入"一年内到期的非流动负债"。

解析:

(1)"长期借款"项目金额=(420+800+220)-220=1 220(万元)。

(2)2022年4月1日借入的长期借款,到期日是2026年3月31日,在2025年12月31日的资产负债表日,该长期借款的到期日不足一年,应列入"一年内到期的非流动负债"项目的金额为 220 万元。

4. 根据有关账户余额减去其备抵账户余额后的净额填列

资产负债表中的有些项目需要依据有关账户期末余额减去其备抵账户期末余额后的净额填列。例如,资产负债表中"应收票据""应收账款""长期股权投资""在建工程"等项目,应当根据"应收票据""应收账款""长期股权投资""在建工程"等账户的期末余额减去"坏账准备""长期股权投资减值准备""在建工程减值准备"等备抵账户余额后的净额填列。"固定资产"项目,应当根据"固定资产"账户的期末余额,减去"累计折旧""固定资产减值准备"等备抵账户的期末余额,以及"固定资产清理"账户期末余额后的净额填列。"无形资产"项目,应当根据"无形资产"账户的期末余额,减去"累计摊销""无形资产减值准备"等备抵账户余额后的净额填列。

【例 9-2】 某服装公司 2025 年 12 月 31 日结账后,"固定资产"账户余额 3 400 000 元,"累计折旧"账户余额为 800 000 元,"固定资产减值准备"账户余额为 100 000 元。则该服装公司 2025 年 12 月 31 日资产负债表中"固定资产"项目应填制的金额为(　　　　)元。

A. 2 600 000 　　　　B. 2 500 000 　　　　C. 3 400 000 　　　　D. 3 330 000

解析: "固定资产"项目应填列的金额＝3 400 000－800 000－100 000＝2 500 000(元)

5. 综合运用上述填列方法分析填列

例如,"存货"项目,应根据"材料采购""原材料""发出商品""库存商品""周转材料""生产成本"等账户期末余额合计,减去"存货跌价准备"等账户期末余额后的金额填列,材料采用计划成本核算以及库存商品采用计划成本核算或销售的企业,还应按加减材料成本差异、商品进销差价后的金额填列。

【例 9-3】 某服装公司 2025 年 12 月 31 日结账后,"原材料"账户借方余额 40 000 元,"材料成本差异"账户贷方余额为 8 000 元,"生产成本"账户借方余额为 10 000 元,"工程物资"账户借方余额为 500 000 元,"存货跌价准备"账户贷方余额为 3 000 元。则该服装公司 2025 年 12 月 31 日资产负债表中的"存货"项目应填制的金额为多少?

解析: 本例资产负债表中的"存货"项目,应根据"原材料""生产成本"等账户期末余额合计,减去"材料成本差异""存货跌价准备"等账户贷方期末余额后的金额填列,"工程物资"不属于企业存货,应在资产负债表在建工程项目中列示。"存货"项目的金额＝40 000－8 000＋10 000－3 000＝39 000(元)。

四、资产负债表各项目填列说明

(一)资产项目的填列方法

1. 流动资产项目的填列方法

(1)"货币资金"项目。反映企业各项货币资金的期末余额,应根据"库存现金""银行存款""其他货币资金"账户期末余额的合计数填列。

(2)"交易性金融资产"项目。该项目应根据"交易性金融资产"账户的相关明细账户期末余额分析填列。

(3)"应收票据"项目。反映资产负债表日企业因销售商品、提供服务等收到的商业汇票。该项目应根据"应收票据"账户的期末余额,减去"坏账准备"账户中有关应收票据计提的坏账准备期末余额后的金额分析填列。

(4)"应收账款"项目。反映资产负债表日企业因销售商品、提供服务等经营活动应收取的款项。该项目应根据"应收账款"和"预收账款"账户所属相关明细账户的期末借方余额合计数,减去"坏账准备"账户中有关应收账款计提的坏账准备期末余额后的金额分析填列。

【例9-4】　甲企业2025年12月31日应收账款总账借方余额150 000元,所属明细账借方余额合计180 000元,贷方明细账余额合计30 000元;预收账款总账贷方余额120 000元,所属明细贷方余额合计220 000元,借方明细账余额合计100 000元;应收账款坏账准备账户余额10 000元。请计算资产负债表"应收账款"项目的金额。

解析:　"应收账款"项目的金额＝180 000＋100 000－10 000＝270 000(元)。

▶练一练

(单选题)2025年12月初某企业"应收账款"科目借方余额为300万元,相应的"坏账准备"科目贷方余额为20万元,本月实际发生坏账损失6万元。2025年12月31日经减值测试,该企业应补提坏账准备11万元。假定不考虑其他因素,2025年12月31日该企业资产负债表"应收账款"项目的金额为(　　)万元。

A.269　　　　　　　B.274　　　　　　　C.275　　　　　　　D.280

(5)"应收款项融资"项目。反映资产负债表日以公允价值计量且其变动计入其他综合收益的应收票据和应收账款等。

(6)"预付款项"项目。反映企业按照购货合同规定预付给供应单位的款项等。该项目应根据"预付账款"和"应付账款"账户所属各明细账户的期末借方余额合计数,减去"坏账准备"账户中有关预付账款计提的坏账准备期末余额后的净额填列。如"预付账款"账户所属明细账户期末为贷方余额的,应在资产负债表"应付账款"项目内填列。

【例9-5】　2025年5月31日,某企业"应付账款"总账科目贷方余额为1 250万元,其中"应付账款——甲公司"明细科目贷方余额为1 255万元,"应付账款——乙公司"明细科目借方余额为5万元。"预付账款"总账科目借方余额为5万元,其中"预付账款——丙公司"明细科目借方余额为20万元,"预付账款——丁公司"明细科目贷方余额为15万元。不考虑其他因素,该企业5月31日资产负债表中"预付款项"项目期末余额为多少?

A.20　　　　　　　B.25　　　　　　　C.18.5　　　　　　　D.23.5

解析:　"预付款项"根据"预付账款"和"应付账款"科目所属明细账科目的期末借方余额合计数＝5＋20＝25(万元)。

(7)"其他应收款"项目。反映企业除应收票据、应收账款、预付账款等经营活动以外的其他各种应收、暂付的款项。该项目应根据"应收利息""应收股利""其他应收款"账户的期末余额合计数,减去"坏账准备"账户中相关坏账准备期末余额后的金额填列。

【例9-6】　2025年12月31日,某企业"其他应收款"科目借方余额为1 000万元,"应收利息"科目借方余额为200万元,"应收股利"科目借方余额为150万元,"坏账准备"账户中有关其他应收款计提的坏账金额为60万元。不考虑其他因素,该企业2025年12月31日资产负债表中"其他应收款"项目的金额为多少?

A.1 350　　　　　　B.1 000　　　　　　C.940　　　　　　D.1 290

解析:　"其他应收款"项目应根据"应收利息""应收股利""其他应收款"科目的期末余额合计数,减去"坏账准备"科目中相关坏账准备期末余额后的金额填列。资产负债表中"其他应收款"项目金额＝1 000＋200＋150－60＝1 290(万元)。

(8)"存货"项目。反映企业期末在库、在途和在加工中的各种存货的可变现净值或成本（成本与可变现净值孰低）。该项目应根据"材料采购""原材料""库存商品""周转材料""委托加工物资""发出商品""生产成本""受托代销商品"等账户的期末余额合计数，减去"受托代销商品款""存货跌价准备"账户期末余额后的净额填列。如果材料采用计划成本核算，以及库存商品采用计划成本核算或售价核算的企业，还应按加或减材料成本差异、商品进销差价后的金额填列。

【例 9-7】 甲企业采用计划成本法核算材料，2025 年 12 月 31 日结账后有关科目的余额如下："材料采购"科目借方余额为 100 万元，"原材料"科目借方余额为 2 600 万元，"周转材料"科目借方余额为 200 万元，"库存商品"科目借方余额为 5 000 万元，"发出商品"科目借方余额为 300 万元，"生产成本"科目借方余额为 1 000 万元，"受托代销商品"科目借方余额为 500 万元，"受托代销商品款"科目贷方余额为 500 万元，"材料成本差异"科目贷方余额为 600 万元，"存货跌价准备"科目贷方余额为 400 万元。不考虑其他因素，2025 年 12 月 31 日甲企业资产负债表中的"存货"项目的金额为多少？

解析： "存货"项目的金额＝100＋2 600＋200＋5 000＋300＋1 000＋500－500－600－400＝8 200（万元）。

▶练一练

（单选题）2025 年 12 月 31 日某企业生产成本借方余额 500 万元，原材料借方余额 300 万元，材料成本差异贷方余额 20 万元，存货跌价准备贷方余额 10 万元，工程物资借方余额 200 万元。不考虑其他因素，2025 年 12 月 31 日该企业资产负债表中"存货"项目金额为（　　　）万元。

　　A.970　　　　　　B.770　　　　　　C.780　　　　　　D.790

(9)"合同资产"项目。反映企业按照《企业会计准则第 14 号——收入》的相关规定，根据本企业履行履约义务与客户付款之间的关系在资产负债表中列示的合同资产。该项目应根据"合同资产"账户的相关明细账户期末余额分析填列；同一合同下的合同资产和合同负债应当以净额列示。

(10)"持有待售资产"项目。反映资产负债表日划分为持有待售类别的非流动资产及划分为持有待售类别的处置组中的流动资产和非流动资产的期末账面价值。该项目应根据"持有待售资产"账户的期末余额，减去"持有待售资产减值准备"账户的期末余额后的金额填列。

(11)"一年内到期的非流动资产"项目。反映企业预计自资产负债表日起一年内到期的非流动资产。该项目应根据"长期应收款""债权投资""其他债权投资"等有关账户的明细账户期末余额分析计算填列。

2. 非流动资产项目的填列方法

(1)"债权投资"项目。反映资产负债表日企业以摊余成本计量的长期债权投资的期末账面价值。该项目应根据"债权投资"账户的相关明细账户期末余额，减去"债权投资减值准备"账户中相关减值准备的期末余额后的金额分析填列。自资产负债表日起一年内到期的长期债权投资的期末账面价值，在"一年内到期的非流动资产"项目反映。企业购入的以摊余成本计量的一年内到期的债权投资的期末账面价值，在"其他流动资产"项目反映。

（2）"长期应收款"项目。反映企业融资租赁产生的应收款项和采用递延方式分期收款、实质上具有融资性质的销售商品等产生的应收款项。该项目应根据"长期应收款"账户的期末余额，减去相应的"未实现融资收益"账户和"坏账准备"账户所属相关明细账户期末余额后的金额填列。如"长期应收款"账户余额中包含有一年内到期的金额，则应扣除该部分金额后填列。

（3）"长期股权投资"项目。反映企业资产负债表日持有的期末账面价值。该项目应根据"长期股权投资"账户的期末余额，减去"长期股权投资减值准备"账户的期末余额后的净额填列。

（4）"其他权益工具投资"项目。反映资产负债表日企业指定为以公允价值计量且其变动计入其他综合收益的非交易性权益工具投资的期末账面价值。该项目应根据"其他权益工具投资"账户的期末余额填列。

（5）"投资性房地产"项目。反映企业资产负债表日企业投资性房地产的期末账面价值。以公允价值模式进行后续计量的"投资性房地产"项目应根据该账户的期末余额直接填列；以成本模式进行后续计量的"投资性房地产"项目应根据"投资性房地产"账户的期末余额，减去"投资性房地产累计折旧（摊销）"和"投资性房地产减值准备"账户的期末余额后的金额填列。

（6）"固定资产"项目。反映资产负债表日企业固定资产的期末账面价值和企业尚未清理完毕的固定资产清理净损益。该项目应根据"固定资产"账户的期末余额，减去"累计折旧"和"固定资产减值准备"账户的期末余额后的金额，以及"固定资产清理"账户的期末余额填列。

【例9-8】 某企业2025年12月31日"固定资产"账户余额为3 000万元，"累计折旧"账户余额为800万元，"固定资产减值准备"账户余额为200万元，"固定资产清理"账户借方余额为50万元，"在建工程"账户余额为200万元。不考虑其他因素，该企业2025年12月31日资产负债表中"固定资产"项目金额为多少？

解析： "固定资产"项目应根据"固定资产"科目的期末余额，减去"累计折旧"和"固定资产减值准备"科目的期末余额后的金额，以及"固定资产清理"科目的期末余额填列。"固定资产"项目金额＝3 000－800－200＋50＝2 050（万元）。而"在建工程"账户的金额，应列示在"在建工程"项目。

（7）"在建工程"项目，反映资产负债表日企业尚未达到预定可使用状态的在建工程的期末账面价值和企业为在建工程准备的各种物资的期末账面价值。该项目应根据"在建工程"账户的期末余额，减去"在建工程减值准备"账户的期末余额后的金额，以及"工程物资"账户的期末余额，减去"工程物资减值准备"账户的期末余额后的金额填列。

【例9-9】 2025年12月31日，乙公司"在建工程"账户借方余额120万元，"在建工程减值准备"账户贷方余额5万元；"工程物资"账户借方余额30万元，"工程物资减值准备"账户贷方余额1万元。请计算资产负债表"在建工程"项目的填列金额。

解析： "在建工程"项目＝120－5＋30－1＝144（万元）。

（8）"使用权资产"项目。反映资产负债表日承租人持有的使用权资产的期末账面价值。该项目应根据"使用权资产"账户的期末余额，减去"使用权资产累计折旧"和"使用权资产减值准备"账户的期末余额后的金额填列。

（9）"无形资产"项目。反映企业无形资产的期末可回收金额。项目应根据"无形资产"账户的期末余额，减去"累计摊销"和"无形资产减值准备"账户期末余额后的净额填列。

（10）"开发支出"项目。反映企业开发无形资产过程中尚未完成的开发阶段的无形资产的价值。该项目应当根据"研发支出"账户所属的"资本化支出"明细账户期末余额填列。

（11）"长期待摊费用"项目，反映企业已经发生但应由本期和以后各期负担的分摊期限在一年以上的各项费用。本项目应根据"长期待摊费用"科目的期末余额分析填列。

需要特别注意的是：长期待摊费用的摊销年限只剩一年或不足一年的，或预计在一年内（含一年）进行摊销的部分，不得归类为流动资产，仍在各该非流动资产项目中填列，不转入"一年内到期的非流动资产"项目。

（12）"递延所得税资产"项目。反映企业确认的递延所得税资产。该项目应根据"递延所得税资产"账户的期末余额填列。

（13）"其他非流动资产"项目。反映企业除上述资产以外的其他非流动资产。该项目应根据有关账户的期末余额填列。

（二）负债项目的填列方法

1. 流动负债项目的填列方法

（1）"短期借款"项目。反映企业向银行或其他金融机构等借入的期限在一年以下（含一年）的各种借款。该项目应根据"短期借款"账户的期末余额填列。

（2）"交易性金融负债"项目。反映企业资产负债表日承担的交易性金融负债，以及企业持有的直接指定为以公允价值计量且其变动计入当期损益的金融负债的期末账面价值。该项目应根据"交易性金融负债"账户的相关明细账户期末余额填列。

（3）"应付票据"项目。反映资产负债表日以摊余成本计量的、企业因购买材料、商品和接受服务等开出、承兑的商业汇票。该项目应根据"应付票据"账户的期末余额填列。

▶练一练

　　（计算题）2025 年 12 月 31 日，丙公司"应付票据"账户期末余额 300 万元，包含 120 万元的银行承兑汇票金额和 180 万元的商业承兑汇票金额。请计算丙公司资产负债表"应付票据"项目应列报的金额。

（4）"应付账款"项目。反映资产负债表日企业因购买材料、商品和接受服务等经营活动应支付的款项。该项目应根据"应付账款"和"预付账款"账户所属的相关明细账户的期末贷方余额合计数填列。

【例 9-10】　2025 年 12 月 31 日，某企业"应付账款——甲企业"明细科目贷方余额 20 000 元，"应付账款——乙企业"明细科目借方余额 10 000 元，"预付账款——丙企业"明细科目借方余额 30 000 元，"预付账款——丁企业"明细科目贷方余额 6 000 元，"应付票据"总账科目贷方余额 20 000 元。不考虑其他因素，2025 年 12 月 31 日该企业资产负债表"应付账款"项目期末余额为多少？

　　解析：　"应付账款"项目，应根据"应付账款"和"预付账款"科目所属的相关明细科目的期末贷方余额合计数填列，所以"应付账款"项目＝"应付账款"期末明细贷方余额＋"预付账款"期末明细贷方余额＝20 000＋6 000＝26 000（元）。

（5）"预收款项"项目。反映企业按照合同规定预收的款项。该项目应根据"预收账款"和"应收账款"账户所属各明细账户的期末贷方余额合计数填列。如"预收账款"账户所属明细账户期末为借方余额的，应在资产负债表"应收账款"项目内填列。

【例 9-11】　2025 年年末，某企业"应收账款——甲公司"明细科目借方余额为 100 000 元，"应收账款——乙公司"明细科目借方余额为 400 000 元，"应收账款——丙公司"明细科目贷方余额为 100 000 元；"预收账款——丁公司"明细科目借方余额为 55 000 元，"预收账款——戊公司"明细科目贷方余额为 20 000 元；"坏账准备"总账科目贷方余额为 3 000 元（均与应收账款相关）。不考虑其他因素，2025 年 12 月 31 日该企业资产负债表中"预收款项"项目的期末余额为多少？

解析：　在资产负债表中，"预收款项"项目应根据"应收账款"和"预收账款"科目所属各明细科目的期末贷方余额合计数填列。所以本题"预收款项"项目的金额＝100 000＋20 000＝120 000（元）。

（6）"合同负债"项目。反映企业按照《企业会计准则第 14 号——收入》的相关规定，根据本企业履行履约义务与客户付款之间的关系在资产负债表中列示的合同负债。该项目应根据"合同负债"账户的相关明细账户期末余额分析填列。

（7）"应付职工薪酬"项目。反映企业应付未付的职工薪酬。该项目应根据"应付职工薪酬"账户所属各明细账户的期末贷方余额分析填列。如为借方余额以"－"号填列。

（8）"应交税费"项目。反映企业按照税法规定计算应缴纳的各项税费，包括增值税、消费税、所得税、资源税、土地增值税、城市维护建设税、教育附加、房产税、土地使用税、车船税、矿产资源补偿费等。企业代扣代缴的个人所得税，也通过本项目列示。企业所缴纳的税金不需要预计应交数的，如印花税、耕地占用税、契税、车辆购置税等不在本项目列示。本项目应根据"应交税费"账户所属明细账户的期末余额分析填列。

▶练一练

（多选题）下列各项中，应列入企业资产负债表"应交税费"项目的有（　　）。

A."应交税费——应交消费税"科目期末贷方余额

B."应交税费——应交资源税"科目期末贷方余额

C."应交税费——应交车船税"科目期末贷方余额

D."应交税费——应交增值税"科目期末借方余额

（9）"其他应付款"项目。反映企业除应付票据、应付账款、预收账款、应付职工薪酬、应交税费等经营活动以外的其他各项应付、暂收的款项。该项目应根据"应付利息""应付股利""其他应付款"账户的期末余额合计数填列。

（10）"持有待售负债"项目。反映资产负债表日处置组中与划分为持有待售类别的资产直接相关的负债的期末账面价值。该项目应根据"持有待售负债"账户的期末余额填列。

（11）"一年内到期的非流动负债"项目。反映资产负债表日企业非流动负债中将于资产负债表日后一年内到期部分的金额，如一年内到期的长期借款、应付债券、长期应付款、预计负债等。该项目应根据上述相关账户所属明细账户的期末余额分析计算填列。

▶练一练

（单选题）某企业一笔长期借款将于 2025 年 7 月 1 日到期，下列各项中，该笔长期借款应列于企业 2024 年 12 月 31 日资产负债表的项目是（　　）。

A.一年内到期的非流动负债　　　　B.其他非流动资产

C.短期借款　　　　　　　　　　　D.长期借款

2. 非流动负债项目的填列方法

(1)"长期借款"项目。反映企业尚未归还的期限在一年以上(不含一年)的各项借款。该项目应根据"长期借款"账户的期末余额,扣除"长期借款"账户所属的明细账户中将在资产负债表日起一年内到期且企业不能自主地将清偿义务展期的长期借款后的金额计算填列。

(2)"应付债券"项目。反映企业发行的尚未到期的各种长期债券本息。该项目应根据"应付债券"账户的期末余额分析填列。其中,优先股和永续债两个项目应根据"应付债券"相关明细账户的期末余额分析填列。

(3)"租赁负债"项目。反映资产负债表日承租人企业尚未支付的租赁付款额的期末账面价值。该项目应根据"租赁负债"账户的期末余额填列。自资产负债表日起一年内到期应予以清偿的租赁负债的期末账面价值,在"一年内到期的非流动负债"项目反映。

(4)"长期应付款"项目。应根据"长期应付款"账户的期末余额,减去相关的"未确认融资费用"账户的期末余额后的金额,以及"专项应付款"账户的期末余额填列。

(5)"预计负债"项目。反映企业根据或有事项等相关准则确认的各项预计负债,包括对外提供担保、未决诉讼、产品质量保证、重组义务以及固定资产和矿区权益弃置义务等产生的预计负债。该项目应根据"预计负债"账户的期末余额填列。

(6)"递延收益"项目。反映尚待确认的收入或收益。如企业收到的应在以后期间确认收入的政府补助款项。该项目应根据"递延收益"账户的期末余额填列。该项目中摊销期限只剩一年或不足一年的,或预计在一年内(含一年)进行摊销的部分,不得归类为流动负债,仍在该项目中填列,不转入"一年内到期的非流动负债"项目。

(7)"递延所得税负债"项目。反映企业根据所得税准则确认的应纳税暂时性差异产生的所得税负债。该项目应根据"递延所得税负债"账户的期末余额填列。

(8)"其他非流动负债"项目。反映企业除以上非流动负债以外的其他非流动负债。包括长期待转销项税额、预收租金、已收或应收客户对价而应向客户转让商品的长期义务等。该项目根据有关账户期末余额分析计算填列。

(三)所有者权益项目的填列方法

(1)"实收资本(或股本)"项目。反映企业各投资者实际投入的资本(或股本)总额。该项目应根据"实收资本(或股本)"账户的期末余额填列。

(2)"其他权益工具"项目。反映资产负债表日企业发行在外的除普通股以外分类为权益工具的金融工具的期末账面价值,并下设"优先股"和"永续债"两个项目,分别反映企业发行的分类为权益工具的优先股和永续债的账面价值。

(3)"资本公积"项目。反映企业资本公积的期末余额。该项目应根据"资本公积"账户的期末余额填列。

(4)"库存股"项目。反映股份有限公司持有尚未转让或注销的本公司股份额。该项目应根据库存股账户的余额填列。

(5)"其他综合收益"项目。反映企业按规定未在损益中确定的各项利得和损失扣除所得税影响后的净额。该项目应根据"其他综合收益"账户的期末余额填列。

(6)"专项储备"项目。反映高危行业企业按国家规定提取的安全生产费的期末账面价值。该项目应根据"专项储备"账户的期末余额填列。

(7)"盈余公积"项目。反映企业盈余公积的期末余额。该项目应根据"盈余公积"账户的期末余额填列。

(8)"未分配利润"项目。反映企业尚未分配的利润。该项目应根据"本年利润"账户和"利润分配——未分配利润"明细账户的期末余额计算填列。未弥补的亏损在该项目内以"—"号填列。

五、资产负债表编制举例

【例9-12】 某服装企业为增值税一般纳税人,增值税税率为13%,所得税税率为25%;原材料采用实际成本法进行核算。该公司2025年12月31日的科目余额表的相关数据如表9-3和表9-4所示。

表 9-3　科目余额表　　　　　　　　　　　　　单位:元

账户名称	借方余额	贷方余额	账户名称	借方余额	贷方余额
库存现金	10 000		累计折旧		300 000
银行存款	144 300		固定资产减值准备		100 000
应收票据	60 000		在建工程	40 000	
应收账款	80 000		无形资产	150 000	
预付账款		30 000	累计摊销		20 000
坏账准备——应收账款		5 000	无形资产减值准备		10 000
原材料	70 000		短期借款		10 000
周转材料	10 000		应付账款		70 000
材料成本差异		5 500	预收账款		10 000
生产成本	90 000		应付职工薪酬		4 000
库存商品	100 000		应交税费		13 000
存货跌价准备		10 000	长期借款		80 000
交易性金融资产	2 000		实收资本		500 000
债权投资	11 200		盈余公积		200 000
固定资产	800 000		未分配利润		200 000

表 9-4　债权债务明细账科目余额表

科目名称		借方金额	贷方金额
应收账款	应收账款——A公司	100 000	
	应收账款——B公司		20 000
预付账款	预付账款——C公司	20 000	
	预付账款——D公司		50 000
应付账款	应付账款——E公司		100 000
	应付账款——F公司	30 000	
预收账款	预收账款——G公司		40 000
	预收账款——H公司	30 000	

长期借款均为一次性到期还本付息,金额及期限如下。

(1) 从建设银行借入 3 万元,期限 2023 年 6 月 1 日到 2026 年 5 月 31 日。

(2) 从农业银行借入 5 万元,期限 2024 年 4 月 1 日到 2027 年 3 月 31 日。

根据上述资料,编制本企业 2025 年 12 月 31 日资产负债表(表9-5)。

表 9-5　资产负债表

会企 01 表

编制单位:甲企业　　　　　　　　2025 年 12 月 31 日　　　　　　　　单位:元

资　产	期末余额	年初余额	负债及所有者权益	期末余额	年初余额
流动资产:			流动负债:		
货币资金	154 300		短期借款	10 000	
交易性金融资产	2 000		应付票据		
应收账款	125 000		应付账款	150 000	
预付账款	50 000		应付职工薪酬	4 000	
应收票据	60 000		预收账款	60 000	
应收利息			应交税费	13 000	
应收股利			应付利息		
其他应收款			应付股利		
存货	254 500		其他应付款		
流动资产合计	645 800		一年内到期的长期负债	30 000	
非流动资产:			流动负债合计	267 000	
债权投资	11 200		非流动负债:		
长期股权投资			长期借款	50 000	
固定资产	400 000		长期应付款		
在建工程	40 000		非流动负债合计	50 000	
工程物资			负债合计	317 000	
固定资产清理			所有者权益(或股东权益):		
无形资产	120 000		实收资本(或股本)	500 000	
开发支出			资本公积	200 000	
长期待摊费用			其他综合收益		
			盈余公积		
			未分配利润	200 000	
非流动资产合计	571 200		所有者权益合计	900 000	
资产总计	1 217 000		负债及所有者权益总计	1 217 000	

单位负责人:李华　　　　　　财务负责人:王红　　　　　　制表人:刘一

9.2 即测即评

9.2 业务题

任务三　利　润　表

一、利润表的概念和作用

利润表是反映企业在一定会计期间(如月度、季度、半年度或年度)经营成果的财务报表。企业一定会计期间的经营成果既可能表现为盈利,也可能表现为亏损,因此,利润表也被称为损益表。

动画:蓝田
股份造假案

利润表是根据"收入－费用＝利润"这一会计等式所包含的经济内容和数学上的等量关系,并依据权责发生制的要求,把一定期间的收入与同一期间相关费用进行配比,计算出企业一定期间的利润或亏损。从反映企业经营资金运动的角度看,它反映企业某一期间利润的实现过程和利润的来源及构成情况,所以它属于动态会计报表。利润表的数字属于时期数字,反映的内容是企业一定期间的收入、费用和利润。

微课:认识
利润表

> ▶练一练
>
> 1.(多选题)关于利润表的表述正确的有(　　)。
>
> A.表中各项目是按照流动性排列的
>
> B.可据以分析企业的获利能力和利润的未来发展趋势
>
> C.是企业的主要财务报表之一
>
> D.可据以分析、评价企业的盈利状况和工作业绩
>
> 2.(单选题)利润表属于动态报表的主要原因是它是根据(　　)编制的。
>
> A.账户的期初余额　　　　　　　　B.账户的期末余额
>
> C.账户的本期发生额　　　　　　　D.账户的期初、期末余额

会计启发故事

小李的烦恼

小李是一家公司的会计,负责公司日常的账务处理和财务报表的编制。某日,小李发现公司有一笔10万元的营业外收入没有在账目上体现,利润表中也没有反映,询问其他同事后得知这笔收入是总经理要求保密的,以备用于一些私人开支。小李觉得不妥,但如果得罪总经理可能丢掉工作,这10万元到底怎么处理,小李感到十分苦恼。

利润表需真实、完整地反映企业在一定会计期间的经营成果。上述故事中,总经理隐匿收入会导致利润表数据失真,无法为报表使用者提供可靠信息。小李作为会计人员对利润表的真实性负直接责任,若屈从于管理层压力,可能成为财务舞弊的"执行者",面临法律制裁。

二、利润表的结构

1. 利润表的结构

利润表由表首、正表和表尾三部分构成。其中,表首包括报表名称、编制单位、编制日期、报表编号、货币名称和计量单位等。正表是利润表的主体,反映经营成果的各个项目和计算过程。表尾是单位负责人、财务负责人、制表人签章。

2. 利润表的格式

按照利润表各具体内容的排列方式不同,利润表分单步式和多步式两种格式。多步式利润表是将不同性质的收入和费用分别进行对比,以便得出一些中间性的利润数据,帮助使用者理解企业经营成果的不同来源,同时有利于不同企业之间进行比较。在我国,企业一般采用多步式利润表。多步式利润表格式如表 9-6 所示。

表 9-6 利润表

会企 02 表

编制单位: 　　　　　　　　　　　年　　月　　　　　　　　　　单位:元

项　　目	本期金额	上期金额
一、营业收入		
减:营业成本		
税金及附加		
销售费用		
管理费用		
研发费用		
财务费用		
其中:利息费用		
利息收入		
加:其他收益		
投资收益(损失以"—"填列)		
其中:对联营企业和合营企业的投资收益		
以摊余成本计量的金融资产终止确认收益(损失以"—"号填列)		
净敞口套期收益(损失以"—"号填列)		
公允价值变动收益(损失以"—"填列)		
资产减值损失(损失以"—"填列)		
信用减值损失(损失以"—"填列)		
资产处置收益(损失以"—"填列)		
二、营业利润(亏损以"—"填列)		
加:营业外收入		
减:营业外支出		

续表

项 目	本期金额	上期金额
三、利润总额(亏损总额以"一"填列)		
减:所得税费用		
四、净利润(净亏损以"一"填列)		
(一)持续经营净利润(净亏损以"一"号填列)		
(二)终止经营净利润(净亏损以"一"号填列)		
五、其他综合收益的税后净额		
(一)不能重分类进损益的其他综合收益		
1.重新计量设定受益计划变动额		
2.权益法下不能转损益的其他综合收益		
……		
(二)将重分类进损益的其他综合收益		
1.权益法下可转损益的其他综合收益		
2.其他债权投资公允价值变动		
3.金融资产重分类计入其他综合收益的金额		
……		
六、综合收益总额		
七、每股收益		
(一)基本每股收益		
(二)稀释每股收益		

单位负责人:　　　　　财务负责人:　　　　　制表人:

▶**练一练**

(判断题)多步式利润表是通过一次计算求得净利润(或净亏损),没有提供营业利润和利润总额指标。(　　　)

三、利润表的内容

根据多步式利润表格式,可以清楚地反映利润表主要由营业利润、利润总额和净利润等部分组成,其关系如下。

(1)构成营业利润的各项要素:营业收入、营业成本、税金及附加、销售费用、管理费用、研发费用、财务费用、其他收益、投资收益、净敞口套期收益、公允价值变动收益(公允价值变动损失)、资产减值损失、信用减值损失、资产处置收益。

营业利润=营业收入-营业成本-税金及附加-销售费用-管理费用-研发费用-
　　　　财务费用+其他收益±投资收益±净敞口套期收益±公允价值变动损益-
　　　　资产减值损失-信用减值损失-资产处置收益

【例 9-13】 2025 年,某企业确认营业收入 2 000 万元,营业成本 800 万元,管理费用 400 万元,税金及附加 20 万元,营业外收入 100 万元。不考虑其他因素,2025 年该企业利润表中"营业利润"项目本期金额为(   )万元。

    A. 780   B. 800   C. 880   D. 1 200

    解析: 营业外收入不影响营业利润,影响利润总额,所以该企业利润表中"营业利润"项目本期金额＝2 000－800－400－20＝780(万元)。

▶练一练

    (单选题)某公司 2025 年实现营业收入 600 万元,发生营业成本 400 万元,管理费用 20 万元,税金及附加 5 万元,营业外支出 10 万元。不考虑其他因素,该企业 2025 年的营业利润为(   )万元。

    A. 200   B. 165   C. 190   D. 175

    (2) 构成利润总额(或亏损总额)的各项要素:营业利润、营业外收入、营业外支出。

$$利润总额＝利润总额＋营业外收入－营业外支出$$

    (3) 构成净利润(或净亏损)的各项要素:利润总额(或亏损总额)、所得税费用。

$$净利润＝利润总额－所得税费用$$

    (4) 构成综合收益总额的各项要素:净利润(或净亏损)、其他综合收益的税后净额。

$$综合收益总额＝净利润＋其他综合收益的税后净额$$

    (5) 构成每股收益的各项要素:基本每股收益、稀释每股收益。

▶练一练

    1. (单选题)下列各项中,属于企业利润表项目的是(   )。

    A. 综合收益总额   B. 未分配利润

    C. 其他综合收益   D. 本年利润

    2. (多选题)下列各项中,属于企业利润表列示的项目的有(   )。

    A. 每股收益   B. 净利润

    C. 递延收益   D. 长期待摊费用

四、利润表编制的基本方法

(一) 利润表各个项目的列报方法

    利润表中的金额栏,包括"本期金额"和"上期金额"两栏,每一个具体项目都需要填列这两项金额。

    "上期金额"栏内各项数字,应根据上年该期利润表的"本期金额"栏内所列数字填列。如果上年度的项目名称和内容与本年度利润表不一致,应对上年度利润表项目的名称和数字按本年度的规定进行调整,填入报表的"上期金额"栏。

微课:利润表的编制方法

"本期金额"栏反映各项目的本期实际发生数,主要根据各损益类等相关账户的发生额分析填列。如"营业收入"项目根据"主营业务收入"和"其他业务收入"账户的发生额分析计算填列,"营业成本"项目,根据"主营业务成本"和"其他业务成本"账户的发生额分析计算填列。

(二) 利润表各项目的填列说明

(1)"营业收入"项目,反映企业经营主要业务和其他业务所确认的收入总额。该项目应根据"主营业务收入"和"其他业务收入"账户的发生额分析填列。

▶**练一练**

(多选题)下列各项中,应列入工业企业利润表"营业收入"项目的有(　　　)。

A. 销售商品收入　　　　　　　　B. 销售原材料收入

C. 出租闲置设备收取的价款　　　　D. 接受捐赠取得的款项

(2)"营业成本"项目,反映企业经营主要业务和其他业务所发生的成本总额。该项目应根据"主营业务成本"和"其他业务成本"账户的发生额分析填列。

▶**练一练**

(单选题)下列各项中,不应列入利润表"营业成本"项目的是(　　　)。

A. 已销商品的实际成本　　　　　　B. 在建工程领用产品的成本

C. 对外提供劳务结转的成本　　　　D. 已销材料的实际成本

(3)"税金及附加"项目,反映企业经营业务应负担的消费税、城市维护建设税、教育费附加、资源税、土地增值税、房产税、车船税、城镇土地使用税、印花税、环境保护税等相关税费。该项目应根据"税金及附加"账户的发生额分析填列。

(4)"销售费用"项目,反映企业在销售商品过程中发生的包装费、广告费等费用和为销售本企业商品而专设的销售机构的职工薪酬、业务费等经营费用。该项目应根据"销售费用"账户的发生额分析填列。

(5)"管理费用"项目,反映企业为组织和管理生产经营发生的管理费用。该项目应根据"管理费用"的发生额分析填列,不包括费用化的研发费用。

(6)"研发费用"项目,反映企业进行研究与开发过程中发生的费用化支出以及计入管理费用的自行开发无形资产的摊销。该项目应根据"管理费用"账户下的"研发费用"明细账户的发生额以及"管理费用"账户下"无形资产摊销"明细账户的发生额分析填列。

(7)"财务费用"项目,反映企业为筹集生产经营所需资金等而发生的筹资费用。该项目应根据"财务费用"账户的相关明细账户发生额分析填列。其中"利息费用"项目,反映企业为筹集生产经营所需资金等而发生的应予费用化的利息支出,应根据"财务费用"账户的相关明细账户的发生额分析填列。"利息收入"项目,反映企业应冲减财务费用的利息收入,应根据"财务费用"账户的相关明细账户的发生额分析填列。

【例9-14】 2025年11月,某企业确认短期借款利息7.2万元(不考虑增值税),收到银行活期存款利息收入1.5万元,开具银行承兑汇票支付手续费0.5万元(不考虑增值税)。不考虑其他因素,11月企业利润表中"财务费用"项目的本期金额为多少?

解析: 11月企业利润表中"财务费用"项目的本期金额=7.2-1.5+0.5=6.2(万元)。

(8)"其他收益"项目,反映计入其他收益的政府补助,以及其他与日常活动相关且计入其他收益的项目。该项目应根据"其他收益"账户的发生额分析填列。

(9)"投资收益"项目,反映企业以各种方式对外投资所取得的收益。该项目应根据"投资收益"账户的发生额分析填列。如为投资损失,该项目以"-"号填列。

(10)"净敞口套期收益"项目,反映净敞口套期下被套期项目累计公允价值变动转入当期损益的金额或现金流量套期储备转入当期损益的金额。该项目应根据"净敞口套期损益"账户的发生额分析填列。如为套期损失,本项目以"-"号填列。

(11)"公允价值变动收益"项目,反映企业应当计入当期损益的资产或负债公允价值变动收益。该项目应根据"公允价值变动损益"账户的发生额分析填列,如为净损失,本项目以"-"号填列。

(12)"信用减值损失"项目,反映企业按照相关要求计提的各项金融工具信用减值准备所确认的信用损失。该项目应根据"信用减值损失"账户的发生额分析填列。

(13)"资产减值损失"项目,反映企业各项资产发生的减值损失。该项目应根据"资产减值损失"账户的发生额分析填列。

(14)"资产处置收益"项目,根据"资产处置损益"账户的发生额分析填列。如为处置损失,以"-"号填列。

(15)"营业利润"项目,反映企业实现的营业利润。如为亏损,该项目以"-"号填列。

(16)"营业外收入"项目,反映企业发生的除营业利润以外的收益。该项目应根据"营业外收入"账户的发生额分析填列。

(17)"营业外支出"项目,反映企业发生的除营业利润以外的支出。该项目应根据"营业外支出"账户的发生额分析填列。

▶**练一练**

(单选题)2025年6月,某企业发生以下交易或事项:支付诉讼费用10万元,固定资产出售净损失8万元,对外捐赠支出5万元,支付税收滞纳金1万元。不考虑其他因素,该企业2025年6月利润表"营业外支出"项目的本期金额为( )万元。

A.6　　　　　　　　B.14　　　　　　　　C.13　　　　　　　　D.9

(18)"利润总额"项目,反映企业实现的利润。如为亏损,该项目以"-"号填列。

(19)"所得税费用"项目,反映企业应从当期利润总额中扣除的所得税费用。该项目应根据"所得税费用"账户的发生额分析填列。

(20)"净利润"项目,反映企业实现的净利润。如为亏损,该项目以"-"号填列。

(21)"其他综合收益的税后净额"项目,反映企业根据企业会计准则规定未在损益中确认的各项利得和损失扣除所得税影响后的净额。

(22)"综合收益总额"项目,反映净利润与其他综合收益(税后净额)的合计金额。

(23)"每股收益"项目,包括基本每股收益和稀释每股收益两项指标,反映普通股或潜在普通股已公开交易的企业,以及正处在公开发行普通股或潜在普通股过程中的企业的每股收益信息。

五、利润表编制举例

【例 9-15】　某服装公司 2025 年 2 月有关业务资料如下。

(1) 收入、费用类账户的发生额如表 9-7 所示(假设财务费用全为利息费用)。

表 9-7　收入、费用类账户的发生额　　　　　单位:元

账　户	本期发生额	账　户	本期发生额
主营业务收入	2 400 000	投资收益	160 000
主营业务成本	1 360 000	营业外收入	30 000
税金及附加	80 000	营业外支出	19 000
管理费用	192 000	其他业务收入	180 000
财务费用	48 000	其他业务支出	100 000
销售费用	120 000	所得税费用	212 750

(2) 该公司 2025 年 1 月利润表中的有关数据如表 9-8 所示。

表 9-8　利润表

会企 02 表

编制单位:某服装公司　　　　　　　　2025 年 1 月　　　　　　　　单位:元

项　　目	本期金额	上期金额
一、营业收入	2 150 000	
减:营业成本	940 000	
税金及附加	150 000	
销售费用	130 000	
管理费用	154 000	
研发费用		
财务费用	86 000	
其中:利息费用	86 000	
利息收入		
加:其他收益		
投资收益(损失以"—"填列)		
其中:对联营企业和合营企业的投资收益		
以摊余成本计量的金融资产终止确认收益(损失以"—"号填列)		
净敞口套期收益(损失以"—"填列)		

续表

项　　目	本期金额	上期金额
公允价值变动收益(损失以"－"填列)		
资产减值损失(损失以"－"填列)		
信用减值损失(损失以"－"填列)		
资产处置收益(损失以"－"填列)		
二、营业利润(亏损以"－"填列)	690 000	
加:营业外收入	45 000	
减:营业外支出	14 500	
三、利润总额(亏损总额以"－"填列)	720 500	
减:所得税费用	180 125	
四、净利润(净亏损以"－"填列)	540 375	
(一)持续经营净利润(净亏损以"－"号填列)		
(二)终止经营净利润(净亏损以"－"号填列)		
五、其他综合收益的税后净额		
(一)不能重分类进损益的其他综合收益		
1.重新计量设定受益计划变动额		
2.权益法下不能转损益的其他综合收益		
⋮		
(二)将重分类进损益的其他综合收益		
1.权益法下可转损益的其他综合收益		
2.其他债权投资公允价值变动		
3.金融资产重分类计入其他综合收益的金额		
⋮		
六、综合收益总额	540 375	
七、每股收益		
(一)基本每股收益		
(二)稀释每股收益		

单位负责人:吴红　　　　　财务负责人:王田　　　　　制表人:朱力

根据上述资料,编制 2025 年 2 月利润表,如表 9-9 所示。

表 9-9　利润表

会企 02 表

编制单位:某服装公司　　　　　　2025 年 2 月　　　　　　　　　　单位:元

项　　目	本期金额	上期金额
一、营业收入	2 580 000	2 150 000
减:营业成本	1 460 000	940 000

续表

项　　目	本期金额	上期金额
税金及附加	80 000	150 000
销售费用	120 000	130 000
管理费用	192 000	154 000
研发费用		
财务费用	48 000	86 000
其中:利息费用		
利息收入		
加:其他收益		
投资收益(损失以"一"填列)	160 000	
其中:对联营企业和合营企业的投资收益		
以摊余成本计量的金融资产终止确认收益(损失以"一"号填列)		
净敞口套期收益(损失以"一"号填列)		
公允价值变动收益(损失以"一"填列)		
资产减值损失(损失以"一"填列)		
信用减值损失(损失以"一"填列)		
资产处置收益(损失以"一"填列)		
二、营业利润(亏损以"一"填列)	840 000	690 000
加:营业外收入	30 000	45 000
减:营业外支出	19 000	14 500
三、利润总额(亏损总额以"一"填列)	851 000	720 500
减:所得税费用	212 750	180 125
四、净利润(净亏损以"一"填列)	638 250	540 375
(一)持续经营净利润(净亏损以"一"号填列)		
(二)终止经营净利润(净亏损以"一"号填列)		
五、其他综合收益的税后净额		
(一)不能重分类进损益的其他综合收益		
1. 重新计量设定受益计划变动额		
2. 权益法下不能转损益的其他综合收益		
⋮		
(二)将重分类进损益的其他综合收益		
1. 权益法下可转损益的其他综合收益		
2. 其他债权投资公允价值变动		
3. 金融资产重分类计入其他综合收益的金额		
⋮		

续表

项　目	本期金额	上期金额
六、综合收益总额	638 250	540 375
七、每股收益		
（一）基本每股收益		
（二）稀释每股收益		

单位负责人:吴红　　　　财务负责人:王田　　　　制表人:朱力

▶ **想一想**

在编制报表时,是先编制资产负债表,还是先编制利润表? 为什么?

答案解析　　　　　　9.3 即测即评　　　　　9.3 业务题

任务四　现金流量表

一、现金流量表概述

现金流量表是指反映企业在一定会计期间现金和现金等价物流入和流出的报表。现金流量表是以收付实现制为基础的,反映企业经济业务所引起的现金流入和流出情况。

现金流管理是现代企业理财活动的一项重要职能,建立完善的现金流管理体系,是确保企业的生存与发展、提高企业市场竞争力的重要保障。

企业的生命线——现金流

某知名儿童早教机构历经近半个世纪的发展,在全球 30 多个国家和地区开设了儿童早教中心,仅在中国就开设了近 600 家,覆盖近 200 个城市,拥有逾百万中国会员。这样一家规模庞大的企业,2022 年突然发出公告,表示自 2020 年以来公司已进行多轮融资以维持经营,最近引资失败,没有资金维持运转,多家门店纷纷停业、宣告破产。

上面这个小故事,说明现金流是企业的生命线,它就像人体的血液,人体如果没有了血液,将是无法维持生命的。

（一）现金的概念

现金流量表是以现金作为编制基础的。这里的现金是指广义的现金,包括现金和现金等价物。按现行会计准则的规定,现金及现金等价物包括库存现金、银行存款、其他货币资金和现金等价物。其中,其他货币资金是指企业存放在银行有特定用途的资金,如外埠存款、银行汇票存款、银行本票存款、信用证保证金存款等;现金等价物,是指企业持有的期限短、流动性强、易于转换为已知金额的现金、价值变动风险很小的投资,例如,可在证券市场上流通的三个月内到期的债券投资等。

企业应当根据具体情况,确定现金等价物的范围,一经确定不得随意变更。

(二)现金流量表的作用

现金流量表的作用主要表现在以下几个方面:一是可以对企业整体财务状况作出客观评价;二是可以对企业的支付能力、偿债能力和对外部资金的需求情况作出正确的判断;三是可以方便报表不同使用者评估报告期内与现金有关或无关的投资和筹资活动;四是可以预测企业未来的发展情况等。

▶想一想

通过资产负债表上货币资金的期初数与期末数的差异,已经知道了其增减变化数额,为什么还要编制现金流量表呢?

答案解析

(三)现金流量的分类

企业现金有不同收入来源和不同用途。只有对频繁发生的现金流入与流出进行合理分类,才可能对现金流量进行分析,从而充分发挥现金流量表的作用。按照企业会计准则的相关规定,现金流量分为经营活动现金流量、投资活动现金流量和筹资活动现金流量三大类。

1. 经营活动产生的现金流量

经营活动是指企业投资活动和筹资活动以外的所有交易和事项。经营活动产生的现金流量主要包括销售商品、提供劳务、购买商品、接受劳务、支付职工薪酬和缴纳税费等流入和流出的现金和现金等价物。

2. 投资活动产生的现金流量

投资活动是指企业长期资产的购建和不包括在现金等价物范围内的投资及其处置活动。长期资产是指固定资产、无形资产、在建工程、其他资产等持有期限在一年或一个营业周期以上的资产。这里所讲的投资活动,既包括实物资产投资,也包括金融资产投资。

3. 筹资活动产生的现金流量

筹资活动是指导致企业资本及债务规模和构成情况发生变化的活动,包括吸收投资、发行股票、分配利润、发行债券、偿还债务等流入和流出的现金和现金等价物。需要说明的是,偿付应付账款、应付票据等商业应付款属于经营活动,不属于筹资活动。

二、现金流量表的结构和格式

1. 现金流量表的结构

现金流量表的基本结构根据"现金流入量－现金流出量＝现金净流量"公式设计现金流量,包括现金流入量、现金流出量、现金净流量。

经营活动、投资活动和筹资活动,每一项都分为流入量、流出量和净流量三部分分项列示。

2. 现金流量表的格式

现金流量表的格式是指现金流量表结构内容的编排顺序和方式。现金流量表的基本原理是以权责发生制为基础提供的会计核算资料为依据,按照收付实现制基础进行调整计算,以反映现金流量增减变动及其结果。

从格式上看,现金流量表分为表首、基本部分(主表)和补充资料(附表)三部分。

表首标明企业名称、现金流量的会计期间、报表编号和货币单位。

基本部分(主表)分类反映经营活动产生的现金流量、投资活动产生的现金流量和筹资活动产生的现金流量,最后汇总反映企业某一期间现金及现金等价物的净增加额。

补充资料(附表)是对基本部分的补充,全面揭示企业的理财活动并能起到与主表进行校对的作用。补充资料包括三部分内容:用间接法将净利润调节为经营活动产生的现金流量,主表中与补充资料中的"经营活动产生的现金流量净额"应当一致;不涉及现金收支的投资和筹资活动;现金及现金等价物净增加情况。

一般企业现金流量表的格式和内容如表 9-10 所示。

表 9-10　现金流量表

会企 03 表

编制单位:　　　　　　　　　　　　　　　　_____ 年　　　　　　　　　　　　　　　单位:元

项　　目	本期金额	上期金额
一、经营活动产生的现金流量		
销售商品提供劳务收到的现金		
收到的税费返还		
收到其他与经营活动有关的现金		
经营活动现金流入小计		
购买商品、接受劳务支付的现金		
支付给职工以及为职工支付的现金		
支付的各项税费		
支付其他与经营活动有关的现金		
经营活动现金流出小计		
经营活动产生的现金流量净额		
二、投资活动产生的现金流量		
收回投资收到的现金		
取得投资收益收到的现金		
处置固定资产、无形资产和其他资产收回的现金净额		
处置子公司及其他营业单位收到的现金净额		
收到其他与投资活动有关的现金		
投资活动现金流入小计		

项　　目	本期金额	上期金额
购建固定资产、无形资产和其他长期资产支付的现金		
投资支付的现金		
取得子公司及其他营业单位支付的现金净额		
支付其他与投资活动有关的现金		
投资活动现金流出小计		
投资活动产生的现金流量净额		
三、筹资活动产生的现金流量		
吸收投资收到的现金		
取得借款收到的现金		
收到其他与筹资活动有关的现金		
筹资活动现金流入小计		
偿还债务支付的现金		
分配股利、利润或偿还利息支付的现金		
支付其他与筹资活动有关的现金		
筹资活动现金流出小计		
筹资活动产生的现金流量净额		
四、汇率变动对现金及现金等价物的影响		
五、现金及现金等价物净增加额		
加:期初现金及现金等价物余额		
六、期末现金及现金等价物余额		

三、现金流量表的编制方法

（一）现金流量表主要项目说明

1. 经营活动产生的现金流量

（1）"销售商品、提供劳务收到的现金"项目,反映企业本期销售商品、提供劳务收到的现金,以及前期销售商品、提供劳务本期收到的现金(包括应向购买者收取的增值税销项税额)和本期预收的款项,减去本期销售本期退回商品和前期销售本期退回商品支付的现金。企业销售材料和代购代销业务收到的现金,也在本项目反映。

（2）"收到的税费返还"项目,反映企业收到返还的所得税、增值税、消费税、关税和教育费附加等各种税费返还款。

（3）"收到其他与经营活动有关的现金"项目,反映企业经营租赁收到的租金等其他与经营活动有关的现金流入,金额较大的应当单独列示。

（4）"购买商品、接受劳务支付的现金"项目,反映企业本期购买商品、接受劳务实际支付的现金(包括增值税进项税额),以及本期支付前期购买商品、接受劳务的未付款项和本期预付款项,减去本期发生的购货退回收到的现金。企业购买材料和代购代销业务支付的现金,也在本项目反映。

（5）"支付给职工以及为职工支付的现金"项目,反映企业实际支付给职工的工资、奖金、各种津贴和补贴等职工薪酬(包括代扣代缴的职工个人所得税)。

（6）"支付的各项税费"项目,反映企业发生并支付、前期发生本期支付以及预交的各项税费,包括所得税、增值税、消费税、印花税、房产税、土地增值税、车船税、教育费附加等。

（7）"支付其他与经营活动有关的现金"项目,反映企业支付的按租赁准则简化处理的短期租赁付款额、低价值资产租赁付款额以及未纳入租赁负债的可变租赁付款额,支付的按租赁准则简化处理的短期租赁和低价值资产租赁相关的预付租金以及租赁保证金,支付的差旅费、业务招待费、保险费、罚款支出等其他与经营活动有关的现金流出,金额较大的应当单独列示。

2. 投资活动产生的现金流量

（1）"收回投资收到的现金"项目,反映企业出售、转让或到期收回除现金等价物以外的对其他企业长期股权投资等收到的现金,但处置子公司及其他营业单位收到的现金净额除外。

（2）"取得投资收益收到的现金"项目,反映企业除现金等价物以外的对其他企业的长期股权投资分回的现金股利和利息等。

（3）"处置固定资产、无形资产和其他长期资产收回的现金净额"项目,反映企业出售、报废固定资产、无形资产和其他长期资产所取得的现金(包括因资产毁损而收到的保险赔偿收入),减去为处置这些资产而支付的有关费用后的净额。

（4）"处置子公司及其他营业单位收到的现金净额"项目,反映企业处置子公司及其他营业单位所取得的现金,减去相关处置费用以及子公司及其他营业单位持有的现金和现金等价物后的净额。

（5）"购建固定资产、无形资产和其他长期资产支付的现金"项目,反映企业购买、建造固定资产、取得无形资产和其他长期资产所支付的现金(含增值税款等),以及用现金支付的应由在建工程和无形资产负担的职工薪酬。

（6）"投资支付的现金"项目,反映企业取得除现金等价物以外的对其他企业的长期股权投资所支付的现金以及支付的佣金、手续费等附加费用,但取得子公司及其他营业单位支付的现金净额除外。

（7）"取得子公司及其他营业单位支付的现金净额"项目,反映企业购买子公司及其他营业单位购买出价中以现金支付的部分,减去子公司及其他营业单位持有的现金和现金等价物后的净额。

（8）"收到其他与投资活动有关的现金""支付其他与投资活动有关的现金"项目,反映企业除上述(1)至(7)项目外收到或支付的其他与投资活动有关的现金,金额较大的应当单独列示。

3. 筹资活动产生的现金流量

（1）"吸收投资收到的现金"项目,反映企业以发行股票、债券等方式筹集资金实际收到的款项(发行收入减去支付的佣金等发行费用后的净额)。

（2）"取得借款收到的现金"项目,反映企业举借各种短期、长期借款而收到的现金。

（3）"偿还债务支付的现金"项目，反映企业为偿还债务本金而支付的现金。

（4）"分配股利、利润或偿付利息支付的现金"项目，反映企业实际支付的现金股利、支付给其他投资单位的利润或用现金支付的借款利息、债券利息。

（5）"收到其他与筹资活动有关的现金""支付其他与筹资活动有关的现金"项目，反映企业除上述（1）至（4）项目外收到或支付的其他与筹资活动有关的现金，金额较大的应当单独列示。

4．"汇率变动对现金及现金等价物的影响"项目

该项目反映下列项目之间的差额。

（1）企业外币现金流量折算为记账本位币时，采用现金流量发生日的即期汇率或按照系统合理的方法确定的、与现金流量发生日即期汇率近似的汇率折算的金额（编制合并现金流量表时折算境外子公司的现金流量，应当比照处理）。

（2）企业外币现金及现金等价物净增加额按资产负债表日即期汇率折算的金额。

（二）现金流量的列报方法

编制现金流量表时，列报经营活动现金流量的方法有两种：一是直接法；二是间接法。

1．直接法

直接法是通过现金收入和现金支出的主要类别直接反映企业经营活动产生的现金流量的方法。在直接法下，一般是以利润表中的营业收入为起算点，调整与经营活动有关的项目的增减变动，然后计算出经营活动产生的现金流量。

2．间接法

间接法是指将净利润调整为经营活动现金流量的一种方法。在间接法下，是以本期净利润为起算点，调整不涉及现金的收入、费用、营业外收支以及有关项目的增减变动，剔除投资活动、筹资活动对现金流量的影响，据此计算出经营活动产生的现金流量。

（三）现金流量表的编制程序

在采用直接法具体编制现金流量表时，企业可采用工作底稿法、T型账户法，或直接根据有关账户的记录分析填列。

1．工作底稿法

工作底稿法是以工作底稿为手段，以利润表和资产负债表数据为基础，结合有关账户的记录，对现金流量表的每一项目进行分析并编制调整分录，从而编制出现金流量表的一种方法。

采用工作底稿法编制现金流量表的程序如下。

第一步，将资产负债表的期初数和期末数过入工作底稿的期初数和期末数栏。

第二步，对当期业务进行分析并编制调整分录。在调整分录中，有关现金和现金等价物的事项，并不直接借记或贷记现金，而是分别记入"经营活动产生的现金流量""投资活动产生的现金流量""筹资活动产生的现金流量"有关项目，借记表明现金流入，贷记表明现金流出。

第三步，将调整分录过入工作底稿中的相应部分。

第四步，核对调整分录，借贷合计应当相等，资产负债表项目期初数加减调整分录中的借贷金额后，应当等于期末数。

第五步，根据工作底稿中的现金流量表项目部分编制正式的现金流量表。

2．T型账户法

采用T型账户法编制现金流量表，是以T型账户为手段，以资产负债表和利润表数据为

基础,对每一项目进行分析并编制调整分录,从而编制现金流量表。

采用 T 型账户法编制现金流量表的程序如下。

第一步,为所有的非现金项目(包括资产负债表项目和利润表项目)分别开设 T 型账户,并将各自的期末期初变动数过入各该账户。如果项目的期末数大于期初数,则将差额过入和项目余额相同的方向;反之,过入相反的方向。

第二步,开设一个大的"现金及现金等价物"T 型账户,每边分为经营活动、投资活动和筹资活动三个部分,左边记现金流入,右边记现金流出。与其他账户一样,过入期末期初变动数。

第三步,以利润表项目为基础,结合资产负债表分析每一个非现金项目的增减变动,并据此编制调整分录。

第四步,将调整分录过入各 T 型账户,并进行核对,其余额应与原先过入的期末期初变动数一致。

第五步,根据大的"现金及现金等价物"T 型账户编制正式现金流量表。

(四)分析填列法

分析填列法是直接根据资产负债表、利润表和有关会计账户明细账的记录,分析计算出现金流量表各项目的金额,并据以编制现金流量表的一种方法。

9.4 即测即评

任务五　所有者权益变动表

一、所有者权益变动表的概念

所有者权益变动表是指反映企业在一定会计期间所有者权益构成及增减变化情况的报表。它是对资产负债表的补充及对所有者权益增减变动情况的进一步说明。

二、所有者权益变动表的内容

在所有者权益变动表上,企业至少应当单独列示反映下列信息的项目。
(1)综合收益总额。
(2)会计政策变更和差错更正的累积影响金额。
(3)所有者投入资本和向所有者分配利润等。
(4)提取的盈余公积。
(5)实收资本(或股本)、其他权益工具、资本公积、其他综合收益、专项储备、盈余公积、未分配利润的期初和期末余额及其调整情况。

▶ **练一练**
　　(多选题)下列属于所有者权益变动表的项目的有(　　　)。
　　A.综合收益总额　　　　　　　　　　　　B.公允价值变动收益
　　C.盈余公积　　　　　　　　　　　　　　D.所得税费用

三、所有者权益变动表的结构

所有者权益变动表结构为纵横交叉的矩阵式结构。

1. 纵向结构

纵向结构按所有者权益增减变动时间及内容分为"上年年末余额""本年年初余额""本年增减变动金额""本年年末余额"四栏。

上年年末余额＋会计政策变更、前期差错更正及其他变动＝本年年初余额

本年年初余额＋本年增减变动金额＝本年年末余额

其中,本年增减变动金额按照所有者权益增减变动的交易或事项列示:

$$\begin{array}{c}\text{本年增减}\\\text{变动金额}\end{array} = \text{综合收益总额} \pm \begin{array}{c}\text{所有者投入和}\\\text{减少资本}\end{array} \pm \text{利润分配} \pm \begin{array}{c}\text{所有者权益}\\\text{内部结转}\end{array}$$

2. 横向结构

横向结构采用比较式结构,分为"本年金额"和"上年金额"两栏,每栏的具体结构按照所有者权益构成内容逐项列示:

实收资本(或股本)＋其他权益工具＋资本公积－库存股＋其他综合收益＋专项储备＋盈余公积＋未分配利润＝所有者权益合计

纵横填列结果归结到本年年末所有者权益合计数,保持所有者权益变动表的表内填列数额的平衡。

所有者权益变动表以矩阵式结构列报,一方面,列示导致所有者权益变动的交易或事项,即所有者权益变动的来源,对一定时期所有者权益的变动情况进行全面反映;另一方面,按照实收资本、其他权益工具、资本公积、库存股、其他综合收益、盈余公积、未分配利润等所有者权益各组成部分及其总额列示交易或事项对所有者权益各部分的影响。

所有者权益变动表的具体格式如表 9-11 所示。

四、所有者权益变动表"上年金额"栏的填列方法

所有者权益变动表"上年金额"栏内各项数字,应根据上年度所有者权益变动表"本年金额"栏内所列数字填列。上年度所有者权益变动表规定的各个项目的名称和内容同本年度不一致的,应对上年度所有者权益变动表各项目的名称和数字按照本年度的相关规定进行调整,填入所有者权益变动表的"上年金额"栏内。

五、所有者权益变动表"本年金额"栏的填列方法

所有者权益变动表"本年金额"栏内各项目金额一般应根据资产负债表所有者权益项目金额或"实收资本(或股本)""其他权益工具""资本公积""库存股""其他综合收益""专项储备""盈余公积""利润分配""以前年度损益调整"等账户及其明细账户的发生额分析填列。

(一)"上年年末余额"项目

反映企业上年资产负债表中实收资本(或股本)、其他权益工具、资本公积、库存股、其他综合收益、专项储备、盈余公积、未分配利润的年末余额。

表 9-11 所有者权益变动表(简表)

单位:万元

项目	本年金额 实收资本(或股本)	其他权益工具 优先股	永续债	其他	资本公积	减:库存股	其他综合收益	专项储备	盈余公积	未分配利润	所有者权益合计	上年金额 实收资本(或股本)	其他权益工具 优先股	永续债	其他	资本公积	减:库存股	其他综合收益	专项储备	盈余公积	未分配利润	所有者权益合计
一、上年年末余额																						
加:会计政策变更																						
前期差错更正																						
其他																						
二、本年年初余额																						
三、本年增减变动金额(减少以"一"号填列)																						
(一)综合收益总额																						
(二)所有者投入和减少资本																						
1.所有者投入的普通股																						
2.其他权益工具持有者投入资本																						
3.股份支付计入所有者权益的金额																						
4.其他																						

续表

项　目	本年金额										上年金额									
	实收资本（或股本）	其他权益工具			资本公积	减：库存股	其他综合收益	专项储备	盈余公积	未分配利润	所有者权益合计	实收资本（或股本）	其他权益工具			资本公积	减：库存股	其他综合收益	专项储备	盈余公积	未分配利润	所有者权益合计
		优先股	永续债	其他									优先股	永续债	其他							
（三）利润分配																						
1. 提取盈余公积																						
2. 对所有者（或股东）的分配																						
3. 其他																						
（四）所有者权益内部结转																						
1. 资本公积转增资本（或股本）																						
2. 盈余公积转增资本（或股本）																						
3. 盈余公积弥补亏损																						
4. 设定受益计划变动额结转留存收益																						
5. 其他综合收益结转留存收益																						
6. 其他																						
四、本年年末余额																						

（二）"会计政策变更"和"前期差错更正"项目

"会计政策变更"和"前期差错更正"项目分别反映企业采用追溯调整法处理的会计政策变更的累积影响金额和采用追溯重述法处理的会计差错更正的累积影响金额。

（三）"本年增减变动金额"项目

反映所有者权益各项目本年增减变动的金额。

1. "综合收益总额"项目

"综合收益总额"项目反映净利润和其他综合收益扣除所得税影响后的净额相加后的合计金额。

2. "所有者投入和减少资本"项目

"所有者投入和减少资本"项目反映企业当年所有者投入的资本和减少的资本。该项目内容如下。

（1）"所有者投入的普通股"项目，反映企业接受投资者投入形成的实收资本（或股本）和资本溢价或股本溢价。

（2）"其他权益工具持有者投入资本"项目，反映企业发行的除普通股以外分类为权益工具的金融工具的持有者投入资本的金额。

（3）"股份支付计入所有者权益的金额"项目，反映企业处于等待期中的权益结算的股份支付当年计入资本公积的金额。

3. "利润分配"项目

"利润分配"项目反映企业当年的利润分配金额。

4. "所有者权益内部结转"项目

"所有者权益内部结转"项目反映企业构成所有者权益的组成部分之间当年的增减变动情况。该项目内容如下。

（1）"资本公积转增资本（或股本）"项目，反映企业当年以资本公积转增资本或股本的金额。

（2）"盈余公积转增资本（或股本）"项目，反映企业当年以盈余公积转增资本或股本的金额。

（3）"盈余公积弥补亏损"项目，反映企业当年以盈余公积弥补亏损的金额。

（4）"设定受益计划变动额结转留存收益"项目，反映企业因重新计量设定受益计划净负债或净资产所产生的变动计入其他综合收益，结转至留存收益的金额。

（5）"其他综合收益结转留存收益"项目，主要反映两项内容：第一，企业指定为以公允价值计量且其变动计入其他综合收益的非交易性权益工具投资终止确认时，之前计入其他综合收益的累计利得或损失从其他综合收益中转入留存收益的金额；第二，企业指定为以公允价值计量且其变动计入当期损益的金融负债终止确认时，之前由企业自身信用风险变动引起而计入其他综合收益的累计利得或损失从其他综合收益中转入留存收益的金额等。

▶练一练

（多选题）下列各项中，在企业所有者权益变动表中单独列示反映的信息有（　　　　）。

A. 所有者投入资本　　　　　　B. 会计差错更正的累积影响金额

C. 向所有者分配利润　　　　　D. 会计政策变更的累积影响金额

9.5 即测即评

任务六 报表附注

一、财务报表附注概述

财务报表附注,是为了方便报表使用者理解财务报表的内容而对财务报表的编制基础、编制依据、编制原则和方法及主要项目等所作的解释。它有助于报表使用者更好地了解财务报表。

财务报表附注的主要作用有三个方面:第一,附注的编制和披露,是对资产负债表、利润表、现金流量表和所有者权益变动表列示项目含义的补充说明,以帮助财务报表使用者更准确地把握其含义。例如,通过阅读附注中披露的固定资产折旧政策的说明,使用者可以掌握报告企业与其他企业在固定资产折旧政策上的异同,以便进行更准确的比较。第二,附注提供了对资产负债表、利润表、现金流量表和所有者权益变动表中未列示项目的详细或明细说明。例如,通过阅读附注中披露的存货增减变动情况,财务报表使用者可以了解资产负债表中未单列的存货分类信息。第三,通过附注与资产负债表、利润表、现金流量表和所有者权益变动表列示项目的相互参照关系,以及对未能在财务报表中列示项目的说明,可以使财务报表使用者全面了解企业的财务状况、经营成果和现金流量以及所有者权益的情况。

二、财务报表附注的主要内容

财务报表附注是财务报表的重要组成部分。根据企业会计准则的规定,企业应当按照如下顺序编制披露附注的主要内容。

(1) 企业的基本情况。

① 企业名称、注册地、组织形式和总部地址。

② 企业的业务性质和主要经营活动。

③ 母公司以及集团最终母公司的名称。

④ 财务报告的批准报出者和财务报告的批准报出日。

⑤ 营业期限有限的企业,还应当披露有关营业期限的信息。

⑥ 截至报告期末公司近三年的主要会计数据和财务指标。

(2) 财务报表的编制基础。企业应当根据会计准则的规定判断企业是否持续经营,并披露财务报表是否以持续经营为基础编制。

(3) 遵循企业会计准则的声明。企业应当声明编制的财务报表符合企业会计准则的要求,真实、完整地反映了企业的财务状况、经营成果和现金流量等有关信息,以此明确企业编制财务报表所依据的制度基础。

(4) 重要会计政策和会计估计。企业的经济业务可以有多种会计处理方法,像存货的计价、固定资产的折旧均有多种方法可供选择。企业发生某项经济业务时,必须从允许的会计处理方法中选择适合本企业特点的会计政策,不同的会计处理方法可能极大地影响企业的财务状况和经营成果,进而编制出不同的财务报表。因此,为了便于报表使用者理解,有必要对这些会计政策加以披露。

企业应当披露采用的重要会计政策和会计估计,不重要的会计政策和会计估计可以不披露。在披露重要会计政策和会计估计时,企业应当披露重要会计政策的确定依据和财务报表项目的计量基础,以及会计估计中所采用的关键假设和不确定因素。

(5)会计政策和会计估计变更以及差错更正的说明。企业应当按照会计政策、会计估计变更和差错更正会计准则的规定,披露会计政策和会计估计变更以及差错更正的有关情况。

(6)报表重要项目的说明。企业对报表重要项目的说明,应当按照资产负债表、利润表、现金流量表、所有者权益变动表及其项目列示的顺序,采用文字和数字描述相结合的方式进行披露。报表重要项目的明细金额合计应当与报表项目金额相衔接,主要包括以下重要项目:应收款项、存货、长期股权投资、投资性房地产、固定资产、无形资产、职工薪酬、应交税费、短期借款和长期借款、应付债券、长期应付款、营业收入、公允价值变动收益、投资收益、资产减值损失、营业外收入、营业外支出、所得税费用、其他综合收益、政府补助、借款费用。

(7)或有事项和承诺事项、资产负债表日后非调整事项、关联方关系及其交易等需要说明的事项。

(8)有助于财务报表使用者评价企业管理资本的目标、政策及程序的信息。

| 9.6 即测即评 | 项目九即测即评 | 项目九业务题 |

项目十

账务处理程序

　　各单位经济业务性质和特点不同,业务规模大小也不一样,因此设置账簿和凭证的种类、格式不同,各种账簿之间的相互关系以及与之相适应的记账程序和方法也不一样。不同的凭证组织、账簿组织、记账程序和方法相互结合,就形成了各种不同的账务处理程序。本项目重点介绍记账凭证账务处理程序、科目汇总表账务处理程序、汇总记账凭证账务处理程序的主要特点、优缺点、适用范围以及核算步骤。

知识目标

- 了解账务处理程序的概念与意义。
- 理解记账凭证账务处理程序的主要特点、优缺点及适用范围。
- 掌握记账凭证账务处理程序的核算步骤。
- 理解科目汇总表账务处理程序的主要特点、优缺点及适用范围。
- 掌握科目汇总表账务处理程序的核算步骤。
- 理解汇总记账凭证账务处理程序的特点、优缺点及适用范围。
- 掌握汇总记账凭证账务处理程序的核算步骤。

能力目标

- 能熟练运用记账凭证账务处理程序核算相关经济业务。
- 能熟练运用科目汇总表账务处理程序核算相关经济业务。
- 能熟练运用汇总记账凭证账务处理程序核算相关经济业务。

素养目标

- 培养会计思维方式。
- 养成严谨、细致、规范的职业习惯。

任务一　账务处理程序概述

一、账务处理程序的概念

　　为了科学地组织会计工作,必须综合地运用会计核算的各种专门方法,确定一个合理的账务处理程序。账务处理程序,又称会计核算组织程序或会计核算形式,是指从会计业务的发生、取得填制原始凭证开始到根据有关账簿记录编制财务报告为止的一个会计循环过程中,会计凭证、会计账簿、财务报表相结合的方

微课:了解
账务处理程序

式。账务处理程序包括凭证组织、账簿组织和记账程序。凭证、账簿组织是指所运用的会计凭证和账簿的种类、格式以及各种账簿之间相互制约关系。凭证组织、账簿组织与记账方法、会计科目的设置有紧密的联系。记账程序是指从填制、审核原始凭证到填制、审核记账凭证,登记日记账、明细分类账和总分类账,编制财务报表的工作程序和方法。它主要反映凭证和账簿、账簿和报表之间的相互关系。

因此,账务处理程序的基本模式可以概括为原始凭证—记账凭证—会计账簿—会计报表。把不同的会计凭证组织、账簿组织按不同的记账程序和方法结合在一起,就形成不同的账务处理程序。

▶ **练一练**

（单选题）（　　）是指会计凭证和账簿的种类、格式及账簿之间的相互关系。

A. 会计账务处理程序　　　　　　　　B. 账簿组织

C. 记账程序　　　　　　　　　　　　D. 会计科目体系

二、账务处理程序的种类及其基本步骤

企业常用的账务处理程序主要有记账凭证账务处理程序、科目汇总表账务处理程序和汇总记账凭证账务处理程序等。它们之间的主要区别为登记总分类账的依据和方法不同。以上三种账务处理程序中,记账凭证账务处理程序是最基本的账务处理程序,是其他账务处理程序的基础。

各种账务处理程序虽不尽相同,但它们共同的工作步骤如下。

（1）取得并审核原始凭证,编制记账凭证。

（2）按规定的要求登记日记账、明细分类账和总分类账,即过账。

（3）核对账目。

（4）调整账项,计算成本和损益。

（5）结账。

（6）编制会计报表。

从上述一般程序出发,根据单位的实际情况,可选择适合本单位的过账程序及会计报表的编制步骤和方法。

会 计 史 话

我国古代的账务处理程序——中式三账

"中式三账"是我国古代工商业采用的以"草流、细流和总清"三种账簿为骨干的账簿体系。在北宋已经形成基本构架,明朝时达到较为完善的水平。"草流"即原始凭证,是记账的基础和依据。"草流"经过归类整理,转记入"细流",由草流到细流是转记关系。"细流"再经过汇总归纳,转记入"总清",由细流到总清账则是分类转记、归类核算的关系。三者之间的内在联系,体现了中式账簿组织的科学性,也反映了我国古代已形成了比较完善的账务处理程序。

草流——原始凭证

"草流"起源于宋代，完善于明清，一般由经济事项行为人如店员对经营活动随时记录，账房先生一般不参与。"草流"无正规的书写要求，一般采用全白纸头的"无格条账"或使用设有暗格的全白纸头，在第一页上书写"某年某月某日吉立"，之后逐笔记录经济事项发生日期、交易商品名称、数量、单价、金额等。涉及赊销或赊购事项，应索取或交付金折。每日营业终止，清点现款，账款相对。"草流"是"中式三账"设置和应用的基础，既是原始凭证，也起账簿的作用。

细流——序时日记

"细流"又称"流水账"，在"中式三账"体系中是正规的流水账或日记账，是由"草流"整理而成的。在西周和秦代"细流"萌芽，唐代在民间账簿中已经颇为流行，宋代时已经成为"中式三账"体系的主账之一。

一般在每日营业终了，账房以"草流"为依据记录"细流"。"细流"有正规的书写格式，如记账符号、日期、数量、金额以及摘要等都有明确的书写位置、书写方法。登记"细流"要采用汉体数码，以时间为顺序序时填写，主管者对细流账簿要定期检查。

明代的"细流"已具备统一账簿格式，所用印格账簿俗称"腰格通天条账"，后来发展为中式账簿的通用格式。即一张账页居中横贯一线，为"腰格"，与腰格相垂直并列数条红线，称为"天条"；以腰格为间隔，上收下付，每列记录一笔账目。旬结、月结和年结数额居中书写，每旬和每月之间留空格或空页，以分前后账目。

总清账——总账

"总清账"源于唐宋，由"细流"分类归口登记，两者的反映要完全一致，这是验证账簿一致性、真实性和正确性的关键。总清账所用的账簿为"腰格斗方账"式。这种账的账页上横天线，下横地线，中贯双轨红线，上收下付，以双线为界，不得越轨，左右两方垂直立有红栏。

总清账是"中式三账"之中最重要的一册账簿，是账簿体系的落脚点和归宿。它不但对"细流"分类核算，而且系统地反映进、销商品的数量、单价和金额，为成本计算和结转提供条件。同时，总清账与会计报告有着天然的因果关系，如在宋代，官厅会计中总账与会计报告合二为一，后来，二者分离后，它又成为编制会计报告的依据。

10.1 即测即评

任务二　记账凭证账务处理程序

记账凭证账务处理程序，是指对发生的经济业务事项，根据原始凭证或汇总原始凭证编制记账凭证，然后根据记账凭证直接登记总分类账，并定期编制会计报表的一种账务处理程序。它是最基本的一种账务处理程序，是其他账务处理程序产生和演变的基础。

一、记账凭证账务处理程序下凭证和账簿的设置

记账凭证账务处理程序的特点是直接根据记账凭证逐笔登记总分类账。在记账凭证账务处理程序下，记账凭证既可以采用通用格式，也可以采用收款凭证、付款凭证和转账凭证等专用格式。账簿需要设置现金日记账、银行存款日记账、总账和明细账。明细账可根据实际需要采用三栏式、多栏式和数量金额式和平行登记式。

微课：记账凭证账务处理程序(1)

二、记账凭证账务处理程序的工作步骤

记账凭证账务处理程序具体工作步骤如图 10-1 所示。

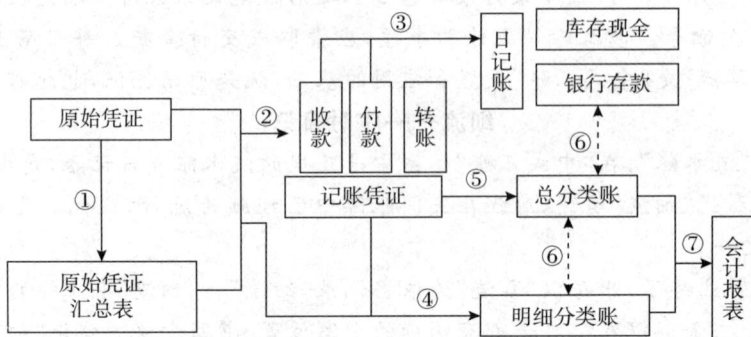

图 10-1　记账凭证账务处理程序

① 根据原始凭证编制汇总原始凭证。

② 根据各种原始凭证和原始凭证汇总表填制记账凭证。

③ 根据收款凭证和付款凭证登记现金日记账和银行存款日记账。

④ 根据记账凭证及其所附的原始凭证或原始凭证汇总表逐笔登记各种明细账。

⑤ 根据各种记账凭证逐笔登记总分类账。

⑥ 按照对账要求,定期将总分类账与日记账、明细分类账相核对。

⑦ 根据总分类账和明细分类账编制财务报表。

▶练一练

(单选题)在记账凭证账务处理程序下,不能作为登记明细分类账依据的是(　　　　)。

A.汇总原始凭证　　　　B.原始凭证　　　　C.记账凭证汇总表　　　　D.记账凭证

三、记账凭证账务处理程序的应用举例

【例 10-1】　2025 年 3 月 2 日,简美服装公司从白云贸易公司购进 A 面料 400 米,单价 41 元/米,共计 16 400 元,增值税款 2 080 元,款项已用银行存款支付,材料已验收入库。

微课:记账凭证账务处理程序(2)

要求:(1) 编制付款凭证(凭证编号:银付字第 1 号)。

(2) 根据付款凭证登记"银行存款"日记账(假定期初余额为 82 000 元)。

(3) 根据记账凭证及其所附的原始凭证登记"原材料"明细账(假定"原材料——A 面料"期初余额为 4 920 元,共 120 米),其他明细账户的登记略。

(4) 根据记账凭证登记原材料、银行存款总账账户(假定"原材料"总账账户期初余额为 14 940 元),其他总账账户的登记略。

记账凭证账务处理程序的工作步骤如下。

(1) 根据上述业务编制付款凭证(凭证编号:银付 1 号),如表 10-1 所示。

表 10-1 付 款 凭 证

贷方科目:银行存款　　　　2025 年 3 月 2 日　　　　银付字第 1 号

摘　要	借方总账科目	明细科目	√	金额 千 百 十 万 千 百 十 元 角 分	附单据5张
购面料验收入库,款已付	原材料	A 面料	√	1 6 4 0 0 0 0	
	应交税费	应交增值税(进项税额)	√	2 0 8 0 0 0	
合　计			√	1 8 4 8 0 0 0	

财务主管:张三　　记账:李四　　出纳:王五　　审核:赵六　　制单:孙七

(2) 根据付款凭证登记银行存款日记账(表 10-2),其中银行存款期初余额为 82 000 元。

表 10-2　银行存款日记账

2025年 月 日	凭证编号	摘要	对方科目编码	借方 千百十万千百十元角分	√	贷方 千百十万千百十元角分	√	余额 千百十万千百十元角分
3 1		期初余额						8 2 0 0 0 0 0
2	银付1	购料	(略)			1 8 4 8 0 0 0		6 3 5 2 0 0 0

(3) 根据付款凭证及其所附原始凭证,登记原材料明细分类账户,如表 10-3 所示。

表 10-3　原材料明细账

明细科目:A 面料　　　　　　　　　　　　计量单位:米

2025年 月 日	凭证号数	摘要	借方 数量 单价 金额 百十万千百十元角分	贷方 数量 单价 金额 百十万千百十元角分	结存 数量 单价 金额 百十万千百十元角分	稽核
3 1		期初余额			120 41　　　4 9 2 0 0 0	
2	银付1	入库	400 41 1 6 4 0 0 0		520 41 2 1 3 2 0 0 0	

(4) 根据付款凭证登记相关总分类账,如表 10-4 和表 10-5 所示。

表 10-4　总分类账

科目 原材料

2025年 月 日	凭证编号	摘要	借方 千百十万千百十元角分	贷方 千百十万千百十元角分	借或贷	余额 千百十万千百十元角分
3 1		期初余额			借	1 4 9 4 0 0 0
2	银付1	购料入库	1 6 4 0 0 0 0		借	3 1 3 4 0 0 0

表 10-5　总分类账

科目 银行存款

2025年		凭证编号	摘要	借　方										贷　方										借或贷	余　额									
月	日			千	百	十	万	千	百	十	元	角	分	千	百	十	万	千	百	十	元	角	分		千	百	十	万	千	百	十	元	角	分
2	1		期初余额																					借		8	2	0	0	0	0	0	0	0
	2	银付1	购料款已付													1	8	4	8	0	0	0	借		6	3	5	2	0	0	0	0	0

　　该月发生的每一笔经济业务都按上述步骤处理,月末,现金日记账、银行存款日记账及各明细分类账的余额分别与总分类账的余额相核对无误后,进行结账,编制财务报告,完成记账凭证账务处理程序。

四、记账凭证账务处理程序的优缺点和适用范围

　　记账凭证账务处理程序的特点是对发生的经济业务事项,根据原始凭证或汇总原始凭证编制记账凭证,然后直接根据记账凭证对总分类账进行逐笔登记。

　　1. 记账凭证账务处理程序的优缺点

　　记账凭证账务处理程序的优点:简单明了,易于理解;总分类账可以较详细地反映经济业务的来龙去脉,便于查账、对账。

　　记账凭证账务处理程序的缺点:登记总分类账的工作量大。

　　2. 记账凭证账务处理程序的适用范围

　　该账务处理程序适用于规模较小、经济业务量较少的单位。为了最大限度地克服其局限,可以先根据原始凭证编制汇总原始凭证,再根据汇总原始凭证编制记账凭证,以减少登记总账的工作量。

> ▶练一练
>
> 　　(单选题)下列关于记账凭证账务处理程序的缺点表述正确的是(　　　　)。
>
> 　　A. 记账程序非常复杂,难以理解
>
> 　　B. 总分类账无法详细地反映经济业务的来龙去脉
>
> 　　C. 可以起到试算平衡的作用
>
> 　　D. 登记总分类账的工作量较大
>
> 　　10.2 即测即评

任务三　科目汇总表账务处理程序

　　直接根据记账凭证逐笔登记总账的核算程序,称为记账凭证账务处理程序。那么根据记账凭证定期编制科目汇总表,再根据科目汇总表定期登记总账的核算程序,就称为科目汇总表账务处理程序。科目汇总表,又称记账凭证汇总表,是指根据一定时期内的全部记账凭证,按相同的会计科目归类,汇总每一总账科目本期借方发生额和贷方发生额所编制的汇总表。科目汇总表账务处理程序也称记账凭证汇总表账务处理程序,其首要任务是编制科目汇总表。

一、科目汇总表的编制

科目汇总表是根据一定时期(月、旬、天等)内的全部记账凭证,按相同科目归类,定期汇总每一个会计科目的借方发生额和贷方发生额的一种汇总表。

编制科目汇总表时,要将一定时间内的全部记账凭证,分别计算每一账户借方发生额合计数和贷方发生额合计数,填入科目汇总表的相应栏内,然后分别加总科目汇总表的借方、贷方金额栏,进行发生额的试算平衡。这里的"一定时期"是由业务量大小确定的。

微课:科目汇总表账务处理程序(1)

为了便于登记总账,科目汇总表上的科目排列应按总分类账上科目排列的顺序来定。科目汇总表的一般格式如表 10-6 和表 10-7 所示。任何格式的科目汇总表,都只反映各个科目的借方本期发生额和贷方本期发生额,不反映各个账户之间的对应关系。

表 10-6　科目汇总表

年　月　日至　日

会计科目	总账页数	本期发生额		记账凭证起止号数
		借方金额	贷方金额	
合　计				

表 10-7　科目汇总表

年　月

会计科目	1—10 日		11—20 日		21—30 日		合　计		总账页数
	借方	贷方	借方	贷方	借方	贷方	借方	贷方	
合　计									

▶练一练

(单选题)科目汇总表是依据(　　　)编制的。

A.记账凭证　　　　B.原始凭证　　　　C.原始凭证汇总表　　　　D.各种总账

二、科目汇总表账务处理程序下凭证和账簿的设置

采用科目汇总表账务处理程序时,除要设置通用格式或专用格式的记账凭证外,还要编制科目汇总表。记账凭证、账簿的设置和格式与记账凭证账务处理程序基本相同。

三、科目汇总表账务处理程序的工作步骤

科目汇总表账务处理程序如图 10-2 所示。

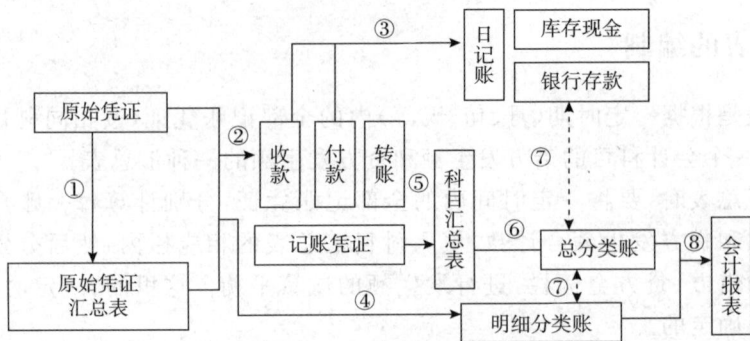

图 10-2　科目汇总表账务处理程序

① 根据原始凭证,编制汇总原始凭证。
② 根据各种原始凭证和原始凭证汇总表,填制收款、付款和转账凭证或通用的记账凭证。
③ 根据收款凭证和付款凭证(或通用记账凭证),登记现金日记账和银行存款日记账。
④ 根据原始凭证、原始凭证汇总表和记账凭证,登记各种明细账。
⑤ 根据各种记账凭证,定期编制科目汇总表。
⑥ 根据科目汇总表,登记总分类账。
⑦ 月末,将现金日记账、银行存款日记账及明细分类账分别与总分类账相核对。
⑧ 根据总分类账和明细分类账的资料,编制财务会计报告。

▶练一练

(单选题)科目汇总表账务处理程序比记账凭证账务处理程序增设了(　　　)。
A. 原始凭证汇总表　　　B. 汇总原始凭证上　　　C. 科目汇总表　　　D. 记账凭证

四、科目汇总表账务处理程序的应用举例

🔘 会 计 启 发 故 事

微课:科目汇总表
账务处理程序(2)

金光闪闪的科目汇总表

花果鼠粟粟毕业后去了一家卖古董的公司做会计,平时工作真清闲啊,十天半月才有一单生意,粟粟于是选择了记账凭证账务处理程序,每一笔业务都在总账上记得清清楚楚,要想追踪古董卖给谁了、谁给了现款、谁赊账了,翻翻账本都显示得一清二楚。花果鼠的同学小灰鼠灰灰就没这么清闲了,它毕业后去了一家工业企业上班,业务量庞大,每天会计凭证像暴风雪般飞来。每次粟粟来找灰灰,总看见灰灰埋在凭证堆里登总账,尾巴毛都磨秃啦!

还好,最近灰灰的公司引进了智能会计系统,可以将当月记账凭证自动进行科目汇总,生成金光闪闪的科目汇总表,登总账的工作量大大减少了,可把灰灰给解放啦!而且通过编制科目汇总表,还可以进行发生额试算平衡,及时发现错误。虽然追踪不到应收账款账户到底是哪家企业欠下的,但对于老板来说,每月可以节省一大笔加班费。

　　下面,以简美服装公司 2025 年 3 月发生的经济业务为例,详细介绍科目汇总表账务处理程序的处理过程。

　　【例 10-2】　简美公司属于增值税一般纳税人,增值税适用税率 13%,企业所得税适用税率 25%,原材料采用实际成本核算。

　　1. 该公司 2025 年 3 月发生下列经济业务

　　(1)1 日,购入甲材料 1 000 千克,单价 30 元,共计买价 30 000 元,增值税进项税额 3 900 元,上述款项以银行存款支付,材料已验收入库。

　　(2)2 日,出售 A 产品 20 台,每台售价 4 000 元;出售 B 产品 30 台,每台售价 5 000 元;A、B 产品的增值税销项税额共 29 900 元。款项已收,存入银行。

　　(3)4 日,以银行存款购入乙材料 10 000 千克,单价 10 元,买价 100 000 元,增值税进项税额 13 000 元,材料已验收入库。

　　(4)10 日,发出材料如表 10-8 所示。

表 10-8　发出材料汇总表

用　途	甲材料		乙材料		合　计
	数量/千克	金额/元	数量/千克	金额/元	
生产产品耗用	1 200	24 000	8 000	80 000	104 000
其中:A 产品	500	10 000	3 000	30 000	40 000
B 产品	700	14 000	5 000	50 000	64 000
车间耗用	100	2 000	1 500	15 000	17 000
管理部门耗用	200	4 000	500	5 000	9 000
合　计	1 500	30 000	10 000	100 000	130 000

　　(5)12 日,向新潮公司出售 A 产品 5 台,每台售价 4 000 元,总售价 20 000 元,增值税销项税额 2 600 元,款项尚未收到。

　　(6)13 日,以存款支付本月水电费 10 000 元,增值税进项税额 1 300 元。其中:生产 A 产品耗用 3 000 元,生产 B 产品耗用 5 000 元,车间一般耗用 500 元,行政管理部门耗用 1 500 元。

　　(7)15 日,从银行提取现金 49 000 元备用。

　　(8)15 日,以现金 40 000 元支付本月应付职工薪酬。

　　(9)20 日,向双赢公司出售 B 产品 10 台,单价 5 000 元,总售价 50 000 元,增值税销项税 6 500 元,款项尚未收到。

　　(10)22 日,以存款 1 000 元支付行政管理部门办公费。

　　(11)23 日,收到双赢公司还来的前欠货款 58 500 元。

　　(12)23 日,以银行存款支付广告费 1 500 元。

　　(13)25 日,以现金支付车间办公费 440 元。

　　(14)26 日,采购员李刚出差预借差旅费 1 000 元,以现金支付。

　　(15)27 日,从银行取得短期借款 50 000 元,存入银行。

　　(16)31 日,计提本月工资:A 产品工人工资 20 000 元,B 产品工人工资 30 000 元,车间管理人员工资 4 000 元,行政管理人员工资 6 000 元。

(17) 31 日,用银行存款支付本月行政管理人员电话费 16 200 元。

(18) 31 日,计提固定资产折旧 8 000 元。其中生产车间 6 000 元,行政管理部门 2 000 元。

(19) 31 日,以银行存款支付固定资产保险费 4 000 元。其中生产车间 3 000 元,行政管理部门 1 000 元。

(20) 31 日,以银行存款购买办公用品 1 660 元,其中生产车间 500 元,行政管理部门 1 160 元。

(21) 31 日,分配本月的制造费用 31 440 元。A 产品负担 12 576 元,B 产品负担 18 864 元。

(22) 31 日,结转完工产品成本。A 产品完工 30 台,总成本 75 576 元,B 产品完工 40 台,总成本 117 864 元。

(23) 31 日,结转已售产品成本 A 产品成本 62 980 元,B 产品成本 117 864 元。

(24) 31 日,计提本月应交城市维护建设税 1 729 元,教育费附加 741 元。

(25) 31 日,结转主营业务收入 300 000 元。

(26) 31 日,结转主营业务成本 180 844 元。

(27) 31 日,结转销售费用 1 500 元。

(28) 31 日,结转管理费用 37 860 元。

(29) 31 日,结转税金及附加 2 470 元。

(30) 31 日,计提本月应交所得税 19 331.50 元。

(31) 31 日,结转本月所得税费用 19 331.50 元。

2. 科目汇总表账务处理程序的工作步骤

1) 根据 3 月发生的经济业务编制记账凭证

根据 3 月发生的经济业务编制记账凭证,如表 10-9 所示(以会计分录代替)。

表 10-9　会计分录

单位:元

2025 年		凭证		摘　要	借　　方		贷　　方	
月	日	字	号		会计科目	金额	会计科目	金额
3	1	付	1	购入甲材料	原材料——甲材料	30 000	银行存款	33 900
					应交税费——应交增值税(进)	3 900		
3	2	收	1	销售 A、B 产品	银行存款	259 900	主营业务收入 ——A 产品 ——B 产品	80 000 150 000
							应交税费——应交增值税(销)	29 900
3	4	付	2	购入乙材料	原材料——乙材料	100 000	银行存款	113 000
					应交税费——应交增值税(进)	13 000		

续表

2025年		凭证		摘　要	借　方		贷　方	
月	日	字	号		会计科目	金额	会计科目	金额
3	10	转	1	领用材料	生产成本——A产品 　　　　——B产品 制造费用——材料费 管理费用——材料费	40 000 64 000 17 000 9 000	原材料 ——甲材料 ——乙材料	30 000 100 000
3	12	转	2	销售A产品	应收账款—新潮公司	22 600	主营业务收入 ——A产品 应交税费——应 交增值税(销)	20 000 2 600
3	13	付	3	支付水电费	生产成本——A产品 　　　　——B产品 制造费用——水电费 管理费用——水电费 应交税费——应交增值税 (进)	3 000 5 000 500 1 500 1 300	银行存款	11 300
3	15	付	4	提备用金	库存现金	49 000	银行存款	49 000
3	15	付	5	发放工资	应付职工薪酬——工资	40 000	库存现金	40 000
3	20	转	3	销售B产品	应收账款——双赢公司	56 500	主营业务收入 ——B产品 应交税费——应 交增值税(销)	50 000 6 500
3	22	付	6	支付办公费	管理费用——办公费	1 000	银行存款	1 000
3	23	收	2	收到前欠货款	银行存款	58 500	应收账款 ——双赢公司	58 500
3	23	付	7	支付广告费	销售费用	1 500	银行存款	1 500
3	25	付	8	付车间办公费	制造费用——办公费	440	库存现金	440
3	26	付	9	李刚预借差旅费	其他应收款——李刚	1 000	库存现金	1 000
3	27	收	3	取得短期借款	银行存款	50 000	短期借款	50 000
3	31	转	4	计提工资	生产成本——A产品 　　　　——B产品 制造费用——工资 管理费用——工资	20 000 30 000 4 000 6 000	应付职工薪酬 ——工资	60 000
3	31	付	10	付行政管理人员电话费	管理费用——电话费	16 200	银行存款	16 200

续表

2025年		凭证		摘要	借　方		贷　方	
月	日	字	号		会计科目	金额	会计科目	金额
3	31	转	5	计提折旧费	制造费用——折旧费	6 000	累计折旧	8 000
					管理费用——折旧费	2 000		
3	31	付	11	付固定资产保险费	制造费用——保险费	3 000	银行存款	4 000
					管理费用——保险费	1 000		
3	31	付	12	购买办公用品	制造费用——办公费	500	银行存款	1 660
					管理费用——办公费	1 160		
3	31	转	6	结转制造费用	生产成本——A产品	12 576	制造费用	31 440
					——B产品	18 864		
3	31	转	8	结转完工产品成本	库存商品——A产品	75 576	生产成本	
					——B产品	117 864	——A产品	75 576
							——B产品	117 864
3	31	转	9	结转已销售产品成本	主营业务成本		库存商品	
					——A产品	62 980	——A产品	62 980
					——B产品	117 864	——B产品	117 864
3	31	转	10	计提城建税及教育费附加	税金及附加	2 470	应交税费	
							——城建税	1 729
							——教育费附加	741
3	31	转	11	结转主营业务收入	主营业务收入	300 000	本年利润	300 000
3	31	转	12	结转主营业务成本	本年利润	180 844	主营业务成本	180 844
3	31	转	13	结转销售费用	本年利润	1 500	销售费用	1 500
3	31	转	14	结转管理费用	本年利润	37 860	管理费用	37 860
3	31	转	15	结转税金及附加	本年利润	2 470	税金及附加	2 470
3	31	转	16	计提应交所得税	所得税费用	19 331.5	应交税费——应交所得税	19 331.5
3	31	转	17	结转所得税费用	本年利润	19 331.5	所得税费用	19 331.5

2) 登记日记账

根据编制的记账凭证,逐日逐笔登记现金日记账和银行存款日记账(略)。

3) 登记明细账

根据原始凭证和记账凭证,逐笔登记各明细分类账(略)。

4) 编制科目汇总表

该公司按旬汇总,每月编制一张"科目汇总表",据以登记总分类账。其格式和内容如表10-10所示。

表 10-10 科目汇总表

2025 年 3 月 　　　　汇总第 3 号 　　　　单位:元

会计科目	1—10 日发生额		11—20 日发生额		21—31 日发生额		合　计	
	借方	贷方	借方	贷方	借方	贷方	借方	贷方
库存现金			49 000	40 000		1 440	49 000	41 440
银行存款	259 900	146 900		60 300	108 500	24 360	368 400	231 560
应收账款			79 100			58 500	79 100	58 500
原材料	130 000	130 000					130 000	130 000
生产成本	104 000		8 000		81 440	193 440	193 440	193 440
制造费用	17 000		500		13 940	31 440	31 440	31 440
库存商品					193 440	180 844	193 440	180 844
累计折旧						8 000		8 000
其他应收款					1 000		1 000	
短期借款						50 000		50 000
应付职工薪酬			40 000			60 000	40 000	60 000
应交税费	16 900	29 900	1 300	9 100		21 801.50	18 200	60 801.50
本年利润					242 005.5	300 000	242 005.5	300 000
主营业务收入		230 000		70 000	300 000		300 000	300 000
主营业务成本					180 844	180 844	180 844	180 844
税金及附加					2 470	2 470	2 470	2 470
销售费用					1 500	1 500	1 500	1 500
管理费用	9 000		1 500		27 360	37 860	37 860	37 860
所得税费用					19 331.5	19 331.5	19 331.5	19 331.5
合　计	536 800	536 800	179 400	179 400	1 171 831	1 171 831	1 888 031	1 888 031

5) 登记总分类账

月末,根据所编的"科目汇总表"登记各有关总分类账,总账的登记工作可以在每旬汇总后登记一次,也可以在月终根据全月发生额每月登记一次。总账的登记仅以"库存现金"为例说明(假定库存现金账户期初余额为 1 500 元),如表 10-11 所示。其他总分类账登记方法与之相同,不再详细登录。

表 10-11 总分类账

会计科目:库存现金 　　　　单位:元

2025		凭　证		摘要	借方	贷方	借或贷	余额
月	日	字	号					
3	1			期初余额			借	1 500
3	20	科汇	3	11—20 日发生额	49 000	40 000	借	10 500
3	31	科汇	3	21—31 日发生额		1 440	借	9 060
3	31			本月合计	49 000	41 440	借	9 060

6）对账

月末，将现金日记账、银行存款日记账及各种明细账的余额合计数，分别与总分类账有关账户的余额核对，编制"总分类账户发生额及余额试算平衡表"（略）。

7）编制会计报表

月末，根据审核无误的总分类账和明细分类账的记录，编制会计报表（略）

五、科目汇总表账务处理程序的优缺点和适用范围

科目汇总表账务处理程序的主要特点：先根据记账凭证定期编制科目汇总表，再根据科目汇总表定期登记总分类账。这是它与记账凭证账务处理程序的最大区别。

1. 优缺点

科目汇总表账务处理程序的优点：根据科目汇总表一次或分次登记总分类账，大大减轻了登记总分类账的工作量；科目汇总表的编制和使用易于理解，方便学习，可做到试算平衡，保证总账登记的正确性。

10.3 即测即评

科目汇总表账务处理程序的缺点：科目汇总表不能反映各个账户之间的对应关系，不利于对账目进行检查。

2. 适用范围

科目汇总表账务处理程序适用范围较广，特别是适用于规模大，业务量多的企业。

10.3 业务题

任务四 汇总记账凭证账务处理程序

汇总记账凭证账务处理程序是指对发生的经济业务事项，先根据原始凭证或汇总原始凭证编制记账凭证，再定期根据记账凭证分类编制汇总记账凭证，然后根据汇总记账凭证登记总分类账的一种账务处理程序。

一、汇总记账凭证的编制

汇总记账凭证是指对一段时期内同类记账凭证进行定期汇总编制记账凭证。汇总记账凭证可以分为汇总收款凭证、汇总付款凭证和汇总转账凭证，三种凭证有不同的编制方法。

（一）汇总收款凭证的编制

1. 定义

汇总收款凭证是指根据"库存现金"和"银行存款"账户的借方分别设置的一种汇总记账凭证。它汇总了一定时期内库存现金和银行存款的收款业务。

2. 编制方法

按日常核算工作中所填制的专用收款凭证中"库存现金"和"银行存款"的借方科目设置汇总收款凭证，按分录中相应的贷方科目定期进行汇总，填入汇总收款凭证中。一般可10天或15天汇总一次，月终计算出合计数，据以登记总账。汇总收款凭证如表10-12所示。

总分类账根据各汇总收款凭证的合计数进行登记，分别记入"库存现金"和"银行存款"总分类账的借方，并将汇总收款凭证上各账户贷方的合计数分别记入有关总分类账户的贷方。

表 10-12　汇总收款凭证

借方科目:库存现金(或银行存款)　　　　　　年　月　　　　　　　　　汇收第　号

贷方科目	金　额				总账页数	
	1—10 日 凭证 ～ 号	11—20 日 凭证 ～ 号	21—30 日 凭证 ～ 号	合　计		
合　计						

▶**练一练**

　(单选题)根据汇总记账凭证登记总分类账的账务处理程序是(　　　)。

　A.记账凭证账务处理程序　　　　　　B.汇总记账凭证账务处理程序

　C.科目汇总表账务处理程序　　　　　D.日记总账账务处理程序

(二) 汇总付款凭证的编制

1. 定义

　汇总付款凭证是指按"库存现金"和"银行存款"科目的贷方分别设置的一种汇总记账凭证。它汇总一定时期内库存现金和银行存款的付款业务。

2. 编制方法

　按日常核算工作中所填制的专用付款凭证中"库存现金"或"银行存款"的贷方科目设置汇总付款凭证,按分录中相应的借方科目定期进行汇总,填入汇总付款凭证中。一般可 10 天或 15 天汇总一次,月终计算出合计数,据以登记总分类账。汇总付款凭证如表 10-13 所示。

表 10-13　汇总付款凭证

贷方科目:库存现金(或银行存款)　　　　　　年　月　　　　　　　　　汇付第　号

借方科目	金　额				总账页数	
	1—10 日 凭证 ～ 号	11—20 日 凭证 ～ 号	21—30 日 凭证 ～ 号	合　计		
合　计						

　总分类账根据各汇总付款凭证的合计数登记,分别登记入"库存现金"和"银行存款"总分类账的贷方,并将汇总付款凭证上各账户借方的合计数分别记入有关总分类账户的借方。

(三) 汇总转账凭证的编制

1. 定义

　汇总转账凭证是指按每一贷方科目分别设置,用来汇总一定时期内转账凭证的一种汇总记账凭证。

2. 编制方法

　按日常核算工作中所填制的专用转账凭证中的贷方科目(如原材料、库存商品等)设置汇总转账凭证,按分录中相应的借方科目定期进行汇总,填入汇总转账凭证中。一般可 10 天或 15 天汇总一次,月终计算出合计数,据以登记总分类账。汇总转账凭证如表 10-14 所示。

表 10-14　汇总转账凭证

贷方科目:库存现金(或银行存款)		年　月			汇转第　　号
借方科目	金　　额				总账页数
	1—10 日 凭证 ~ 号	11—20 日 凭证 ~ 号	21—30 日 凭证 ~ 号	合计	
合　计					

二、汇总记账凭证账务处理下凭证和账簿的设置

在汇总记账凭证账务处理程序下,设置的账簿主要有库存现金日记账、银行存款日记账、总分类账和明细分类账。总分类账可以采用三栏式,也可以采用多栏式,其他各种账簿的格式与记账凭证账务处理程序基本相同。在记账凭证方面,除设收款凭证、付款凭证、转账凭证三种记账凭证外,还增设汇总收款凭证、汇总付款凭证、汇总转账凭证,并分别根据库存现金、银行存款的收款凭证和付款凭证以及转账凭证填制。

三、汇总记账凭证账务处理程序的一般步骤

汇总记账凭证账务处理程序如图 10-3 所示。

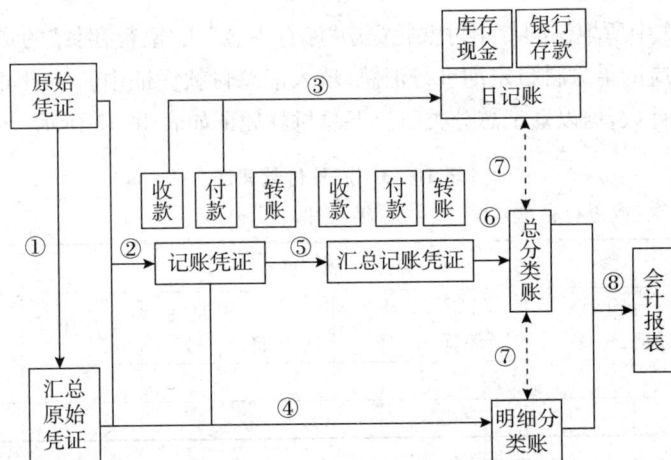

图 10-3　汇总记账凭证账务处理程序

① 根据各种原始凭证,填制汇总原始凭证。
② 根据原始凭证或汇总原始凭证,填制收款凭证、付款凭证和转账凭证。
③ 根据收款凭证、付款凭证,逐笔登记现金日记账和银行存款日记账。
④ 根据原始凭证、汇总原始凭证和记账凭证,登记各种明细分类账。
⑤ 根据各种记账凭证,定期编制有关汇总记账凭证。
⑥ 根据汇总记账凭证,登记总分类账。
⑦ 期末,将库存现金日记账、银行存款日记账和明细分类账的余额分别与总分类账的余额核对相符。
⑧ 期末根据总分类账和明细分类账的记录,编制财务会计报告。

四、汇总记账凭证账务处理的优缺点及适用范围

汇总记账凭证账务处理程序的特点是先根据记账凭证编制汇总记账凭证,再根据汇总记账凭证登记总分类账。

1. 优缺点

汇总记账凭证账务处理程序的优点:根据汇总记账凭证月终一次登记总分类账,大大减轻了登记总分类账的工作量;由于汇总记账凭证是按照会计科目的对应关系进行归类、汇总编制的,在总分类账中也注明了对方科目,因而在汇总记账凭证和总分类账中,可以清晰地反映科目之间的对应关系,便于查对和分析账目。

汇总记账凭证账务处理程序的缺点:当转账凭证较多时,编制汇总转账凭证的工作量较大;并且按每一贷方账户编制汇总转账凭证,不考虑交易事项的性质,不利于会计核算的日常分工;对汇总过程中可能出现的错误难以发现。

2. 适用范围

该账务处理程序一般适用于规模较大、经济业务量较多的单位,特别是转账业务少,而收、付款业务较多的单位。

10.4 即测即评　　　**项目十即测即评**　　　**项目十业务题**

大数据时代的会计

本项目将对大数据的含义、特征、大数据处理工具、大数据时代会计的重大变革和未来发展前景等内容做一简单介绍,以便学习者能够建立大数据时代的会计思维,为以后更高效、更精准地做出业务决策打下良好基础。

知识目标
- 了解大数据的含义和特征,以及应用场景和相关技术。
- 掌握财务大数据的含义、作用和财务大数据应用的场景。
- 熟悉大数据时代的会计重大变革。

能力目标
- 能够正确区分大数据具体的应用场景。
- 能识别财务中的大数据。
- 能够描述大数据时代会计的重大变革和未来发展前景。

素养目标
- 树立大数据思维,增强科技强国的使命感、责任感。
- 正确认识大数据时代会计发展与国家、民族发展之间的密切关系。

任务一 大数据相关概念

一、认识数据与大数据

1. 什么是数据

目前,大数据已成了流行语。什么是数据呢?这里所说的数据,不仅是狭义上的数字,还可以是具有一定意义的字母、文字、数字符号及其组合、图像、图形、音频、视频等,也可以是客观事物的属性、数量、位置及其相互关系的抽象表示,例如,数据可以是0、1、2、3、4……数字,也可以是多云、晴天、雨天等天气情况,还可以是空气的温度、湿度、货物的运输情况等。

2. 什么是大数据

大数据(big data)是一个比较抽象的概念,单从字面上来看是指规模庞大的数据。关于什么是大数据,目前存在着不同的理解和定义。2015年我国国务院发布的《促进大数据发展行动纲要》给出的定义是:大数据是以容量大、类型多、存取速度快、应用价值高为主要特征的数据集合,正快速发展为对数量巨大、来源分散、格式多样的数据进行采集、存储和关联分析,从中发现新知识、创造新价值、提升新能力的新一代信息技术和服务业态。

从数据量的角度而言,大数据泛指无法在可容忍的时间内用传统信息技术和软硬件工具对其进行获取、管理和处理的巨量数据集合,需要可伸缩的计算体系结构以支持其存储、处理和分析。按照这个标准来衡量,目前的很多应用场景中涉及的数据量都已经具备了大数据的特征。例如,微信、抖音、快手等应用平台每天由网民发布的海量信息就属于大数据。遍布人们生活和工作的各个角落的各种传感器和摄像头,每时每刻都在自动产生大量数据,也属于大数据。

大数据源于互联网、移动互联网、物联网、人工智能及云计算等新一代信息技术的发展和应用,它的价值在于能够从庞杂的数据中提取有价值的信息,支持决策的制定和流程的优化。现阶段大数据应用尚处于初级阶段,根据大数据预测未来、指导实践的深层次应用将成为发展重点。但现有大数据理论与技术远未成熟,难以满足对规模高速增长的数据的应用需求,未来信息技术体系将面临颠覆式创新和变革。

二、认识大数据的特征

大数据的特征一般概括为 5V 特征,即大量(volume)、多样(variety)、高速(velocity)、价值密度低(value)、真实性(veracity)。

1. 数据量大

数据量大,即容量大、体积大,包括采集、存储和计算的量都非常大,即海量数据。大数据的起始计量单位至少是 PB(1PB＝1024TB)级的,或者更高的 EB(1EB＝1024PB)级或 ZB(1ZB＝1024EB)级。例如,互联网公司在日常运营中生成、累积的用户网络行为数据,其规模就非常庞大。随着智能穿戴技术、物联网技术、云计算技术的发展,人类及周边物体的所有轨迹都可以记录下来,生产出大量数据。

2. 多样性

大数据的数据来源众多,科学研究、企业应用和 Web 应用等都在源源不断地生成新的类型繁多的数据。交通大数据、医疗大数据、通信大数据、金融大数据等各行各业、每时每刻,都在产生各种类型的数据,涉及的数量十分巨大。

广泛的数据来源决定了大数据类型的多样性。大数据按结构属性分大体上可以分为结构化数据、非结构化数据、半结构化数据三类。结构化数据是指具有固定结构、属性划分以及类型的数据,可以由二维表结构来逻辑表达和实现,通常直接存放在数据库表中,如企业 ERP 系统数据、财务系统数据、产品数据存储、交易日志等。非结构化数据是指数据结构不规则或不完整,无法用统一的结构来表示的数据,如视频、音频、图片、图像、文档、文本等。半结构化数据则是具有一定的结构,但又有一定的可变性的数据,如邮件、HTML、JSON、报表、资源库等。目前,大数据工作中要处理的数据以半结构化和非结构化的居多。

3. 速度快

大数据的产生、处理和分析的速度正在持续变快,现今的数据搜集和处理的大趋势是实时化。在数据处理速度方面,有一个著名的"1 秒定律",即要在秒级时间范围给出分析结果,超出这个时间,数据就失去价值了。这个速度要求是大数据处理技术和传统的数据挖掘技术最大的区别,后者通常不要求给出实时分析结果。例如火车、铁轨的故障预警,显然它依赖于高速的分析结果,类似场景还有很多。越来越多的数据挖掘趋于前端化,即提前感知并直接提供服务对象所需要的个性化服务。

4. 价值密度低

大数据的价值性有两点体现：价值密度低、商业价值高。大数据时代，面对海量数据，并非所有数据都是有价值的，有的是无效或低价值的。有价值的信息分散在海量数据中，就需要从大量不相关的各种数据中，挖掘出对未来趋势与模式预测有价值的数据，并通过深度分析，发现新规律，这样价值密度低的数据才能发挥巨大的商业价值。

例如，拼多多平台利用用户数据进行精准营销，为了实现这个目的，就必须构建一个能存储和分析用户数据的大数据平台，使之能够根据用户数据进行有针对性的商品需求预测，但代价很大，需要耗费巨大的人力、物力和财力构建大数据平台，而最终带来的企业销售利润增加额并不确定，所以，大数据的价值密度是较低的。

5. 真实性

大数据的真实性是指数据的准确度和可信赖度，代表数据的质量。大数据来自真实世界，对所有的数据进行高效处理后，仍然可以确保一定的真实性和准确性。与传统的抽样调查相比，大数据反映的内容更加全面、真实。研究大数据的过程就是从庞大的数据中提取能够解释和预测现实事件的过程。

三、建立大数据思维

大数据的发展必须是数据、技术、思维三大要素的联动，它不仅取决于大数据资源的扩展和大数据技术的应用，更取决于大数据思维的形成。大数据思维是一种基于大数据的思维方式，它通过对海量数据的收集、存储、处理和分析，以发现其中的规律、趋势和关联性，从而帮助人们更好地理解和解决问题。总体来说，大数据思维包括全样思维、容错思维和相关思维。

1. 全样思维

过去，由于受数据采集、数据存储和处理能力的限制，在统计分析中，通常采用抽样的方法，通过对样本数据的分析来推断全集数据的总体特征，而在大数据时代，感应器、手机导航、网站浏览等都能够收集大量数据，分布式文件系统和分布式数据库技术，提供了理论上近乎无限的数据存储能力，分布式并行编程框架提供了强大的海量数据并行处理能力，因此，有了大数据技术的支持，统计分析完全可以直接针对全集数据而不是抽样数据，并且可以在短时间内迅速得到分析结果。

2. 容错思维

过去，在统计分析中采用抽样分析，其微小误差在全集数据中会被放大，导致"差之毫厘，谬以千里"的现象。现在，大数据时代采用全样分析，结果不存在误差被放大的问题，大数据分析的追求是实时结果，"秒级"响应，关注的是数据分析的效率。例如，用户在访问"天猫"或"京东"等电子商务网站进行网购时，用户的点击会被实时发送到后端的大数据分析平台进行处理，平台会根据用户的特征，找到与其购物兴趣相匹配的其他用户群体，然后把其他用户群体曾经买过而该用户还未买过的相关商品推荐给该用户。很显然，这个过程的时效性很强，需要"秒级"响应，如果推荐结果慢，很可能用户已离开网站，使推荐结果失去意义。所以，大数据应用场景中，效率是被关注的重点，分析结果的精确度只要达到一定程度即可。

3. 相关思维

传统思维模式下，数据分析是为了解释事物背后的发展原因。例如，企业在某月成本上升了，相关部门要对生产数据进行详细分析，找出成本上升的根本原因。但在大数据时代，一切皆可联,因果关系不再那么重要,消费者行为的不同数据都有内在联系,人们转而追求"相关性"。例如,大家在电商购物后,通常会看到电商平台自动提醒,与你购买相同物品 A 的其他客户还购买了某某商品 B。就是说,电商平台会告诉客户"购买商品 A"和"购买商品 B"之间存在相关性,这是电商平台运用数据相关性来预测消费者的行为偏好。在无法确定因果关系时,数据为人们提供了解决问题的新方法。数据中包含的信息可以帮助消除不确定性,而数据之间的相关性在某种程度上可以取代原来的因果关系,帮助人们得到想要知道的答案,这就是大数据思维的核心。

大数据思维的核心在于对数据的收集和分析,因此需要掌握相关的技术和工具,如 Power BI、Hadoop、Spark、Kafka 等。

四、认识大数据相关技术

1. 云计算

云计算(cloud computing)工作的基本原理是,用户所处理的数据并不存储在本地,而是保存在互联网的数据中心。云计算服务商负责管理和维护数据中心的正常运转,保证足够强的计算能力和足够大的存储空间供用户使用。用户按需付费,无论在任何时间、任何地点,都可从云上获得需要的计算资源。

大数据与云计算之间是相互关联的,无论是在资源的需求上,还是资源再处理上,都需要两者共同发挥作用。具体来讲,大数据是一种移动互联网和物联网背景下的应用场景,各种应用产生的海量数据需要被处理和分析,以挖掘有价值的信息;云计算是一种技术解决方案,以提供虚拟化技术为核心,利用云计算可以解决计算、存储、数据库等一系列 IT 基础设施按需构建的需求问题。在实际运用中,大数据是云计算非常重要的应用场景,而云计算则为大数据提供了技术支持,两者密不可分。

2. 物联网

物联网(Internet of things,IoT)是通过二维码识别设备、射频识别装置、红外感应器、全球定位系统、激光扫描器等信息传感设备,按约定协议把物品与互联网连接,进行信息交换和通信,以实现对物品的智能化识别、定位、跟踪、监控和管理的一种网络。一方面,物联网需借助大数据技术实现数据智能分析和处理;另一方面,物联网的传感器源源不断地产生的大量数据处理,构成了大数据的数据来源。没有物联网技术的飞速发展,就不会有数据产生方式的变革。

3. 移动互联网

移动互联网是指移动通信终端与互联网结合的产物,用户可使用手机、平板电脑或其他无线终端设备,在移动状态下(如乘地铁、公交车)通过速率较高的移动网络随时随地访问网络。其中,移动环境下的网页浏览、文件下载、位置服务、在线游戏、视频浏览和下载、移动支付等是主流应用。

移动互联网和大数据是相辅相成的。一方面,移动互联网成为大数据的重要来源。移动互联网应用的关键在于智能终端,手机、各种显示设备、可穿戴设备、机器设备等智能终端,源源不断地采集数据、汇聚数据,为大数据的发展提供更多信息资源。另一方面,大数据的发展为移动互联网的发展提供了更多的支撑、服务和应用,移动互联网的发展离不开大数据的驱动。

4. 人工智能

人工智能(artificial intelligence,AI)是研究、开发用于模拟、延伸和扩展人的智能的理论、方法、技术及应用系统的一门新兴技术科学。人工智能与大数据存在着密切的内在联系。人工智能需要大量数据作为思考和决策的依据,而大数据也需要人工智能技术对数据进行价值操作,使数据更加有价值。如果说大数据相当于人类大脑中存储的海量知识,人工智能的作用就是吸收、内化大量的数据,不断深度分析并创造更大的价值。因此,大数据与人工智能的关系是相辅相成、相互依存的,两者结合能高效地保障信息的可靠性、真实性、稳定性。

文档:"人工智能"名字的由来

会 计 史 话

"管理会计"的定名之路

管理会计的概念最早在 20 世纪初提出。具体来说,管理会计的起源可以追溯到 19 世纪工业革命时期,当时的企业开始意识到需要一种能够提供更详细、更具前瞻性信息的会计方法,以辅助生产决策、成本控制和绩效评估。20 世纪 20 年代至 50 年代,管理会计进入成本决策与财务控制阶段,并随着经济社会环境、企业生产经营模式以及管理科学和科技水平的不断发展而逐步演进。

管理会计这一术语在 1922 年由美国会计学者奎因坦斯(Quaintance)在其著作《管理会计:财务管理入门》中首次提出,当时称为"managerial accounting",即"管理的会计"。1924 年,美国学者麦金希(Mckinsey)深化了这一理论框架,他在其《管理会计》一书中系统构建了管理会计的概念体系,前瞻性地论述了会计信息如何服务于管理决策。

1952 年,国际会计师联合会(International Federation of Accountants,IFAC)年会正式采用"管理会计"统称企业内部会计体系,这标志着管理会计正式形成。

11.1 即测即评

任务二   财务大数据

一、什么是财务大数据

如何界定财务大数据的概念,理论界有多种不同观点。本书认为,财务大数据是利用大数据管理技术,对财务相关的申请、审批、交易、报账、支付、核算、报告等所有环节进行贯穿和处理的过程。财务大数据能够快速进行财务信息的归档、存储、核算、查阅等服务,实现无纸化、规范化、统一化和自动化的信息管理。它还可以全面分析财务、税务相关指标,帮助企业进行经营、投资决策、风险预警、成本管控和税务自查等。

财务大数据主要包括企业内部数据和外部数据。企业内部财务数据主要来自 ERP 系统或会计信息系统;企业外部与财务相关的数据主要包括政策法规文件、行业数据、客户数据、供应商数据、国家统计数据等。企业内部数据的获取相对容易,企业外部数据主要来自公开网站。

二、认识财务大数据的作用

1. 驱动财务人员转型

财务大数据的应用使财务人员从传统核算类工作转向管理类工作。传统财务人员职责定位是整理凭证、管理账目、编制报表、档案归档等核算类工作;而大数据时代财务人员职责定位是利用大数据核算业绩、监察内控、管理预算、管理投资等管理类工作。财务数据类型也不仅局限于历史的、结构化的报表数据,而是大量的非结构化、碎片化外部数据,尤其是与管理决策密切相关的非财务数据。

2. 模糊财务部门与业务部门的界限

在大数据技术应用下,企业各职能部门之间的信息孤岛将被打破,建立互联互通的内部数据共享中心,实现业财一体化。一方面,财务核算数据、消费者调查数据、竞争对手数据等可以支撑业务部门更好地发展;另一方面,了解业务部门的商业逻辑和生成、销售的具体流程,便于财务部门更好地为企业战略管理服务。

3. 促使财务工作从后端走向前端

传统模式下财务部门的职能主要是总结,即对企业过去一年的利润情况和资产负债情况作盘点与分析,对企业未来发展作用不显著;大数据时代,财务数据更加广泛、及时,财务部门开始成为"探照灯",利用大数据预测企业未来,支撑企业战略层面的管理决策。

> **▶想一想**
> 财务大数据对财务人员带来了哪些挑战?

答案解析

三、财务大数据的应用场景

大数据在电子商务、金融、医疗、交通、电子政务等领域都有广泛应用。具体到企业业务层面,财务大数据的典型应用场景包括全面预算、成本管理、资金管理、投资决策、财务分析等。

1. 全面预算

大数据环境下,企业全面预算依赖的数据不但有传统预算中的财务数据,还有音视频、地理位置、天气以及温度等非财务数据,通过这些数据分析可以提升全面预算的准确性。同时,大数据的应用使传统自上而下传递预算任务的顺序发生改变,自下而上的预算审批顺序也因此发生变化,使得全面预算编制周期明显缩短。此外,在编制资金预算时,依托大数据分析,管理者能够判断预算资金是否合理,以防各部门虚报或瞒报预算资金。

2. 成本管理

成本管理是企业内部控制最重要的环节,贯穿于企业经营各环节。传统成本管理偏重于产品的生产成本管理,忽视其他方面的成本管理。大数据时代下财务管理人员能够及时采集企业生产成本、销售成本等各种数据,并将数据应用于企业成本控制系统,通过汇集、分配,分析企业成本费用的构成因素,区分不同产品的利润贡献程度,并进行全方位的比较与选择,从而为企业的有效成本管理提供科学的决策依据。例如,在生产线上安装数以千计的传感器、电子监控可以获取视频和照片等信息,通过对这些信息进行分析能实时监控企业生产流程,及时发现和处理突发事件,从而有效控制企业成本。

3. 资金管理

资金管理对企业战略发展和风险控制有着重要影响。大数据的出现影响着资金管理的工作方式，原有的流程也随之改变。例如传统的支付业务流程可能是业务部门提出资金需求，财务部门进行账务处理，然后流转到出纳，出纳制单、企业内部审核等流程，再由银行付款。财务分析人员一般在每周或月度结束后，从财务系统中取得数据，然后对本公司资金用途进行统计分析。

在大数据时代，业务部门和财务部门可同时进行处理业务，事后统计分析工作也可在支付的同时完成，使得流程简化、时间缩短。财务大数据的应用打破了原有的工作边界，资金管理不再只关注资金的信息，而是要扩大视野范围，将企业内部各职能部门，甚至上下游企业、竞争对手等都考虑在内，从而实现全流程、业财一体化。

4. 投资决策

财务大数据的应用为企业投资决策者提供了海量支撑数据，提升了企业投资决策的效率和效果。企业通过建立量化投资模型帮助决策者处理海量数据，使决策者能够在短时间内对影响投资结果的因素进行多角度的分析，包括经济周期、市场、未来预期、盈利能力、心理因素等，进而根据模型分析结果做出投资决策，大大提高投资效率。还可以通过大数据建立数学模型以对不同的风险因素进行组合分析，使企业能在较短时间内迅速识别潜在的风险并进行精确地量化分析，进而实现对投资项目的风险控制。

5. 财务分析

大数据时代，财务分析是通过对企业的业务数据、财务数据、非财务信息及相关行业数据进行专业化处理，将处理后的数据通过分析工具建模，从而对企业的财务状况、经营成果和现金流量情况进行综合比较与分析。运用大数据进行的财务分析主要作用体现在以下几个方面：有助于全面评价企业的财务状况和存在的财务风险，并通过大数据分析，查找原因；有助于衡量企业的经营管理水平、成本费用控制水平和盈利水平等，在此基础上综合评价企业的经营业绩，预测未来发展趋势；有助于企业发现管理中存在的问题，找出与标杆企业的差距，寻求改善途径，从而提升企业经营业绩。

11.2 即测即评

任务三　会计数字化与智能化

一、认识大数据时代对会计的影响

随着大数据技术的迅猛发展，会计行业正经历着前所未有的变革。从数据处理的自动化到管理决策的智能化，大数据不仅重塑了会计的职能边界，也对会计人员的专业能力提出了更高要求。随着大数据时代的到来，这一技术浪潮如何重新定义会计的未来引人深思。2013年12月，英国特许公认会计师公会（ACCA）与美国管理会计师协会（IMA）联合发布了《大数据：机遇和风险》的研究报告，阐述了大数据在技术、应用及管理中的核心价值与潜在风险。报告指出，新的信息技术给企业会计从业人员带来的冲击与机遇，明确了未来对企业会计从业人员的技能需求。报告强调了大数据对企业的价值，包括提高效率、发现新机遇、为客户提供更好的产品和服务，以及预测未来的行为模式。同时，报告也指出了大数据管理的挑战，包括技能缺口和技术成本等问题。

（一）认识大数据时代对会计的积极影响

1. 有助于提升会计效率与准确性

大数据技术通过自动化处理海量财务数据，显著减少了人工核算的时间和错误率。例如，财务机器人可自动完成记账、对账和报表生成，使会计人员从重复性工作中解放，专注于更高价值的分析任务。此外，数据清洗和一致性检查技术降低了人为操作失误，提升了财务数据的可靠性。

2. 有助于推动会计职能向管理决策转型

通过大数据分析，企业能够实时监控财务状况、预测市场趋势，并为战略决策提供数据支持。例如，借助非结构化数据（如客户反馈、市场动态等），企业可优化预算编制和风险管理，实现业财融合。

3. 有助于增强财务透明度和风险防控能力

大数据技术使财务数据更加公开透明，减少了财务造假的可能性。动态数据共享和实时审计功能让企业能够快速识别异常交易，例如，通过机器学习算法检测欺诈行为，有效保护投资者利益。同时，多维度的数据分析可帮助企业构建全面的风险管理框架。

4. 有助于促进财务共享中心的建设

大数据技术支持财务流程的集中化处理，财务共享中心成为趋势。通过整合分散的财务数据，企业能够实现标准化操作和资源优化，降低运营成本。例如，跨国企业通过云端平台统一管理全球财务数据，显著提升了决策效率。

（二）认识大数据时代对会计的挑战

1. 数据安全与隐私风险加剧

会计系统存储了大量敏感信息，如客户数据、交易记录等，一旦泄露可能引发重大损失。传统企业的财务系统往往缺乏统一的安全管理，数据备份不足或权限控制松散，容易成为网络攻击的目标。此外，跨境数据传输的合规性问题也亟待解决。

2. 技术更新与人才短缺的双重压力

大数据技术的快速迭代要求企业持续升级信息系统，而高昂的软硬件投入和频繁的系统迁移可能影响稳定性。同时，会计人员需掌握数据分析、人工智能等跨学科技能，但现有教育体系培养的兼具会计专业与数据素养的复合型人才仍供不应求。

3. 数据质量与整合难题

大数据来源广泛，包含结构化与非结构化数据，整合过程中易出现冗余、不一致等问题。例如，社交媒体数据与财务系统的对接需复杂的数据清洗流程，增加了处理成本。

会计启发故事

美容院的数据幽灵

丽丽开了一家美容院，由于经营有方，生意爆火。她听好朋友小美说通过隐匿收入伪装成小规模纳税人可以享受国家税收优惠政策，她的美容院就是这么干的。丽丽不由得动了心，但转念一想要是被发现了可是要吃不了兜着走的！左思右想间，丽丽睡着了。睡梦中丽丽梦见了数据幽灵,数据幽灵狞笑着在小美的美容院逛来逛去,它已经追踪停车场车流数据,发现保时捷车主每月在小美的美容院出入四次却从无消费记录;POS 机交易 37 笔,平均每笔交易单价才 85 元,可小美公司最便宜的服务套餐也 168 元;还有小美的美容院每月电费 2.8 万元,可申报的收入才 8 万元,连员工的社保费都覆盖不了……大数据化成了一个双眼泛着蓝光的幽灵,张开血盆大口向小美扑了过来。小丽一惊醒了过来,还好原来是个梦,今天一定要提醒小美:大数据是天网也是电网,合法经营、依法纳税才是硬道理!

通过这个例子,大家是否对大数据对会计的影响有了更进一步的理解?

二、会计数字化与智能化概述

随着数字经济时代的全面到来,会计行业正经历从传统手工操作向数字化、智能化的深刻变革。这一转型不仅受到政策推动和技术迭代的双重驱动,更深刻改变了会计职能的定位、企业管理模式乃至行业生态格局。

1. 政策法规是会计数字化发展的基石

2024 年,我国新修订的《会计法》首次将会计信息化写入法律,明确提出鼓励采用现代信息技术开展会计工作,并授权财政部制定具体实施办法。随后,财政部发布《会计信息化发展规划(2021—2025 年)》,要求加快业财融合与会计职能拓展,推动数据标准化和治理能力提升。2025 年生效的《会计信息化工作规范》和《会计软件基本功能和服务规范》,进一步扩大适用范围至所有单位,明确电子会计资料的法律效力,并要求会计系统适配统一的电子凭证数据标准,解决"报销难、入账难、归档难"等痛点。这些举措为电子凭证全流程无纸化提供了制度保障,也为企业数字化转型划定了清晰的路径。

2. 技术的突破是会计智能化的核心引擎

根据 2024 年"影响中国会计行业的十大信息技术"评选,会计大数据分析、数电票、流程自动化(RPA)、财务云、数据治理等技术已成为主流应用。而生成式人工智能(AIGC)、数据资产管理、财务多模态大模型等技术则被列为五大潜在变革力量。例如,RPA 可自动化处理发票录入、对账等重复性任务,效率提升超 50%;AI 技术通过智能稽核、现金流预测等功能,逐步从辅助工具升级为决策支持系统。此外,区块链技术增强了数据可追溯性,软件即服务(software as a service,SaaS)模式已经成为一种革命性的商业操作模型,云计算和 SaaS 模式降低了中小企业的数字化门槛。

3. 企业数字化转型的实践已取得显著成效

一些有代表性的科技公司,通过"无须报销"解决方案和电子会计档案管理平台,实现了消费、入账、归档全流程自动化。数字化不仅解决了传统手工流程的效率低下问题,还通过数据聚合与分析支持精细化管理。例如,业财融合系统可实时追踪业务流、资金流和发票流,助力企业动态调整战略。

4. 会计人员的角色正在发生根本性转变

信息技术使会计职能从核算记录转向战略决策支持。例如,会计可以通过数据建模预测业务风险,智能客服、税务填报机器人等财务数字员工承担部分基础工作。这一转型要求会计人员具备包括数据分析、编程基础及跨部门协作等内容的复合型技能。同时,数据安全与隐私保护成为新挑战,零信任架构和《通用数据保护条例》(General Data Protection Regulation,GDPR)合规性管理被纳入核心能力框架。

5. 会计智能化发展的未来趋势

展望未来,会计智能化有可能呈现以下三大方向。

(1) 自主知识体系构建。强调数据安全与国产化替代,如打造自主知识产权的智能财务系统,减少对外部技术的依赖。

(2) 人机协同深化。数字员工将渗透至财务报表出具、关联交易管理等复杂场景,形成"人类决策+机器执行"的新模式。

(3) 伦理与可持续发展。"智能向善"理念兴起,需平衡技术效率与隐私保护,通过全球治理机制防范 AI 滥用风险。

会计数字化与智能化不仅是技术升级,更是一场管理革命。会计行业正从后台走向前台,从成本中心转型为价值创造中心。未来,随着数据资产入表、AIGC 深度应用等趋势的深化,会计职能将进一步融入企业战略核心,成为驱动高质量发展的新引擎。

> ▶练一练
>
> (多选题)大数据时代对会计的挑战,下列说法中正确的有( )。
> A. 数据安全风险加剧
> B. 兼具会计专业与数据素养的复合型人才短缺
> C. 数据整合增加了成本
> D. 技术更新比较容易
>
> 11.3 即测即评

参考文献

[1] 高香林.基础会计[M].6 版.北京:高等教育出版社,2022.

[2] 丁增稳,张春想.基础会计习题与实训[M].大连:东北财经大学出版社,2017.

[3] 孙凤琴,谢新安.会计学基础[M].6 版.北京:中国人民大学出版社,2022.

[4] 朱虹,周雪艳.基础会计:原理、实务、案例、实训[M].6 版.大连:东北财经大学出版社,2021.

[5] 王志红,周晓苏.会计学[M].4 版.北京:清华大学出版社,2023.

[6] 邵瑞庆.会计学原理[M].5 版.上海:立信会计出版社,2019.

[7] 财政部会计财务评价中心.初级会计实务.[M].北京:经济科学出版社,2025 .

[8] 程淮中.会计职业基础[M].5 版.北京:高等教育出版社,2021.

[9] 陈少华.会计学原理[M].5 版.厦门:厦门大学出版社,2017.

[10] 王允平,孙丽虹.会计学基础[M].7 版.北京:经济科学出版社,2023.

[11] 王建忠,柳士明.会计发展史[M].大连:东北财经大学出版社,2016.

[12] 中华人民共和国财政部.企业会计准则(2025 年版)[M].上海:立信会计出版社,2024.

[13] 中华人民共和国财政部.企业会计准则应用指南(2025 年版)[M].上海:立信会计出版社,2024.